Knut Walf

Einführung in das neue katholische Kirchenrecht

Reihe

Arbeits- und Studienbücher Theologie

Knut Walf

Einführung in das neue katholische Kirchenrecht

Benziger

CIP-Kurztitelaufnahme der Deutschen Bibliothek

Walf, Knut:
Einführung in das neue katholische Kirchenrecht/Knut Walf.
– Zürich; Einsiedeln; Köln; Benziger, 1984.
ISBN 3 545 27601 5

Hergestellt im Graphischen Betrieb Benziger AG Einsiedeln
Umschlaggestaltung: Peter Kunz Zürich
ISBN 3 545 27601 5

Inhalt

Je mehr Gesetzlichkeit,
um so weniger Gesetzmäßigkeit.

Lao-tse

Vorwort

Diese «Einführung in das neue katholische Kirchenrecht» ist ein Ergebnis kirchenrechtlicher Vorlesungen für niederländische Theologiestudenten/-tinnen in Nimwegen und deutsche Studenten/-tinnen der Universität des Saarlandes in Saarbrücken. Deshalb richtet sich das Buch auch zunächst an Theologiestudenten/-tinnen, die in dem eingeschränkten Rahmen, der heutzutage vielerorts dem ungeliebten Fach Kirchenrecht reserviert bleibt, Grundkenntnisse der Rechtsordnung der katholischen Kirche erwerben wollen oder müssen. Mein Buch kann und will nicht mit den in der Regel sehr viel breiter angelegten Darstellungen einiger Kollegen konkurrieren.
Dieses Buch ist nicht allein am Schreibtisch eines in abgesicherten Verhältnissen lebenden Theologieprofessors entstanden. Es wurde konzipiert und diskutiert zusammen mit den Studentinnen und Studenten. Das war nicht selten ein mühsamer Prozeß, da der großen Mehrheit der Theologiestudenten, besonders aber der Frauen, die heute Theologie studieren, das Verständnis für Kirchenrecht, sicher für diese Art von Kirchenrecht fehlt. Das gilt für die Studierenden der Theologie in den Niederlanden wie in der Bundesrepublik. Macht man sie mit den Normen dieses Kirchenrechts bekannt, reichen zumindest die ersten Reaktionen von ungläubigem Staunen bis zu vernichtender Heiterkeit. Ich habe mich deshalb während der letzten Jahre nicht selten gefragt, ob die Verfasser des neuen Codex Iuris Canonici von 1983 selbst auch derartige Erfahrungen gemacht haben könnten oder wie sie die von ihnen entwickelten Normen ihren Studenten plausibel machen können.
Manche Unzulänglichkeiten dieses Buches mögen darauf zurückzuführen sein, daß ich es, abgesehen von der verlegerischen Betreuung, allein auf mich gestellt ausgearbeitet habe. Anders als

Kollegen in den deutschsprachigen Ländern steht mir hier in Nimwegen niemand helfend zur Seite, kein Assistent, kein Hilfsassistent und keine studentische Hilfskraft, nicht einmal eine Sekretärin.

Die Endfassung des Manuskripts hat mit großer Sorgfalt Frau Monika Derks in Kleve getippt. Dafür danke ich ihr auch an dieser Stelle. Mein Dank gilt schließlich Herrn Scherer vom Verlag Benziger und seiner Mitarbeiterin, Frau Behsadi sowie den Setzern und Druckern des Graphischen Betriebs Benziger in Einsiedeln.

Nijmegen/Nimwegen, am 19. Januar 1984, dem Fest des hl. Knut.

Knut Walf

Teil 1

Geschichtliche Entwicklung

1. Die Anfänge

Jesus ist der Anfang. Seine Botschaft an die Menschen, das Evangelium, lebt fort in seinen Gemeinden, den Gemeinden «in Jesus Christus» (1 Thess 1.1).

Es ist unerläßlich, gleich am Beginn an diesen Sachverhalt zu erinnern, der doch so selbstverständlich erscheinen mag. Dies ist notwendig, weil kirchenrechtliche Lehrbücher in aller Regel mit einem Traktat über die Kirche beginnen. Damit wird der erste Schritt nicht getan, was dann bis zum Ende der Darstellung der Kirche und ihres Rechtes verhängnisvolle Folgen zeitigt. Es kommt erschwerend hinzu, daß die Bemühungen um die Beschreibung des Anfanges von heutigen Vorstellungen von Kirche geleitet werden. Das erkenntnisleitende Interesse derartiger ekklesiologischer Bemühungen ist es, die historisch und nicht zuletzt dogmenhistorisch gewachsene Kirche, wie sie sich uns heute darstellt, nachträglich durch eine suggerierte kontinuierliche Entwicklung von den Anfängen her zu legitimieren. Dies jedoch ist Ideologie.

Die heute vorliegenden Ergebnisse der neutestamentlichen Exegese und der historischen Forschung besagen, daß am Anfang die Gemeinde Jesu stand, die sich wiederum um eine Reihe von Jüngern Jesu in mehreren konkreten Gemeinschaften lokalisierte. Mit Sicherheit hat der historische Ausformungsprozeß der Gemeinden der an Jesus Glaubenden, auf ihn Hoffenden und ihn liebend Verehrenden wenig gemein mit den Beschreibungen einer Unzahl ekklesiologischer Traktate. Leben und Zeugnis Jesu führten Menschen zusammen. Kein ungewöhnlicher Vorgang, sondern ein Geschehen, das sich in der Menschheitsgeschichte unter wechselnden Vorzeichen immer wieder abgespielt hat. Die verschiedenen Entwicklungsschritte von der informellen Gruppe bis hin zum schließlich auch recht- und gesetzlich strukturierten Großverband können – natürlich unter Berücksichtigung spezifischer Faktoren – von uns rekonstruiert werden. Analoge, also ähnlich gelagerte Fälle können uns dabei helfen. So wird etwa auf die auffallenden Parallelen der Anfänge der christlichen Gemeinden und der Gemeinschaften des Franz von Assisi hingewiesen. Dabei gehen manche Forscher soweit zu behaupten, ähnlich wie Franz habe auch Jesus keine rechtlich strukturierte Gemeinschaft mondialer Größenordnung stiften wollen. Am Anfang also Jesus, der die Kirche überhaupt nicht gewollt hat?

Wer sich heute mit Kirchenrecht und Kirchenordnung redlich befassen will, steht vor diesen weit auseinanderliegenden, unvereinbaren Positionen: Kirche vom Anfang, also von Jesus an, und: Jesus wollte keine Kirche.

Wo aber liegt unser Ausgangspunkt, den wir unter Berücksichtigung heutiger Forschungsergebnisse verantworten können? Sicher nicht bei einem der beiden genannten Extrempositionen. Er liegt in dem wenigen begründet, was wir über die ersten Gemeinschaften Jesu, des Christus, heute wissen.

Jünger und Gemeinden Jesu

Die jungen Gemeinschaften, die sich im Namen und der Nachfolge Jesu zusammenfanden, nahmen sich damals bestehende Gruppenstrukturen zum Vorbild. So wie die Gleichnisse und Bilder der jesuanischen Botschaft auf die Vorstellungswelt der zeitgenössischen jüdischen Umwelt Bezug nahmen, trifft auch dies auf die Suche nach Struktur und Strukturen der jungen Gemeinden zu. So gesehen formen sie nichts Neues. Neu ist der Inhalt der Botschaft Jesu, nach der sie leben wollen und die sie bald auch in missionarischem Enthusiasmus tradieren werden. In der jüngeren katholischen Kirchenrechtsliteratur findet sich sogar gelegentlich die Behauptung, auch das Apostelamt habe sein Vorbild im jüdischen Schaliach-Institut besessen. Darüber hinaus wird bezeichnenderweise behauptet, jenes Schaliach-Institut sei ein Rechtsinstitut gewesen.[1] Beide Behauptungen lassen sich nicht beweisen,[2] doch können wir an diesem Beispiel zweierlei demonstrieren:

– Von den ersten Anfängen an nahmen sich die an Jesus Glaubenden die Strukturformen oder zumindest Strukturelemente aus ihrem sozialen Umfeld.

– Die katholische Kirchenrechtswissenschaft neigt dazu, bereits die ersten Strukturformen christlicher Gruppen als «Rechtsinstitute» zu interpretieren.

Dem ersteren ist prinzipiell zuzustimmen, da es nichts anderes als plausibel ist. Bedenklich ist der zweite Punkt, da unter Hintansetzung historischer Forschungsergebnisse dennoch danach gestrebt wird, die Legitimationsversuche der rechtlichen Struktur der späteren und der heutigen Kirche bis auf Jesus und seine unmittelbare Umgebung hin auszudehnen.

Ferner wird in der kirchenrechtlichen Literatur bewußt oder unbewußt der Eindruck geweckt, als habe sich die frühe Kirche in einer kontinuierlichen und gleichsam uniformen Weise, überdies von einem datierbaren Gründungsdatum an, entwickelt. Im Gegensatz dazu muß darauf hingewiesen werden, daß von Anfang an unterschiedlich strukturierte Gruppen von Jesusjüngern und Gefolgsleuten des Christus nebeneinander existierten: Neben den Aposteln, deren Zwölfzahl später in «Petrus mit den Elf» abgeändert wurde, gab es an den Anfängen die «Propheten», die bereits in der Q-Tradition genannt wurden (vgl. auch Eph 2,20). Neben den Zwölfen trugen wahrscheinlich auch noch andere Zeugen Jesu den Titel Apostel. Nur drei Jahre nach Jesu Tod traten dann in Jerusalem bereits Spaltungen auf, besonders zwischen den aramäisch sprechenden «Hebräern» und den griechisch sprechenden Judenchristen, den «Hellenisten», die von Stephanus geführt wurden (Apg 6). Noch vor den Reisen und damit verbundenen Gemeindegründungen des Paulus trugen die Hellenisten die Botschaft Jesu in viele Teile des östlichen Mittelmeerraumes, in erster Linie weil sie Zielscheibe der Verfolgung durch den Sanhedrin waren, wohl aber auch, um den fortwährenden Auseinandersetzungen mit den «Hebräern» zu entgehen. Weil jedoch wahr-

[1] K. Mörsdorf, Kanonisches Recht als theologische Disziplin, in: Seminarium 15 (1975) Nr. 4, 810. M. Kaiser, Die Einheit der Kirchengewalt, München 1956, 25f.

[2] K. Walf, Das jüdische Schaliach-Institut – Rechtsinstitut und Ursprung des Apostelamtes?, in: cristianesimo nella storia I/2, 391–399.

scheinlich von Beginn an die Entstehungsgeschichte der Gemeinden in harmonisierter, ja geschönter Weise tradiert worden ist, sind wir über das weitere Schicksal der nichtpaulinischen Gemeinden nur unzureichend informiert. Dies gilt besonders für die sogenannten Matthäus-Gemeinden.[3]

Am Anfang steht also eine Vielzahl von Gruppen oder eben Gemeinden der an Jesus Glaubenden, Gruppen, die sich aus unterschiedlichen Motiven (kulturellen, völkischen) voneinander abgrenzten. Sicherlich kennen wir aus den genannten Gründen andere Ursachen von Streit und Uneinigkeit nicht. Recht eindringlich gibt das von Johannes in diesen Zeiten niedergeschriebene Evangelium davon Zeugnis: Jesus bittet den Vater beim Abschied von seinen Jüngern: «Bewahre sie in deinem Namen, den du mir gegeben hast, damit sie eins sind wie wir» (Joh 17,11).

Am Anfang stand also eine Vielzahl von Gruppen, welche die Botschaft des Jesus von Nazaret weitertragen wollten. Erst in der zweiten Generation dieser Gruppen oder Gemeinden formte sich in der Erinnerung an den Ursprung die Legitimierung durch den apostolischen Gründer aus, auf den sich die einzelnen Gemeinden beriefen. Das Kennzeichen der sogenannten Apostolizität lebt in der Kirche bis heute fort: Die Bischöfe stehen «in der apostolischen Nachfolge». Nun gab es auch dabei an den Anfängen deutliche Unterschiede: Einige Gemeinden konnten sich tatsächlich auf einen Gründer berufen, der dem engeren oder engsten Kreis um Jesus angehört hatte und mithin Zeuge seines Lebens und Wirkens gewesen war. Andere Gemeinden waren durch Schüler der Apostel gegründet worden, die paulinischen Gemeinden gar von einem, der den historischen Jesus vermutlich nicht gekannt hatte und auf die Zeugnisse älterer Christen zurückgreifen mußte.

Was nun eine geregelte oder gar nur rudimentär-rechtliche Übertragung der Gemeindeleitung anbelangt, dürfte sie nach allen Zeugnissen, die wir als gesichert bezeichnen können, in den frühen Gemeinden nicht bestanden haben. Am besten sind wir über die Verhältnisse in den paulinischen Gemeinden unterrichtet. Im ersten Brief an die Gemeinde von Thessalonich, dem ältesten

[3] Vgl. dazu E. Schillebeeckx, Kerkelijk ambt, Bloemendaal 1980, deutsch: Das kirchliche Amt, Düsseldorf 1981.

der uns erhaltenen Paulusbriefe, spricht Paulus von mehreren, die diese Gemeinde leiten. Zudem steht für ihn das Leiten nicht an erster Stelle: «Erkennt die unter euch an, die sich solche Mühe geben, euch im Namen des Herrn zu leiten und zum Rechten anhalten» (1 Thess 5,12). In den Gemeinden, die Paulus gestiftet hat, gab es also eine rein funktionale Aufgabenteilung. Das geistige und geistliche Vermögen des einzelnen Gemeindeangehörigen zählte, also das, was man mit dem griechischen Wort «Charisma» bezeichnen kann. Und in 1 Kor 12,28 heißt es dann auch: «So hat Gott in der Kirche die einen als Apostel eingesetzt, die anderen als Propheten, die dritten als Lehrer.»

Paulus nennt in diesem Satz noch weitere Dienste in der Kirche. Das Zitat genügt, um zweierlei festzustellen:

– Auch diese Dreiteilung: Apostel, Propheten, Lehrer geht auf ein jüdisches Vorbild zurück: Gesetz–Propheten–Weisheit.
– Paulus spricht nicht mehr von Gemeinde, sondern von Kirche (ecclesia).

In den griechischen Gemeinden, so etwa in der ersten christlichen Gemeinde auf europäischem Boden, in Philippi, werden sehr bald griechische Bezeichnungen für diejenigen verwendet, die besondere Funktionen in der Gemeinde erfüllen: Episkopen und Diakone (Phil 1,1). In den meisten deutschen NT-Übersetzungen wird diese Stelle mit «Bischöfe und Diakone» wiedergegeben. Dies ist irreführend, da die Funktionen jener Episkopen und Diakone in Philippi keineswegs den kirchlichen Ämtern entsprechen, die sich später entwickelten und diese Bezeichnungen in Ehrfurcht vor der Tradition erhielten bzw. beibehielten. Zudem ist festzuhalten, daß die Dienste in den frühen Gemeinden kollegial wahrgenommen wurden, es also noch kein hierarchisches Gefüge gab, mithin keine vertikale Ämterstruktur.

Wichtige Aussagen über die Gestaltung der Dienste in den Gemeinden der nachapostolischen Zeit macht der vermutlich gegen Ende des 1. Jahrhunderts entstandene Brief an die Epheser. Aber auch hier stehen viele Dienste sozusagen gleichrangig nebeneinander: «Und er (sc. Christus) gab den einen das Apostelamt, andere setzte er als Propheten ein, andere als Evangelisten, andere als Hirten und Lehrer» (Eph 4,11). Über die Art und Weise einer Amtsübertragung erfahren wir aus diesem Brief nichts.

Zusammenfassend läßt sich sagen, daß es in den sogenannten

paulinischen Gemeinden während des ersten Jahrhunderts eine Vielfalt von Diensten gab. Wahrscheinlich zählte allein das notwendige Charisma. Amtsübertragung und rangmäßige Ordnung der verschiedenen Dienste dürften nicht bestanden haben.

Ein anderer Traditionsstrang, der zur späteren Strukturierung der christlichen Gemeinde und ihrer Ämter führte, leitet sich von der Gemeinde in Jerusalem ab. Hier gab es offensichtlich eine presbyterale Ordnung, übrigens nach dem Vorbild der jüdischen Synagoge. Dem Jerusalemer Beispiel folgten später andere Gemeinden, nicht zuletzt aber auch die Gemeinde in Rom, womit die presbyterale Gemeindeordnung eine immer stärkere Bedeutung im Sinne eines Strukturvorbildes für neue Gemeinden erhielt. Noch im 1. Jahrhundert dürfte die presbyterale Gemeindeordnung die charismatische Gestaltung der Dienste zurückgedrängt, ja vielerorts verdrängt haben. Daß beide Möglichkeiten einige Zeit nebeneinander bestanden und die charismatische Ordnung auch eine mehr denn je nur temporäre Priorität besaß, macht der 1. Petrusbrief recht deutlich (1 Petr 1,3–4 und 5,1–5).

Es kann hier nicht die Vielfalt der verschiedenen, in den Schriften des NT beschriebenen Gemeinden beschrieben werden. In wenigen Punkten sollen lediglich einige Fakten herausgestellt werden:

– Wenn in den Schriften des NT von Handauflegung die Sprache ist (etwa in 1 Tim 4,13–14; 2 Tim 1,6.14), hat dies nicht die Bedeutung einer gleichsam juridisch wirksamen Handlung. Es werden damit also keine Amtsvollmachten übertragen.

– Amt ist im NT stets im Sinn von Dienst zu verstehen, bedeutet nicht Überordnung oder gar Macht über andere. Hierbei folgten die Menschen in der Nachfolge Jesu treu seiner Mahnung (Mk 10,42–43; Lk 22,25; Mt 20,25–26).

– In den Gemeinden gab es eine Vielfalt von Diensten bzw. Ämtern im uneigentlichen Sinn. Dies bezeugt auch noch die Didache, ein frühchristliches Dokument aus der zweiten Hälfte des 1. Jahrhunderts. Auch dort werden neben Episkopen und Diakonen Propheten, Apostel und Wanderprediger in gleichrangiger Weise genannt.

– Zwischen Laien und Amts- oder Funktionsträgern wird im NT kein wesentlicher Unterschied gemacht. Die vertikale Strukturierung der Gemeinden und der späteren Kirche ist nach dem

Vorbild des römischen Rechtes entstanden und besitzt keine Grundlage in den Gemeinden der Apostel.
– Im 1., aber auch noch im 2. Jahrhundert gibt es lediglich Ordnungen («Verfassungen») für die einzelnen Gemeinden, die unter sich Übereinstimmungen aufweisen. Eine Kirchenverfassung im Sinn einer überlokalen Ordnung oder Organisation besteht hingegen nicht.

Von der Gemeinde zur Ortskirche – Bildung von Metropolen

Allgemeine gruppendynamische sowie spezifische historische Faktoren haben dann bereits im Lauf des 2. Jahrhunderts dazu geführt, daß sich eine zentral geleitete Ortskirche in Gestalt einer Bischofskirche «mit genossenschaftlichen Beimischungen» (Feine 35) ausgebildet hat. Die besonderen historischen Ursachen waren zum Teil externer, ausschlaggebend aber wohl interner Natur. Besonders die sogenannten johanneischen Gemeinden verwandelten sich nicht selten in gnostische Sekten. Neben anderen Bemühungen, die Einheit zu wahren (Ausarbeitung eines Apostolischen Symbols, Festlegung eines Kanons der anerkannten heiligen Schriften), wurden durch eine wenn auch zögernde und unterschiedliche vertikale Strukturierung der Befugnisse entscheidende Schritte zum Ausbau der späteren Großkirche gemacht.
In Lehrfragen räumten die Gemeinden den durch die Apostel gegründeten Ortskirchen einen Vorrang ein. Jerusalem, Antiochien, Rom und Alexandrien genossen besonderes Ansehen. Mit diesen wichtigsten Ortskirchen und untereinander hielten die Gemeinden im Rahmen der damaligen Kommunikationsmöglichkeiten Kontakt (communio).
Ausgehend von der frühen presbyteralen Kirchenordnung in Jerusalem setzte sich zu Beginn des 2. Jahrhunderts eine deutlich vertikale Strukturierung der Ortskirchen in Syrien und Kleinasien durch. Der Bischof ist Haupt der Gemeinde, dem ein Kollegium von Presbytern (Synedrion) zur Seite steht. Die Diakone dieser Ortskirchen gelten als die Helfer bei der Eucharistie. In anderen Ortskirchen verlief die Entwicklung zur Bischofskirche länger, nicht zuletzt auch in Rom. In Alexandrien erfolgte diese Veränderung sogar erst an der Wende vom 2. zum 3. Jahrhundert. Bis

dahin hatte dort ein Presbyterkollegium das Sagen. Und noch etwas: Die Entwicklung hin zur vertikalen Strukturierung erfaßte zunächst lediglich die bedeutenden Ortskirchen, wo ja auch immer stärker die Notwendigkeit aufkam, Kompetenz und Autorität eindeutig zu ordnen. Demgegenüber behielten die kleineren Gemeinden die kollegiale Struktur bei. So gab es in Ägypten bis zur Wende vom 2. zum 3. Jahrhundert nur einen Bischof, in Armenien sogar noch um 250 gleichfalls nur einen einzigen Bischof. Dies also in Gebieten, in denen damals relativ zahlreiche Gemeinden bestanden.

Der organisatorische Aufbau der frühen Kirche war durchweg am damals bestehenden zivilen Organisationsschema orientiert, also am geradezu faszinierenden effizienten Verwaltungsapparat des Römischen Reiches. Da es sich hierbei um eine Stadtkultur handelte, ist es nicht verwunderlich, daß sich auch die Entwicklung und Stabilisierung der frühen Kirche eher in den Städten als auf dem platten Land vollzog. Sieht man einmal von den später aufkommenden Klostergemeinschaften ab, die bewußt die Städte mieden, blieb es dabei bis in die Neuzeit. Bischofskirche ist Kirche der Metropole, somit Stadtkirche.

In etwa parallel zur Entwicklung einer organisatorischen Struktur der Ortskirchen bildete sich die Scheidung von Klerus und Laien aus. Während in den Schriften des NT kein wesentlicher Unterschied zwischen den «Amtsträgern» und den übrigen Gemeindeangehörigen besteht und «Amt» als Dienst und Funktion gesehen wurde, formte sich schon im 2. Jahrhundert der Unterschied zwischen Klerus und Laien aus, auch dies vermutlich unter dem Eindruck der «hierarchischen» Strukturen, wie sie im Beamtenapparat des Römischen Reiches bestanden. Kennzeichnend dafür ist die Übernahme des Begriffes ordo, der im Römischen Reich den Vorstand der kaiserlichen Behörden und städtischen Kollegien[4] bezeichnete.

Von den Metropolen zu einer Großkirche.

Für die frühen Gemeinden, auch für jene in den Zentren und Metropolen des Römischen Reiches war die «Kirche Gottes»

[4] H.E. Feine, Kirchliche Rechtsgeschichte, I, Die Katholische Kirche, Weimar 1955, 45.

(ἐκκλησία τοῦ θεοῦ) zunächst ein rein spiritueller Begriff, eine geistig-geistliche Größe, die das einigende Band der communio darstellte. Mit dem Aufkommen vorrechtlicher und schließlich rechtlicher Strukturen in den Ortskirchen trat auch hierbei eine Veränderung ein. Während in der Anfangszeit die Gemeinden untereinander in mehr oder minder starker brieflicher oder auch persönlicher Verbindung standen, wurde dies im Lauf des 2. Jahrhunderts mehr und mehr kanalisiert. Nunmehr formten sich eher offizielle Kontakte unter ihren Repräsentanten, den Bischöfen, aus, die sich in einigen Gebieten bereits gegen Ende des 2. Jahrhunderts zu Synoden trafen. Dabei wurden zumeist strittige Fragen (Ostertermin, Bußgewalt, Ketzertaufe u.ä.) behandelt. Die Selbständigkeit der einzelnen Gemeinden bzw. Ortskirchen blieb dabei jedoch voll gewahrt. Es wurde durchaus nicht die Wahrung der kirchlichen Einheit als oberster Wert gesehen, dem sich letztendlich die partikularen Interessen unterzuordnen hatten. Nicht selten riskierten Gemeinden das Schisma, so etwa die bedeutende Gemeinde von Antiochien im Fall der Absetzung ihres Bischofs Paulus von Samosata im Jahr 268. Es ist noch nicht voll geklärt, ob Paulus schließlich von seinem Bischofssitz verjagt worden ist, nachdem sich die Synode an den römischen Kaiser Aurelian gewandt hatte (so der frühchristliche Theologe Eusebios, gest. 339). Nach Eusebios soll der Kaiser nämlich entschieden haben, daß der Besitz der Gemeinde in Antiochien dem Teil zustehe, der mit den Bischöfen von Italien, insbesondere mit Rom, Gemeinschaft hielt.
Zusammenfassend läßt sich sagen, daß noch im 3. Jahrhundert die Kirche eine Gemeinschaft gleichberechtigter Gemeinden darstellte, aus denen einige wegen ihres apostolischen Ursprungs oder aber auch bereits wegen der allgemeinpolitischen Bedeutung der Städte, in denen sie sich befanden (Karthago, Lyon u.a.), herausragten.

Rom

Die Gemeinde zu Rom vereinigte beide Vorzüge, und dies zudem in ganz besonderer Weise. Hier hatten Petrus und Paulus gewirkt, hier war das Zentrum des Reiches. Zudem war die römische Gemeinde vermutlich die älteste im Westen. Es können in diesem

Zusammenhang nicht alle weiteren Gründe und Ursachen der Entwicklung beschrieben werden, die der römischen Gemeinde eine unangefochtene Vorrangstellung unter den christlichen Gemeinden einbrachten. Die beiden bereits genannten Hauptgründe (Apostolizität und Zentrum) hatten jedoch weiteres zur Folge. So konnte, ja mußte sich diese Gemeinde in ihrer Andersartigkeit gegenüber der damaligen römischen Gesellschaft und Religion profilieren. Antichristliche Regungen oder gar Maßnahmen trafen sie zunächst. So war diese Gemeinde die erste unter jenen, die mit dem Blut ihrer Angehörigen Zeugnis für Christus gab.
Hinzu kam ein Vorzug, dem weniger Beachtung geschenkt wird: Die vermittelnde Funktion, die diese Gemeinde in den nicht wenigen innerchristlichen Auseinandersetzungen der ersten drei Jahrhunderte erfüllte. Dabei fällt eine deutliche Tendenz zu Ausgleich und Kompromiß auf. Diese Kennzeichen, deren Vorbilder in der römischen Rechtsprechung zu suchen sind, sind mehr oder minder bis heute erhalten geblieben (Neigung zu Formelkompromissen).
Im Zug der allgemeinen Entwicklung einer Bischofskirche konzentrierten sich die Vorzüge und der Vorrang der römischen Gemeinde in der Gestalt ihres Bischofs. Während des 3. Jahrhunderts erinnerten römische Bischöfe an Mt 16,18, um ihren Entscheidungen in strittigen Fragen Autorität zu verleihen (so etwa der Bischof Kallist, 217–222, in einem Bußedikt und Bischof Stephan, 254–257, im Ketzertaufstreit mit dem Bischof Cyprian von Karthago). Cyprian von Karthago, herausgefordert durch die zentralistische, «primatiale» Argumentation Stephans, entwickelte eine episkopalistische Ekklesiologie (sein Schreiben «De catholicae ecclesiae unitate»), d.h. er ging davon aus, daß die Einheit der allgemeinen Kirche durch die Einheit der Bischöfe der lokalen Kirchen hergestellt und garantiert wird. Diese Einheit findet Ausdruck in der Einmütigkeit und Eintracht des Episkopates, also der Bischöfe. Petrus wie auch die Gemeinde bzw. Kirche des Petrus in Rom sind Zeichen und Ausgangspunkt dieser Einheit der Bischöfe.
Bis zur sogenannten konstantinischen Wende gelang es den römischen Bischöfen nicht, eine unangefochtene und exklusive Vorrangstellung gegenüber den Bischöfen der anderen Kirchen zu erreichen. So schaute man von den Gemeinden draußen in der

Weite des Reiches nicht nur nach Rom, um von dort Orientierung und Entscheidungshilfen zu erlangen. Lange Zeit hindurch galt Karthago als durchaus ebenbürtig und griff dementsprechend gleichfalls in die innerchristlichen Auseinandersetzungen ein.
Trotz der inneren Auseinandersetzungen hatte sich die «Kirche Gottes», repräsentiert in den vielen Gemeinden, im Lauf des 3. Jahrhunderts zu einer «Großmacht» (Feine) entwickelt. Ihre innere Organisations-, ja Rechtsstruktur entwickelte sich nach dem faszinierenden Vorbild, das die Gemeinden im zivilen Bereich vorfanden. Die Folgen sind bis heute deutlich erkennbar. Weite Teile der Terminologie des katholischen Kirchenrechts sind römischen Ursprungs. Ja selbst noch bei der Konzipierung des Codex Iuris Canonici von 1917/18 folgte man, was seinen Aufbau betrifft, den Institutionen des römischen Juristen Gaius (117–180 n. Chr.).
Nach Konstantin entwickelte sich die Kirche gerade wegen ihrer effizienten inneren Ordnung zu *dem* stabilisierenden Ordnungsfaktor im Römischen Reich. Für die rechtliche Struktur der Kirche hatte dies zur Folge, daß sich die Kirche immer stärker in Verfassung und territorialer Strukturierung an die vorgegebene Lage anpaßte. Die Bischöfe wurden zur neuen Aristokratie des Reiches nicht zuletzt darum, weil die alte senatorische Aristokratie kräftig bei der Besetzung der Bischofsstühle mitsprach. Was die Gliederung der Kirche betraf, so wurde sie faktisch immer mehr dem Vorbild des römischen Provinzschemas mit seinen verschiedenen Untereinheiten angepaßt. So vollzog sich im 4. Jahrhundert der Übergang von der Gemeinde zur Bischofskirche und zugleich jener von der idealen Kirche Gottes mit ihren gleichberechtigten Gemeinden zur realen Kirche mit ihrer vertikalen, immer stärker nach Rom hin ausgerichteten Struktur.

2. Ausformung unterschiedlicher Kirchenordnungen im ersten Jahrtausend

Trotz der genannten Zentralisierungsbestrebungen, die natürlich von den römischen Bischöfen besonders gefördert wurden, blieb eine Vielfalt christlicher Gemeinden während des ganzen ersten Jahrtausends nicht nur erhalten, sondern diese Palette wurde

durch die einschneidenden historischen Veränderungen der Zeit eher noch bunter (Spaltung zwischen Rom und Konstantinopel, Völkerwanderung, Islam, Germanenreiche usf.).
In diesem ersten Jahrtausend sind verschiedene Versuche unternommen worden, die innere Ordnung der Kirche zu gewährleisten. Während sich die kirchlichen Gremien vornehmlich um die Regelung der immer stärker auftretenden Glaubensfragen, der kirchlichen Sitte und der Liturgie annahmen, mischten sich die römischen Kaiser, später die germanischen Herrscher besonders im Westgoten- und merowingischen Frankenreich in kirchliche Angelegenheiten ein, soweit sie für die staatliche Gesetzgebung relevant waren.
Erstmals im 4. Jahrhundert wurde der Versuch unternommen, eine Art von Rechtssammlung der damals bestehenden kirchlichen Ordnungen zustande zu bringen. Es handelt sich um die sogenannten *Apostolischen Konstitutionen*, die um 380 in Syrien zusammengestellt worden sind. Dabei griff der Kompilator auf ältere Quellen zurück (Didache, Kirchenordnung des Hippolyt, Didaskalia). In den Apostolischen Konstitutionen wurden Fragen der Moral, der Liturgie und der Caritas geregelt. Aber auch dogmatische Probleme der Zeit wurden angesprochen. Der anonyme Verfasser soll Häretiker (Anhänger des Arius?) gewesen sein. Dieser Umstand trug zur Verwerfung dieser Rechtssammlung durch die Trullanische Synode (692) bei. Dies konnte auch nicht die Berufung des Verfassers auf die Autorität der Apostel verhindern.
Eine Art von Rechtssammlung stellten die in Canones formulierten Konzilsbeschlüsse dar, die nach den großen Konzilien des 4. Jahrhunderts in verschiedenen Sammlungen zusammengefaßt wurden. Daneben entstanden Verzeichnisse wichtiger bischöflicher und päpstlicher Entscheidungen (Reskripte, Dekretalen). Da es oft mühsam war, die gerade gesuchten Canones aufzufinden, ging man bereits seit Mitte des 5. Jahrhunderts daran, sogenannte *Canonessammlungen* zusammenzustellen, in denen eine gewisse Gliederung des Stoffes in tituli erreicht wurde (daher 50-Titelsammlung im 6. Jahrhundert und die spätere 14-Titelsammlung). Diese *Titelsammlungen* sind die Grundlage des griechischen Kirchenrechts geblieben.
Ein Erbe des Cäsaropapismus sind die sogenannten *Nomocanon-*

sammlungen, in denen kirchliches und ziviles Recht parallel gegenübergestellt wurde.

Auch im Westen, sprich Rom, entstanden Canonessammlungen, allerdings von recht unterschiedlicher Qualität. Die bekannteste dürfte die *Dionysiana* sein, die um 500 vom Mönch Dionysius Exiguus zusammengestellt worden ist. Auch hierbei handelt es sich um eine Sammlung griechischer Konzilscanones, die durch Teile der Apostolischen Konstitutionen (Apostolische Canones) ergänzt wurden. Ferner versammelte Dionysius die päpstlichen Dekretalen von Siricius (384–399) bis Anastasius II. (496–498). In seiner Sammlung vereinigen sich also konziliare und päpstliche Beschlüsse, was den Eindruck ihrer Gleichrangigkeit erweckt. Die Sammlung des Dionysius trägt auch den Namen Corpus canonum, wodurch gleichsam der Weg zum Corpus iuris canonici des Meister Gratian (gest. um 1178) gewiesen ist. Nach W.M. Peitz war mit der Dionysiana die Entwicklung des Kirchenrechts im zentrifugalen Sinn programmiert.

Dennoch haben sich bis zum Ende des 7. Jahrhunderts in den verschiedenen Teilkirchen eigene Rechtsstrukturen entwickelt. Im Osten sind es die bereits erwähnten Nomokanones. In der gallischen Kirche besaß wahrscheinlich jede Diözese und Kirchenprovinz einen eigenen Liber canonum, der auf die jeweiligen örtlichen Verhältnisse abgestimmt war. In Spanien hingegen entwickelte sich bereits eine eher allgemeingültige Rechtsordnung in der Form der ständig ergänzten *Hispana collectio,* die übrigens auf der Dionysiana aufbaute und deshalb eine Reihe päpstlicher Dekretalen enthielt. Am Rand des Einflußbereiches römisch-rechtlichen Denkens entstanden damals aber auch andersartige Ordnungen, so in der irisch-britischen Kirche die sogenannten *Bußbücher* (wahrscheinlich bereits Mitte des 5. Jahrhunderts). Im fränkischen Reich wurde die Dionysiana in einer ergänzten Fassung verwendet *(Dionysiana-Hadriana),* daneben aber auch Bußbücher. Mitte des 9. Jahrhunderts tauchen dann im fränkischen Reich die berüchtigten *pseudo-isidorischen Fälschungen* auf, eine für damalige Verhältnisse geschickte Zusammenstellung echter und gefälschter Dokumente. Ihre Ziele waren unterschiedlicher Art: Zurückdrängung der Einmischung weltlicher Mächte, Beschneidung der Rechtsposition der Metropoliten und nicht zuletzt die Erhöhung der Rechtsstellung des römischen Bischofs.

Auch während der folgenden beiden Jahrhunderte wurde immer wieder versucht, die inzwischen kaum noch überschaubare Materie kirchlicher Rechtsbestimmungen zu ordnen (z.B. das Synodalhandbuch des Regino von Prüm, die Collectio Caesaraugustana in Frankreich usf.).
Die sogenannte Gregorianische Reform im ausgehenden 11. Jahrhundert hat letztlich das insgesamt bunte Bild einer partikularrechtlichen Struktur der Kirche nicht verändert. Die Rechtsquellen waren recht unterschiedlichen Ursprungs und deshalb auch von unterschiedlicher Rechtsqualität bzw. Autorität. Hinzu kam, daß sie sich nicht selten widersprachen. Unabhängig von den zentralistischen Bemühungen Gregors VII. regten sich deshalb auch bei den zeitgenössischen Rechtsgelehrten und in den Teilkirchen Wünsche nach einer Systematisierung, wenn auch nicht nach einer Vereinheitlichung des kirchlichen Rechtes.

3. Von der synodalen Kirchenordnung zum zentralistischen Kirchenrecht

Bis zum Ende des 11. Jahrhunderts bestand eine sogenannte synodale Kirchenordnung. Das bedeutet, daß die Synoden oder Konzilien in den einzelnen Teilkirchen weitgehend bestimmten, was als kirchliche Ordnung galt. Aber auch für die Kirche überhaupt besaßen die allgemeinen (ökumenischen) Konzilien das höchste Ansehen. Die Dekretalen der Päpste hingegen genossen zwar Anerkennung und wurden auch befolgt, doch blieb ihr Einfluß durchaus begrenzt.
Mit der *Concordia discordantium canonum* des Bologneser Mönches *Gratian,* die 1140–42 vollendet wurde, setzte nun eine konsequente, wenn auch langwierige Entwicklung zu einem zentralistischen Kirchenrecht ein. Die Sammlung Gratians war nur ein erster Versuch, dem weitere Zusammenfassungen des kirchlichen Rechtes bis zum Vorabend der Reformation folgen sollten. Diese Sammlungen wurden später wieder in eine einzige zusammengefaßt, im *Corpus Iuris Canonici,* das bis zum Inkrafttreten des Codex

Iuris Canonici im Jahr 1918 die bedeutendste Rechtssammlung der katholischen Kirche war. Dabei handelte es sich nicht um ein offizielles Gesetzbuch, sondern vielmehr um eine offiziöse Rechtssammlung, die allerdings die Anerkennung der Päpste genoß und wozu einige Päpste selbst Beiträge geliefert hatten. Das wird aus seiner Zusammenstellung deutlich. Das Corpus Iuris Canonici bestand aus folgenden Teilen:

– *Decretum Gratiani* (Concordia discordantium canonum) von 1140–42. Es ist eigentlich eine private Sammlung des Gratian und besteht aus drei Teilen, in denen Fragen der kirchlichen Verfassung, des Prozeß-, Vermögens-, Ordens-, Straf- und vor allem des Eherechts behandelt werden. Dies geschieht im wesentlichen anhand der Zitation von Konzilscanones, päpstlichen Dekretalen, aber auch aus Schriften der Kirchenväter u.a. Gratian beließ es jedoch nicht bei einer Ordnung des Materials und dem Zitieren rechtsrelevanter Texte. Er fügte eigene Kommentare bei, die sogenannten Dicta Gratiani, wodurch diese Sammlung Züge des Eigenständigen und der Originalität besitzt.

– die *Dekretalen Gregors IX.*, auch *Liber extra* genannt, weil sie außerhalb des Decretum Gratiani standen.

– der *Liber Sextus Bonifaz' VIII.*, so genannt, weil er an die fünf Bücher der Dekretalen anschloß.

– die *Klementinen*, so bezeichnet wegen ihrer Publizierung durch Klemens V.

– die beiden *Extravagantensammlungen,* die päpstliche Dekretalen von Bonifaz VIII. bis Sixtus IV. enthalten.

Die fünf Teile des Corpus Iuris Canonici sind also zum einen deutlich vom päpstlichen Recht geprägt, zum anderen jedoch von recht unterschiedlichem Charakter. Das Dekret Gratians und die beiden Extravagantensammlungen sind nämlich rein private Rechtssammlungen, während es sich bei den übrigen Teilen um zu unterschiedlichen Terminen publizierte (päpstliche) Gesetzbücher handelt.

Während des gesamten Mittelalters ergoß sich eine wahre Flut päpstlicher Dekretalen über die Kirche, die neues Recht in beinahe allen Bereichen kirchlichen Lebens setzten. Um des Stoffes Herr zu werden, machten sich zahlreiche Kanonisten ans Werk, um diese Dekretalen zu versammeln. Allein aus dem Jahrhundert zwischen dem Abschluß des Dekretes Gratians und dem Pontifikat Gregors IX., also zwischen 1140 und 1240, sind mehr als sechzig solcher Sammlungen bekannt.[5]

Die Bezeichnung «Corpus Iuris Canonici» wurde zunächst als Sammelbegriff für die erwähnten fünf Teile von den Gelehrten verwendet. Sozusagen offiziell ist dann von den Konzilien von Konstanz und Basel die Bezeichnung eingeführt worden. Von den Päpsten sprach jedoch erst Gregor XIII. in einer Konstitution im Jahr 1580, also erst nach der Reformation, von diesem kirchlichen Rechtsbuch. Gregor XIII. sorgte dann auch für die Ausgabe einer offiziellen Ausgabe, die 1580/82 erschienen ist.

Das Trienter Konzil wurde auch für den weiteren Ausbau des Kirchenrechts von so großer Bedeutung, daß einige Kirchenrechtshistoriker gar von einem «tridentinischen Kirchenrecht» (Feine) sprechen. Während vor Reformation und Trienter Konzil im Bereich der kirchlichen Rechtssetzung neben dem päpstlichen Recht immer noch eine beachtliche Selbständigkeit der Bischöfe sowie der synodalen Organe (allgem. Konzilien, Provinzial- und Diözesansynoden) erhalten blieb, wurden diese nach dem Konzil von Trient mehr und mehr zu Vollzugsorganen der päpstlichen Gewalt herabgestuft. Auf vielen Gebieten, auf denen das Konzil von Trient zu keinen Beschlüssen geführt hatte, übernahm es die römische Zentralgewalt, gesetzgeberisch tätig zu werden. So wurde z.B. 1564 ein Glaubensbekenntnis formuliert, das als Rechtsdokument galt, da es dem bislang geltenden Codex Iuris Canonici vorgeschaltet war. Ähnliches geschah auf dogmatischem Gebiet bei der Formulierung eines «Römischen Katechismus» (1566) sowie im Bereich der Liturgie durch die Veröffentlichung eines offiziellen Meßbuches (Missale Romanum, 1570) und des Breviers für die Geistlichkeit (1568). Alle diese Bücher besaßen auch rechtliche Qualität, da ihre Verwendung exklusiv vorgeschrieben wurde. Ein eindeutig rechtliches Dokument war ferner die Liste der verbotenen Bücher (Index librorum prohibitorum, 1564), die – immer wieder auf den neuesten Stand gebracht – bis 1966 bestand.

Besonders auf dem Gebiet der Lehre und der kirchlichen Disziplin stärkten die nachtridentinischen Päpste ihren Einfluß. Das bekannteste rechtliche Dokument dafür ist die sogenannte *Abend-*

[5] Feine 251.

mahlsbulle, so genannt, weil sie alljährlich während des Gründonnerstagsgottesdienstes verlesen werden mußte (zudem auch noch an anderen Hochfesten). In ihr wurde den Gläubigen in Erinnerung gerufen, in welchen Fällen dem Papst allein die Freisprechung von Exkommunikationen zustand. Obwohl die rechtliche Qualität der Bulle bis in die Reihen der kurialistisch gesinnten Kirchenrechtler umstritten war und blieb, hat sie verständlicherweise viel Unruhe in die Kirche gebracht, weil sich besonders episkopalistische Kanonisten (Gallikaner, Josephiner etc.), aber auch weltliche Herrscher gegen diese Bulle wandten. Reste der Bestimmungen finden sich auch noch in den Codices Iuris Canonici von 1917 und 1983.

Das Trienter Konzil hatte auch eine starke Verrechtlichung der Kirche zur Folge. Auch die jungen protestantischen Kirchen, deren Ursprünge nicht zuletzt auf den Protest gegen den Juridismus der vorreformatorischen Kirche zurückgingen, schufen sich alsbald Kirchenordnungen, besser gesagt: sie erhielten sie durch ihre weltlichen Herren nicht selten vorgeschrieben. Diese Entwicklung in den Kirchen hatte ein Aufblühen der Kirchenrechtswissenschaft zur Folge. Nicht wenige der nachtridentinischen Päpste waren hervorragende Kanonisten; an erster Stelle ist da Benedikt XIV. (1740–58) zu nennen, der als Prospero Lambertini ein anerkannter Kirchenrechtler in Bologna war und zu den Begründern der kirchlichen Rechtsgeschichte zählt.

Mit dem Trienter Konzil war der Schritt von einer bis dahin immer noch mehr oder minder pluriformen Kirchenordnung zu einem zum Zentrum ausgerichteten Kirchenrecht vollzogen worden. Die nachfolgende geschichtliche Entwicklung ist durch eine gewisse Korrelation zwischen zivilem und kirchlichem Recht gekennzeichnet. Vielerorts mischten sich die Fürsten in die Rechtsordnung der Kirche ein, und die Kanonisten bezogen nicht wenige Anregungen für ihre Reflexionen aus dem zivilen Recht, sowohl aus dem tradierten römischen wie auch aus dem sich neu entfalteten zeitgenössischen Recht. Im Kirchenstaat des Papstes verkörperte sich jedoch diese Wechselbeziehung am deutlichsten. Die politischen und gesellschaftlichen Veränderungen in der Folge der Französischen Revolution und im Zusammenhang mit dem aufkommenden Nationalismus führten während des 19. Jahrhunderts zu einer «Spiritualisierung des Kirchenrechts» (Hagen,

Hussarek). So entwickelten kurialistische Kanonisten angesichts der politischen Bedrohung des Kirchenstaates in Anlehnung an mittelalterliche Ideen die Theorie, die Kirche sei gleichwie der Staat eine «societas perfecta» (eine «vollkommene Gesellschaft») und deshalb diesem ebenbürtig.
Die Beschlüsse des I. Vatikanischen Konzils (1869/70) sind allein aus diesem historischen Kontext zu verstehen. Das Konzil dogmatisierte gegen erheblichen Widerstand zahlreicher Bischöfe und Theologen, also letztendlich nicht weniger Teilkirchen (besonders der deutschsprachigen) den Primat des Papstes. Dies bedeutet konkret, daß seit dem I. Vatikanischen Konzil der Papst in jeder Orts- und Teilkirche eine mit den Bischöfen konkurrierende Jurisdiktion ausübt. Ferner wurde dogmatisiert, daß er unter gewissen Voraussetzungen, die er jedoch selbst schafft, in Fragen des Glaubens und der Sitte unfehlbar ist.

4. Das geltende Kirchenrecht

Die geglückten Bestrebungen, die nach dem Trienter Konzil gewachsene, nach Rom hin ausgerichtete Struktur der katholischen Kirche dogmatisch festzuschreiben, machten das Durcheinander im kirchlichen Recht um so deutlicher. Das Corpus Iuris Canonici enthielt lediglich vortridentinisches Recht, alle späteren Rechtsbestimmungen der Päpste und des Trienter Konzils waren nur in mehr oder weniger sorgfältigen Sammlungen erreichbar. Darum faszinierte die Kanonisten des 19. Jahrhunderts das Vorbild der Staaten, die seit dem Ende des 18. Jahrhunderts nach und nach ihr Recht in z.T. eindrucksvollen Kodifikationen zusammenfaßten. So brachten 33 Konzilsväter auf dem I. Vatikanischen Konzil einen Antrag ein, das kanonische Recht in einem «Iuris Canonici Codex» zusammenzufassen und zu ordnen. Merkwürdigerweise gab es gegen diesen Plan zunächst Widerstände seitens der römischen Kurie. Dennoch setzten sich manche Kanonisten ans Werk und versuchten in privater Initiative, eine logische Zusammenschau des kanonischen Rechtes zu erarbeiten. Erst Pius X. nahm im Jahr 1904 die Initiative zur Erstellung eines neuen Gesetzbuches der katholischen Kirche auf und betraute eine Kardinalskommission mit der Erarbeitung. Unter Leitung des hervorragenden Kanonisten Kardinal Gasparri, einem Mann mit internationaler Erfahrung, arbeitete die päpstliche Kommission innerhalb von zehn Jahren einen Codex aus. Die Bischöfe und Wissenschaftler wurden anfangs zwar um Anregungen gebeten, doch vollzog sich insgesamt gesehen die Arbeit der Kommission unter strenger Geheimhaltung. Nur einige wenige Teilentwürfe wurden zur Begutachtung an Bischöfe oder Kanonisten gegeben, im übrigen blieb die kirchliche Öffentlichkeit von einer Mitwirkung ausgeschlossen. So ist der *Codex Iuris Canonici,* das bis 1983 geltende Gesetzbuch der katholischen Kirche, praktisch ein Produkt des römischen Zentralismus, an dem die einzelnen Teilkirchen in der Phase seiner Herstellung keinen Anteil hatten. Dies hat nicht zuletzt dazu beigetragen, daß der Codex Iuris Canonici selbst unter Theologen ein ungeliebtes und weithin sogar unbekanntes Buch geblieben ist.

Der Codex Iuris Canonici wurde zu Pfingsten 1917, genau 600 Jahre nach der letzten offiziellen Rechtssammlung der katholischen Kirche, nämlich den Klementinen, promulgiert, trat jedoch wegen der damaligen Kommunikationshemmnisse erst ein Jahr später, also zu Pfingsten 1918, in Kraft.

Ähnlich wie die mittelalterlichen Dekretalensammlungen bestand der Codex Iuris Canonici (= CIC) aus fünf Büchern. Doch ist dies lediglich eine formale Übereinstimmung. Was die Aufteilung des Stoffes anbelangte, folgten die Redaktoren des CIC nämlich dem Einteilungsschema eines nachtridentinischen Kanonisten, den Institutiones iuris canonici des Italieners Lancelotti[6], die zahlreichen Ausgaben des Corpus Iuris Canonici beigegeben worden waren. So preßte man den kirchenrechtlichen Stoff in die vier Bücher über Personenrecht, Sachenrecht, Prozeßrecht sowie Strafrecht und schickte dem Ganzen einen allgemeinen Teil voraus.

Man hat den CIC zu Recht als «ein Produkt des Natur- und Vernunftrechts des 18. Jahrhunderts»[7] bezeichnet. Was seine Systematik und Sprache betrifft, wird man eher zu einem positiven

[6] Lancelotti orientierte sich allerdings – wie oben bereits gesagt – an den sogenannten Institutionen des Römers Gaius.

[7] F. Elsener, in: Müller-Elsener-Huizing, Vom Kirchenrecht zur Kirchenordnung?, Zürich–Einsiedeln–Köln 1968, 52.

Urteil finden, wenn man an Wust und Schwulstigkeit des vorkodikarischen Rechtes denkt. Dennoch mußte auf Brüche und Unvereinbarkeiten in seinem Aufbau hingewiesen werden, etwa auf die Zerreißung des Ämterrechtes oder die Unterbringung des Sakramentenrechtes im Sachenrecht, ein Umstand, der bei heutigen Theologen nur auf Unverständnis stoßen konnte. Da sich an den Redaktionsarbeiten zahlreiche Kanonisten beteiligten und die rechtssprachliche Koordination der Texte unzureichend betrieben worden ist, gab es in der Terminologie des CIC nicht wenige Unsicherheiten. Im Vergleich zu den offiziellen rechtsrelevanten Texten, die nach dem II. Vatikanischen Konzil entstanden, zeichnet sich jedoch die Sprache des CIC durch ihre wohltuende Klarheit und Bündigkeit aus. Sie ist in aller Regel ohne Schnörkel und deshalb deutlich.

Die Inkraftsetzung des CIC bedeutete weder, daß damit die kirchliche Gesetzgebung abgebremst wurde, noch daß die Arbeit der Kanonisten vermindert worden wäre. Die letzteren sahen sich dadurch vielmehr vor vielerlei Aufgaben gestellt, besonders solche der Interpretation und des Erörterns der Mängel und Lücken (Lakunen) des kodikarischen Rechts. Benedikt XV. hatte bereits 1917 eine Kardinalskommission für die Interpretation des CIC eingesetzt, deren Beschlüsse mittlerweile den Umfang des CIC überschritten haben dürften. Geändert wurde der CIC jedoch nur durch zwei Streichungen (c. 1099 § 2, 2. Halbsatz, c. 2319 § 1 n. 1 ab «contra ...»). Obwohl der CIC kirchliches Gesetzbuch allein für den Bereich der Lateinischen Kirche war, stand er doch als Vorbild für eine Vereinheitlichung des Ostkirchenrechtes, die – gleichfalls unter Leitung des Kardinals Gasparri – von 1929 an in Angriff genommen wurde. Große Teile eines Codex für die Ostkirchen wurden bis zum Vorabend des II. Vatikanischen Konzils nach und nach promulgiert, doch gelang es nicht, ein komplettes Gesetzbuch zustande zu bringen.

Bei den Arbeiten am Ostkirchenrecht wurden bereits Verbesserungsvorschläge und Kritik am CIC teilweise berücksichtigt. Der schleppende Fortgang bei den Arbeiten am Codex für die Ostkirchen machte jedoch auch deutlich, daß das Recht der Kirche nicht unbedingt in die wenig flexible Form eines Codex gegossen werden muß, ja daß sich das Rechtsempfinden in manchen Teilkirchen gegen diese Form wehrt. Besonders in den mit Rom unierten

Ostkirchen kamen bereits vor dem II. Vatikanischen Konzil gelegentlich Bedenken gegen eine Kodifizierung des kirchlichen Rechtes nach dem Vorbild der Lateinischen Kirche auf. Aber auch in anderen Teilen der Kirche regte sich zunächst leise Kritik. Dies ist verständlich, kennen doch viele zivilen Rechtssysteme nicht die strenge Kodifizierung des Rechtes, so insbesondere nicht der weite Bereich des angloamerikanichen Rechtes, das im wesentlichen Richterrecht (Case Law) ist.

Vatikanum II und nachkonziliares Kirchenrecht

Es ist verständlich, daß das Ereignis des II. Vatikanischen Konzils den CIC, die Rechtssynthese des I. Vatikanischen Konzils, in Frage stellen mußte. Dies traf dann auch ein. Aber Johannes XXIII. hatte bereits in seiner historisch so bedeutsamen Ansprache vom 25. Januar 1959, mit der er die Einberufung des Konzils ankündigte, ebenso auf die Notwendigkeit eines «aggiornamento» des CIC hingewiesen wie auch die Fertigstellung des ostkirchlichen Gesetzbuches in Aussicht gestellt.
Nachdem eine offene Kritik über das Kirchenrecht freigegeben war, kam es immer wieder während des Konzils in der Aula sowie in der das Konzil begleitenden Öffentlichkeit zu vehementen antijuridischen Protesten. Die Folge war, daß das Konzil es nicht einmal wagte, Beschlüsse rechtsrelevanter Inhalte in einer entsprechenden Sprache zu formulieren. So verständlich Protest und Handlungsweise der Konzilsväter auch sein mögen, so verheerend wirkte sich der Umstand einer unjuridischen Sprechweise des Konzils auf die nachkonziliare Gesetzgebung der katholischen Kirche aus.
Das II. Vatikanische Konzil hat selbst nur in wenigen Bereichen neues Recht geschaffen. Paul VI. machte dies auch kurz nach Abschluß des Konzils in seinem Motuproprio über das Bischofsamt deutlich (Motuproprio «De Episcoporum muneribus» MP EpMun vom 15. Juni 1966, n. 1), in dem er erklärte, alle Normen des CIC und spätere gesetzliche Anordnungen blieben in Kraft, wenn sie das Konzil nicht offensichtlich ganz oder zum Teil aufgehoben oder abgeändert habe. Da diese Normen des Konzils jedoch nicht genannt wurden, war es außerordentlich schwierig

festzustellen, wo nun früheres Recht durch das Konzil verändert worden war.

Die Mehrheit der Konzilsväter zielte auf eine Verdeutlichung im Verhältnis zwischen dem Papst und den Bischöfen. In dieser Frage sowie in anderen Teilbereichen der Verfassung der Kirche hat insonderheit die Dogmatische Konstitution über die Kirche (Konstitution «Lumen gentium» vom 21. November 1964) eine gegenüber dem I. Vatikanischen Konzil neue, zumindest jedoch ergänzende Sicht eröffnet. Durch das Konzil und seine Beschlüsse wurde insgesamt gesehen in der Kirche ein neues Klima geschaffen. Das Prinzip der Kollegialität sollte von nun an in der Kirche im Verhältnis zwischen Rom und den Teilkirchen Grundlage der Beziehungen sein.

Doch von dem Datum der Verabschiedung der eben genannten Dogmatischen Konstitution an begannen die Versuche einer einschränkenden Interpretation der Konzilsaussagen. Der Dogmatischen Konstitution wurde eine «Erläuternde Vorbemerkung» des Generalsekretärs des Konzils beigefügt, die wichtige Inhalte der Konstitution im kurialen Sinne interpretierte, ein Vorgang, der bislang einzigartig in der Konziliengeschichte ist.

Dem antijuridischen Affekt der Konzilsväter steht in paradoxer Weise die Inflationierung der kirchlichen Rechtsbestimmungen auf allen Ebenen während der nachkonziliaren Zeit gegenüber. Ähnlich wie im zivilrechtlichen Bereich war der Wust kirchenrechtlicher Gesetze, Anordnungen, Ordnungen u.ä. auch von Fachleuten nicht mehr zu überschauen. Auch die Zahl derjenigen, die kirchliche Rechtsbestimmungen noch ernst nehmen oder akzeptieren, dürfte nach dem Konzil stark abgenommen haben. Teilweise findet dies seine Erklärung in dem Umstand, daß Kirche als Institution immer ferner rückt. Aber auch diejenigen, die sich in den Dienst der Kirche begeben, kennen ihr Rechtssystem kaum oder lehnen es direkt ab. Hinzu kommt sicher, daß in Erwartung des neuen kirchlichen Gesetzbuches viel neues Recht mit den Zusätzen «ad experimentum» oder «ad interim» ausgestattet worden ist, was zu Unrecht bei nicht wenigen den Eindruck erwecken mochte, dieses Recht besitze geringere Verpflichtungskraft.

Noch Johannes XXIII. setzte 1963 eine Kardinalskommission ein, welche die Revision des CIC durchführen sollte. Die Arbeit wurde jedoch erst Ende 1965 aufgenommen. Zur Kommission gehörten 30 Kardinäle, die durch kirchenrechtlich versierte Konsultoren beraten wurden. Neben der Arbeit am CIC sollte die Kommission dem Auftrag Pauls VI. folgend auch ein neuartiges Grundgesetz für die katholische Kirche erarbeiten sowie die nachkonziliare Gesetzgebung beratend begleiten.

Die Arbeiten am neuen Codex verliefen nicht sonderlich zügig. Erst Ende 1977 lagen Teilentwürfe für den ganzen CIC vor, sieht man einmal von kleinen Lücken ab. Den einzelnen Entwürfen blieb Kritik nicht erspart. So traf etwa der Teilentwurf über das neue Religiosenrecht («Ordensrecht») praktisch nur auf Ablehnung, insonderheit durch die potentiell Betroffenen.

Der neue Codex, der schließlich 1983 promulgiert wurde, hat eine sachgemäßere Gliederung der in ihm geordneten Rechtsmaterie als der frühere Codex erhalten:

I. Buch: Allgemeine Normen
II. Buch: Das Volk Gottes
III. Buch: Das Lehramt (munus docendi) der Kirche
IV. Buch: Das Heiligungsamt (munus sanctificandi) der Kirche
V. Buch: Das Vermögensrecht der Kirche
VI. Buch: Die Strafbestimmungen in der Kirche
VII. Buch: Die Prozesse

Die Titel des III. und IV. Buches erinnern an die Drei-Munera-Lehre der Dogmatischen Konstitution über die Kirche des II. Vatikanischen Konzils. Das dritte der munera, das munus regendi, taucht im neuen Codex zumindest nicht als Bestandteil seiner Gesamtgliederung auf, ein Hinweis auf die Schwierigkeit, ein wesentliches Resultat des Konzils rechtssystematisch verarbeiten zu können. Zu begüßen ist, daß das Buch des CIC «Sachenrecht» aufgegeben worden ist und die Sakramente der Kirche nunmehr in einem eigenen Buch (IV) behandelt werden.

Das II. Buch beschreibt die Verfassung der Kirche in der herkömmlichen hierarchischen Struktur, jedoch haben die Verfasser des neuen CIC durch das Vorschalten eines allgemeinen Teils, in dem die Rechtsposition jedes Kirchenangehörigen dargestellt wird, die neue Sicht der Dogmatischen Konstitution über die Kirche berücksichtigt. Zu bedauern ist jedoch, daß der neue CIC wiederum der Dreiständelehre (Laien, Kleriker, Ordensleute) folgt, obgleich diejenigen Kirchenangehörigen, die in besonderer Weise den evangelischen Räten folgen, entweder Kleriker oder Laien sind und keinen von beiden gesonderten Stand in der Kirche innehaben.

Obwohl der neue Codex gegenüber dem CIC eine sehr viel bessere und logische Gliederung besitzt, sind dennoch-durchaus zu Recht – zahlreiche kritische Stimmen zu seiner Systematik laut geworden.[8]

Die Mehrheit der kanonistischen Fachwelt und wohl auch der Bischöfe begrüßte die Neuordnung des katholischen Kirchenrechts in der Form eines neuen Codex. Es gab und gibt jedoch auch Stimmen gegen die vergleichsweise unveränderliche Form einer Kodifizierung des Kirchenrechts sowie gegen die Neufassung eines für alle Teile der Kirche geltenden Rechtskodex. So wurde etwa dafür plädiert, allgemein lediglich einen recht weitgesteckten Rahmen kirchlicher Ordnung zu schaffen, in den die einzelnen Teilkirchen ihren Traditionen und aktuellen Umständen gemäß eine je eigene rechtliche Struktur einfüllen könnten. Diesen Vorstellungen ist man bei der Konzeption des neuen kirchlichen Gesetzbuches nicht gefolgt. Man wird gespannt sein dürfen, ob und wie lange sich der neue Codex angesichts der rasanten gesellschaftlichen Entwicklungen in vielen Teilkirchen halten wird.

Wie bereits erwähnt, erteilte Paul VI. im Zusammenhang mit der Reform des kirchlichen Rechtes den Auftrag, auch das völlig neuartige Projekt eines Grundgesetzes für die katholische Kirche (Lex Ecclesiae Fundamentalis) zu entwickeln. Dieses Vorhaben stieß von Anfang an auf vehemente Kritik der Theologen und auch einer beachtlichen Zahl von Kirchenrechtlern. Vom ersten umfassenden Entwurf eines solchen Grundgesetzes an (1969) gestaltete sich die Arbeit an diesem Projekt als außerordentlich mühsam, da zu allen Entwürfen fundamentale Kritik aufkam. Der letzte bekanntgewordene Entwurf stammte aus dem Jahr 1976, der leider alle früher bereits geäußerten Bedenken und Befürchtungen bestätigte. Dieses Grundgesetz stand «im Dienste der Restauration» (Alberigo), weil es formal den Eindruck erwecken konnte, es basiere auf den fundamentalen ekklesiologischen Aus-

[8] H. Schmitz, Die Systematik des neuen CIC, in: Grundriß des nachkonziliaren Kirchenrechts, Regensburg 1980, 37f.; P. Krämer, Kritische Anmerkungen zur Systematik eines neuen kirchlichen Gesetzbuches, in: AfkKR 147 (1978) 2. Heft.

sagen des II. Vatikanischen Konzils, während es faktisch dessen Hauptziel, nämlich die Stärkung der bischöflichen Kollegialität, liquidierte. Wohl kaum jemals nach dem I. (Ersten!) Vatikanischen Konzil wurde in einem offiziellen Text der Jurisdiktionsprimat des Papstes so übersteigert zum Ausdruck gebracht. Besonders die Schlußbestimmungen des Grundgesetzes gaben zu Besorgnis Anlaß, da durch sie eigenständige Entwicklungen in den Teilkirchen abgebremst bzw. nicht mehr zugelassen worden wären. Das Grundgesetz sollte die norma normans für alles Recht in der Kirche werden. Wegen des weitverbreiteten Widerstands wurde das Projekt eines Grundgesetzes für die Kirche im Jahr 1982 (vorläufig?) aufgegeben.[9] Allerdings sind wichtige Aussagen in den neuen Codex übernommen worden.

5. Reflexion über den Einfluß weltlicher Vorbilder auf kirchliche Rechtsordnungen

Nach diesem kurzen Gang durch die beinahe 2000 Jahre lange Entwicklung kirchlicher Rechtsgeschichte lohnt es sich innezuhalten. In dem zuletzt beschriebenen Entwurf eines Grundgesetzes fiel auf, daß deren Verfasser davon ausgingen, die Kirche sei ebenso wie der Staat eine vollkommene Gesellschaft (societas perfecta, can. 53 § 2 LEF-1976)[10]. Kirche und Staat werden als parallel existierende, gleichrangige gesellschaftliche Größen, und zwar als «oberste» (suprema) Größen angesehen. Wie in aller Kürze gezeigt worden ist, haben sich von Anfang an die christlichen Gemeinden und die frühe Kirche beim Aufbau ihrer Rechtsstrukturen am zivilen und staatlichen Recht orientiert. Angesichts dieser Orientierungen und oft Verflechtungen kommt immer wieder die Frage nach dem Eigenen, dem proprium, des kirchlichen Rechtes auf. Bei der Beantwortung der hierbei entstehenden Fragen wird bis heute immer wieder die Flucht in Mystifikationen genommen. So wird etwa in Punkt 3 der Leitlinien für die Reform des CIC behauptet, das Recht habe im Mysterium der Kirche gleichsam den «Sinn eines Sakramentes oder eines Zeichens des

[9] Angeblich soll das Grundgesetz zusammen mit einem Codex für die unierten Ostkirchen in etwa fünf Jahren promulgiert werden.

[10] Eine vergleichbare Formulierung findet sich im neuen Codex (c. 204 § 2).

übernatürlichen Lebens der Gläubigen». Damit wird also auch noch behauptet, das Recht in der Kirche sei mit einem Sakrament zu vergleichen. Dies ist die eine, extreme Art und Weise, das Recht in der Kirche zu betrachten und ihm Legitimation zu verschaffen. Andererseits gab es und gibt es einen, mitunter als Reaktion auf die oben skizzierte Ansicht aufkommenden antijuridischen Affekt unter Kirchenangehörigen, wie er etwa auch auf dem II. Vatikanischen Konzil zutage trat. Dabei ist die eine Extremposition nicht selten die Folge der anderen. Dafür typisch mögen die Beschlüsse der beiden vatikanischen Konzilien sein.

Besonders im reformatorischen Erbe trifft man auf zahlreiche Zeugnisse des Widerwillens, Gesetz und Evangelium in Einklang zu bringen. Mit den damit verbundenen, tiefreichenden theologischen Reflexionen hat sich das katholischen Kirchenrecht bislang nur unzureichend auseinandergesetzt. Der protestantische Kirchenrechtler Rudolf Sohm (1841–1917) steht mit seinen entsprechenden Überlegungen immer noch im Mittelpunkt der heutigen Diskussion. Sohm ging aufgrund seiner historischen Forschungen und Erkenntnisse davon aus, daß die Kirche eine rein charismatische Struktur besitzt. Bis Gratian habe sie lediglich ein «Sakramentsrecht» gekannt, dem erst später – insonderheit als direkte Folge der päpstlichen Gesetzgebung – ein an staatlichen Vorbildern orientiertes «Körperschaftsrecht» gefolgt sei. Sohm gelangte demnach zu einem sehr kritischen Urteil über das Kirchenrecht seiner Zeit, indem er behauptete: «Das Wesen des Kirchenrechts steht mit dem Wesen der Kirche im Widerspruch.»

Während die Kritik und die Denkanstöße Sohms im protestantischen Bereich zu verstärkten theologischen Bemühungen um ein Verständnis des Rechtes in der Kirche geführt haben (Barth, Wolf, Dombois), sind dagegen in der katholischen Kirchenrechtswissenschaft eher Verteidigungspositionen aufgebaut worden. So wurde etwa der katholische Kirchenrechtler J. Klein, der die Anregungen Sohms aufgenommen hatte, aus der katholischen Kirche gedrängt.[11] Die Auseinandersetzungen um die Eigenart und die Inhalte des Kirchenrechts, die Sohm ausgelöst hat und die bis heute andauern, haben jedenfalls bewirkt, daß die heutigen Kirchenrechtler sehr viel zurückhaltender sind, wenn es z.B. darum

[11] R. Potz, Die Geltung kirchenrechtlicher Normen, Wien 1978, 133f.

geht, göttliches vom menschlichen Recht abzugrenzen. Göttliches Recht hat sich stets – denken wir nur an die Zehn Gebote – in der konkreten, geschichts- und sozialgebundenen Form manifestiert, die dem Menschen verständlich war und ist. Die Geschichte zeigt ferner, daß auch Inhalte der Offenbarung, die von rechtlicher Relevanz sind, sich erst allmählich dem Verständnis des Menschen erschlossen haben. Daß bei der Entwicklung des Verständnisses nicht unbedingt die Bemühungen der Theologen eine Rolle gespielt haben, vielmehr die allgemeine gesellschaftliche Entwicklung dafür verantwortlich gemacht werden kann, könnte an zahlreichen Beispielen belegt werden.

Dementsprechend wurden die Heiligen Schriften in ihrer Relevanz für das Recht und die Struktur der Kirche auch stets mehr oder minder zeitgebunden interpretiert. In Zeiten und Kulturen, in denen die Monarchie eine hervorragende Rolle spielte, wurde diese auch als ideales Strukturelement für die Kirche angesehen. Ähnliches gilt für aristokratische oder oligarchische Vorbilder, aber auch für demokratisch-synodale Strukturelemente, die das Recht der Kirche eigentlich von Anfang an kannte.

So kann also gesagt werden, daß sich das Recht der Kirche aus der unverzichtbaren Quelle der Offenbarung speist, daß es sich zugleich jedoch an den jeweiligen geschichtlichen und sozialen Gegebenheiten orientiert. Letztlich stellt sich für die Kirche jeder Kultur und jeder Epoche neu die Frage, inwieweit ihr Recht dem Seelenheil (salus animarum) ihrer Angehörigen dient. Dabei handelt es sich um einen hermeneutischen Prozeß, der nach dem Glauben der Kirche vom Geist Gottes (pneuma) begleitet wird. Die Annahme dieser Erkenntnis macht frei und bewahrt die Kirche vor Recht und Strukturen, die in ihrer Erstarrung unbrauchbar sind.

Daß sich die kirchliche Rechtsordnung inhaltlich wie formal auch stets an weltlichen Vorbildern orientiert hat, ist verständlich. Nur so konnte die Kirche ihre Aufgaben im jeweiligen gesellschaftlichen Kontext erfüllen. Wenn das Kirchenrecht heute eher fremd erscheint, so liegt dies nicht zuletzt daran, daß sich die Wissenschaft vom Kirchenrecht geradezu zu fürchten scheint, Anleihen im zivilrechtlichen Bereich zu machen. Ähnliches gilt für den Bereich der Sozialwissenschaften, mit denen es faktisch keinen gegenseitigen Austausch nennenswerter Größenordnung gibt.

Dies kann nur bedauert werden, steht doch die heutige Kirche in einer Welt, in der sich eine Vielzahl recht unterschiedlich entwikkelter Teilkirchen befindet. Diese sind in die gesellschaftlichen Strukturen ihrer Kulturen eingebunden und könnten sich aus ihnen nur unter der Gefahr einer Ghettosierung lösen. Deshalb wird sich vernünftigerweise eine Teilkirche auch immer mehr oder minder bei der Ordnung ihrer rechtlichen Struktur an den entsprechenden Gegebenheiten ihrer kulturellen und gesellschaftlichen Umgebung orientieren müssen.

Teil 2

Grundzüge und Eigentümlichkeiten kirchlichen Rechts

I. Die Notwendigkeit einer rechtlichen Ordnung

Von dem bereits genannten protestantischen Juristen R. Sohm stammt auch die These «Die Kirche will kraft ihres Wesens kein Kirchenrecht.» Hierin spiegelt sich ein Unbehagen, das auch in der katholischen Kirche bekannt ist. So wird etwa vom Gegensatz zwischen Rechts- und Liebeskirche[1] gesprochen, wobei davon ausgegangen wird, daß Jesus die Liebeskirche gewollt habe, die Rechtskirche hingegen eine geschichtlich gewordene sei, um dem menschlichen Sicherheitsbedürfnis zu genügen. Daß diese strenge Scheidung angesichts der historischen Fakten nicht aufrechterhalten werden kann, ist jedoch deutlich. Wie weiter oben in Kürze dargestellt worden ist, hat es von Anfang an in den christlichen Gemeinschaften Elemente einer rudimentären Ordnung gegeben. Dies ist auch verständlich, bedarf doch bereits die kleinste gesellschaftliche Einheit, etwa die Familie, gewisser Ordnungselemente, will sie auf Dauer konfliktreduziert existieren. Daß sich in größeren Gemeinschaften die Möglichkeiten zu Konflikten und Reibungen mehren, ist gleichfalls eine allgemeine Erkenntnis, die wegen ihrer Selbstverständlichkeit hier nicht weiter erörtert werden muß.

Die Probleme jeder Rechtsordnung, also auch der kirchlichen, liegen woanders. Will man also die Notwendigkeit des Rechtes in der Kirche vernünftigerweise nicht bezweifeln, so bleiben doch verschiedene drängende Fragen:

– Welche der rechtlichen Bestimmungen sind unverzichtbar, vielleicht sogar menschlichem Eingriff entzogen, will die Kirche Gemeinschaft Jesu Christi bleiben?

– Wirken jene Rechtsnormen, die prinzipiell veränderbar sind, auch effizient?

[1] U. Valeske, votum ecclesiae, München 1962, 109f.

– Fördern oder bremsen die kirchlichen Rechtsbestimmungen die religiöse Mündigkeit der Kirchenangehörigen?
Hinzu käme eine Fülle anderer Fragen. Angesichts der gegenwärtigen desolaten Situation des Kirchenrechts in der katholischen Kirche müßten beispielsweise die kirchlichen Normen nach ihrer Plausibilität und ihrer Legitimation hinterfragt werden. Früher oder anderswo legitim zustandegekommene und wirkende Rechtsnormen können unter veränderten Umständen als fremd, ja selbst als illegitim angesehen werden. Eine Vorstufe zu einer derart bedrückenden Situation ist nicht selten der Zweifel der zur Befolgung der Norm Verpflichteten, ob denn diese heute und hier sinnvoll, also auch plausibel ist.
Ein weiteres Problem der heutigen kirchlichen Rechtsordnung liegt in seiner geringen Flexibilität begründet. Anpassungsmöglichkeiten zwischen Recht und Realität, die das frühere Kirchenrecht kannte und als legitim betrachtete, sind heute aus der kirchlichen Rechtswirklichkeit entschwunden: Stellenwert der Gewohnheit (consuetudo), gewisse Anerkennungstheorien (acceptatio legis, pars maior – pars sanior) usf. Hiermit eng verbunden ist ein Problem, das besonders bei Kirchenangehörigen entsteht, die in einer demokratisch-parlamentarischen Gesellschaft leben oder sogar an basisdemokratische Formen der Partizipation und Mitsprache gewöhnt sind. Dem Verlangen der Mitwirkung bei kirchlichen Entscheidungsprozessen ist die katholische Kirche, gestützt auf ekklesiologische Aussagen des II. Vatikanischen Konzils, auch in einigen ihrer Teilkirchen entgegengekommen, indem sie auf verschiedenen Gliederungsebenen eine Rätestruktur zugelassen hat (Pfarrgemeinderat, Dekanatsrat, Diözesanrat). Da es sich dabei jedoch nach dem offiziellen Selbstverständnis der katholischen Kirche lediglich um einfache Beratungsorgane handelt, zudem in recht gezügelter Form, führte die Mitarbeit nicht weniger Kirchenangehörigen, die sich dafür bereitgestellt hatten, zu unterschiedlichen Formen von Frustration und Resignation.
Schließlich muß in diesem Zusammenhang auch das Problem von Legalität und Moralität angesprochen werden. Wie in keinem anderen Bereich des Rechtes kommt es im Kirchenrecht zu Spannungen zwischen äußerem Rechtsverhalten und freier innerer Zustimmung.
Zwischen Moral und Recht besteht ein deutlicher Unterschied.

Dennoch waren und sind im Bereich des Rechtes der katholischen Kirche die Grenzen zwischen ihnen unscharf und wechselnd. Besonders die römische Kanonistik ging lange Ehen mit der Moraltheologie ein, zum Schaden beider. Während die Moral verpflichtende Ziele sittlichen Handelns einsichtig machen will, soll das Recht sicherstellen, daß Menschen konfliktreduziert miteinander leben können. Das Recht der katholischen Kirche will jedoch mehr sein als nur eine Kirchenordnung, in der jedem einzelnen Kirchenangehörigen sein Platz innerhalb des Gesamtgefüges strukturell zugewiesen wird. Der besondere geistliche Charakter des Kirchenrechts wird durch das Ziel bestimmt, das Seelenheil (salus animarum) der Kirchenangehörigen zu fördern. Wollte man einen Vergleich zwischen dem Kirchenrecht und dem Zivilrecht anstellen, so könnte man es noch am ehesten mit jenen Gesetzen vergleichen, die sich der Förderung der Jugend widmen. Auch dort gibt es neben der Sicherung von spezifischen Rechten rechtlich fixierte Ziele der Erziehung oder gar der Heilung (etwa im Jugendstrafrecht).
Kirche ist nicht eine «Kirche der freien Gefolgschaft», d.h. daß ausschließlich durch die freie Zustimmung des einzelnen bestimmt wird, wer zur Kirche gehört. Weiter unten wird noch zu zeigen sein, daß die katholische Kirche die Lehre vertritt, die Taufe begründe unwiderruflich die Zugehörigkeit zur Kirche. Dennoch ist es faktisch so, daß sich Getaufte im äußeren Bereich (forum externum) der Kirche entziehen. Die Kirche kann darauf allenfalls mit den Mitteln ihres geistlichen Rechtes reagieren, die jedoch ihrem Wesen nach in der Regel allein auf das Innere (forum internum) zielen. Dem Kirchenrecht mangelt also ein ganz wesentlicher Bestandteil des Rechtes, weil es nur demgegenüber zu vollziehen ist, der sich ihm aus freien Stücken unterwirft. Weil aber die Kirche im Gegensatz zum Mittelalter heute nicht mehr den weltlichen Arm (das bracchium saeculare) um Vollzugshilfe bitten kann, verfügt sie nur über ein sehr beschränktes Arsenal von Zwangsmitteln. Im wesentlichen kann sie sie nur noch gegen jene einsetzen, die in ihrem direkten Dienst stehen (Kleriker, hauptamtliche Mitarbeiter).

II. Eigentümlichkeiten des kirchlichen Rechtes

Im vorangehenden Abschnitt zeigt sich bereits, daß das kirchliche Recht Eigentümlichkeiten besitzt, die es deutlich vom übrigen Recht unterscheiden. Im folgenden soll dies an einigen ausgewählten, wichtigen Beispielen näher erläutert werden:

1. Äußerer und innerer Bereich (forum externum – forum internum)

Kirchenrecht als geistliches Recht richtet sich heute vornehmlich auf das Innere des Menschen. So wirken etwa Strafen, die das Kirchenrecht vorsieht oder die ein kirchliches Gericht ausspricht, auf das «Innere», so daß dies im äußeren Bereich nicht deutlich ist oder bekannt wird. Daß es sich bei der Abgrenzung beider Bereiche um keine einfache Sache handelt, verdeutlicht die Tatsache, daß selbst der CIC von 1917 dazu eine irrige Definition gab. In c. 196 wurde nämlich der innere Bereich dem Gewissensbereich gleichgesetzt. Dies ist jedoch falsch. Der Gewissensbereich ist nämlich gekennzeichnet vom unmittelbaren Verhältnis des einzelnen zu Gott. In den beiden genannten Foren hingegen wird die Kirche gegenüber ihrem Angehörigen tätig, allerdings auf unterschiedliche Weise: Im äußeren Bereich (forum externum) durch einen öffentlichen Spruch (Urteil u.ä.) der kirchlichen Instanzen, im inneren Bereich entweder durch einen «geheimen» Spruch der Kirche, der nur dem Betroffenen bekannt wird, oder beim bußsakramentalen Handeln, wo gleichfalls das Geschehen zwischen Priester und Gläubigem durch das Beichtgeheimnis intern bleibt. Zur Verdeutlichung sei also unterstrichen, daß sich der innere Bereich (forum internum) teilt in einen sakramentalen (Bußsakrament) und einen nicht-sakramentalen Bereich. Ein Spruch der Kirche im nicht-sakramentalen inneren Bereich hat die gleichen Folgen wie ein Spruch im äußeren Bereich. Der Unterschied liegt lediglich in der Öffentlichkeit bzw. Geheimhaltung des Spruches.

2. *Die «heilige Gewalt»*

2.1 Weihe- und Hirtengewalt

Eine weitere Eigentümlichkeit des katholischen Kirchenrechts ist der Begriff der Kirchengewalt (potestas ecclesiastica), an der die geweihten Amtsträger in unterschiedlicher Weise teilhaben und die sie gegenüber den Kirchenangehörigen ausüben.

Ursprünglich wurde diese Gewalt ungeteilt von den Hirten der Kirche, den Bischöfen, auf ihre Nachfolger übertragen. Im System der relativen Ordination, das während des ersten Jahrtausends galt und auch heute noch in den Ostkirchen die Regel ist, wurde mit der Weihe zum Bischof auch das Amt verliehen. Weihe und Amtsübertragung standen also in einem unlösbaren Zusammenhang; die übertragene Gewalt wiederum stand in Relation zu einer ganz bestimmten Ortskirche (deshalb relative Ordination).

Im Lauf der Zeit kamen in diesem System zwei Probleme auf: Zum einen dann, wenn ein Ordinierter sein Amt nicht im Sinn der Kirche erfüllte (moralisches Versagen, unzureichende Amtsführung u.ä.). Zum anderen konnten bei konsequenter Beibehaltung des Systems der relativen Ordination hervorragende Bischöfe nicht dort eingesetzt werden, wo sie dringend benötigt wurden. Besonders die Besetzung des römischen Bischofssitzes mit andernorts bereits bewährten Bischöfen war bei Respektierung dieses Systems unmöglich.

So kam die Idee und allmählich auch die Praxis der sogenannten absoluten Ordination auf, d.h. es wurden immer mehr Weihen gespendet, ohne daß damit auch ein konkretes Amt übertragen wurde. Dieses Trennungsdenken zeigte zunächst Folgen auf der Ebene des Diakonats und des Presbyterats. Damit traten für die frühe Kirche Fragen theologischer Natur, aber eben auch der Kirchenordnung auf, zu deren Lösung man Jahrhunderte benötigte. So stemmte sich das Konzil von Chalcedon (451) vehement gegen die Einführung der absoluten Ordination und verwarf diese in seinem c. 6 als ungültig.

Die oben genannten praktischen Schwierigkeiten, die eine theologisch plausible Antwort forderten, führten dann jedoch zu Einsicht und Überzeugung, daß in der Kirchengewalt Elemente unterschiedlicher Art zusammenwirken. Die inhaltliche Reflexion dieses Unterschiedes beanspruchte Jahrhunderte.[2] Eine begrifflich

[2] Vgl. Artikel «ordo» von P. Fransen, in: LThK VII, 1212–1220.

klare Unterscheidung konnte jedoch erst mit der Aneignung scholastischen Denkens durch die aufblühende Kanonistik des Mittelalters gefunden werden. Seitdem wird im katholischen Kirchenrecht bezüglich der Kirchengewalt deutlich zwischen der Weihegewalt (potestas ordinis) und der Hirten- oder Jurisdiktionsgewalt (potestas iurisdictionis) unterschieden (Zeichnung 1).

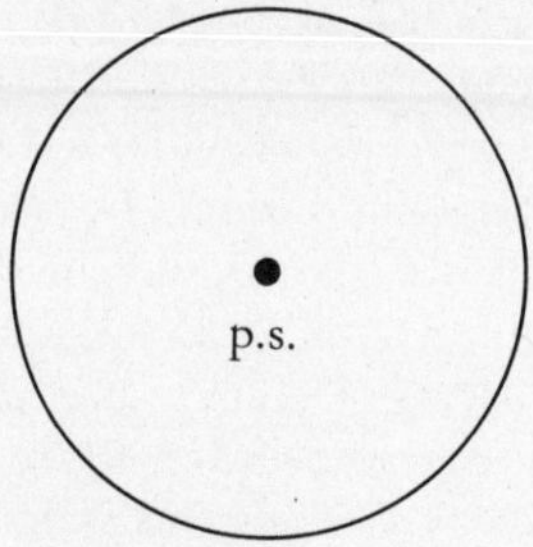

1. Die ungeteilte eine potestas sacra, wie sie die frühe Kirche kannte.

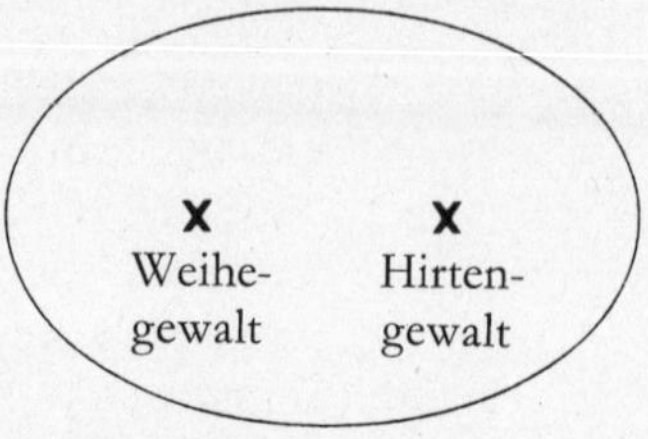

2. Die potestas sacra bleibt zwar ungeteilt, kennt jedoch wie eine Ellipse zwei Brennpunkte. Der heutige ekklesiologische Stand.

2.1.1 Die Weihegewalt

Wie der Name sagt, wird sie durch die Weihe vermittelt, und zwar in ihrer ganzen Fülle durch die Bischofsweihe. Neben der Bischofsweihe gibt es noch die Priesterweihe und die Diakonatsweihe, die in jeweils geminderter Form Anteil an der Weihegewalt vermitteln. Diese Stufung wird als Hierarchie bezeichnet. Die drei Stufen werden traditionell Episkopat, Presbyterat und Diakonat genannt (hierarchia ordinis).

Die Weihegewalt ist unverlierbar, nur das Recht, sie erlaubt auszuüben, kann entzogen werden. Hier erkennen wir den Respekt der frühen Kirche vor dem Geschehen und der Wirkkraft des Sakramentes wieder. Was Gott dem Menschen und damit seiner Kirche durch die Weihe schenkt, ist menschlichem Eingriff entzogen und kann deshalb auch nicht durch einen Akt der Kirche zurückgezogen werden.

Der Empfang der Weihegewalt gibt dem Empfänger prinzipiell nicht das Recht, sie auch auszuüben. Dazu bedarf er der kirchlichen Sendung, von der noch zu sprechen sein wird. Lediglich bei der Bischofsweihe tauchen zumindest in den liturgischen Texten noch deutliche Hinweise auf die früher geltende relative Ordination auf, d.h. also, daß Weihe und Amt in einem Geschehen übertragen werden. Spender der Weihe bzw. der verschiedenen Formen der Weihe ist der Bischof, sieht man einmal von Ausnahmen ab (c. 1012).

2.1.2 Die Hirtengewalt

Die Hirten- oder Jurisdiktionsgewalt ist gebunden an die beiden Grundämter, welche die katholische Kirche kennt, an das des Papstes und das des Bischofs, also an Primat und Episkopat. Auch hierbei spricht man von einer Hierarchie (hierarchia iurisdictionis). Der Papst erhält diese Gewalt durch Wahl und mit deren Annahme, der Bischof durch die Übertragung des Amtes, nicht also durch päpstliche Ernennung. Alle anderen kirchlichen Ämter sind von diesen beiden Grundämtern abhängig, bedürfen also der Übertragung von Jurisdiktionsgewalt durch Papst oder Bischof. Im Unterschied zur Weihegewalt ist die Jurisdiktionsgewalt prinzipiell verlierbar. Sie kann zeitlich, örtlich und funktional umschrieben und begrenzt werden. Ihre Inhaber können zudem auf sie verzichten. Lediglich beim Entzug der Hirtengewalt gibt es einen wesentlichen Unterschied zwischen dem Papstamt und allen anderen Ämtern, also auch gegenüber dem Bischofsamt. Hirtengewalt kann entzogen werden, lediglich die des Papstes ist unantastbar (nach dem Grundsatz «Prima sedes a nemine iudicatur»).

2.1.3 Zusammenspiel beider Gewalten

Die begriffliche Unterscheidung beider Gewalten verdeutlicht ihre funktionale Verschiedenheit. Es ist jedoch beider Zweck, miteinander wirksam zu werden. Sie sind aufeinander zugeordnet. So wird konsequenterweise in der katholischen Kirche davon ausgegangen, daß nur die Inhaber der Weihegewalt als solche der Hirtengewalt in Betracht kommen. Wenn dieses Ideal heute angesichts der Realität häufig nicht mehr besteht, sollte um so mehr darauf hingewiesen werden (vgl. c. 129 § 1).

Weihegewalt ist etwas Essentielles, Hirtengewalt gleichsam etwas Existentielles. So gesehen ist die Wirkkraft der Weihegewalt sehr viel stärker. Sie kann gültig ohne Hirtengewalt ausgeübt werden, nicht jedoch erlaubt, also nicht im rechtlichen Rahmen, den die Kirche gezogen hat. Ja, wenigstens eines der Sakramente, das der Buße, kann selbst gültig nicht ohne Jurisdiktionsgewalt gespendet werden, weil dazu neben der Weihegewalt die Vollmacht des zuständigen kirchlichen Oberhirten erforderlich ist.

2.2 Die drei munera

Im Unterschied zur theologischen und kanonistischen Tradition hat das II. Vatikanische Konzil in seiner Dogmatischen Konstitution über die Kirche das Zusammenspiel beider Gewalten in einer anderen Sicht beschrieben. Das Konzil spricht von der einen «sacra potestas» (LG 18 Abs. 1). Es fällt auf, daß diese Bezeichnung in den offiziellen deutschen Konzilstexten eher mit «heilige (auch: geistliche) Vollmacht» übersetzt wird denn mit «heiliger Gewalt». Dabei geht auch das Konzil davon aus, daß diese heilige Vollmacht sakramental begründet wird, und zwar durch Spendung und Empfang der Bischofsweihe, die die Fülle des Weihesakramentes (ordo) beinhaltet.

Diese «sacra potestas» entfaltet sich gemäß dem Konzil (LG 21 Abs. 2) in den «tria munera», den drei Ämtern oder Diensten (Die Übersetzung des lateinischen munus ins Deutsche ist umstritten). Diese drei munera sind das munus sanctificandi (Amt der Heiligung), das munus docendi (Amt der Lehre) und das munus regendi (Amt der Leitung).

Wenn auch das Konzil lehrt, die gesamte «sacra potestas» werde durch die Weihe vermittelt, so hat es doch festgelegt, daß deren Ausübung (exercitium) im Bereich des Lehr- und Hirtenamtes (ministerium et regimen pastorale, LG 22 Abs. 2) nur «gemeinsam mit ... dem römischen Bischof» zugelassen ist.

Es ist nicht ganz einfach, die Tria-munera-Lehre des Konzils mit der klassischen und bewährten ordo-iurisdictio-Lehre in Übereinstimmung zu bringen, so können gleichsam Verbindungslinien zwischen dem ordo und dem munus sanctificandi (Amt der Heiligung) einerseits und der iurisdictio und munus docendi sowie munus regendi (Ämter der Lehre und der Leitung) andererseits gezogen werden (Zeichnung 2).

Die Arbeiten am neuen Codex haben die Schwierigkeiten deutlich gemacht, die bei der rechtlichen Adaption der Konzilslehre zwangsläufig auftreten mußten. Da nach der Lehre des Konzils die «sacra potestas» durch die Weihe übertragen wird, jedoch auch Nichtgeweihte Anteil an der kirchlichen Jurisdiktionsgewalt im klassischen Sinn erhalten können (missio canonica für den Bereich der Lehre, Funktion als kirchlicher Richter), mußte zwischen der «potestas regiminis» unterschieden werden, die nur Geweihte erhalten können, und einer «Ausübung» (exercitium) dieser Gewalt auch durch Laien (c. 129).

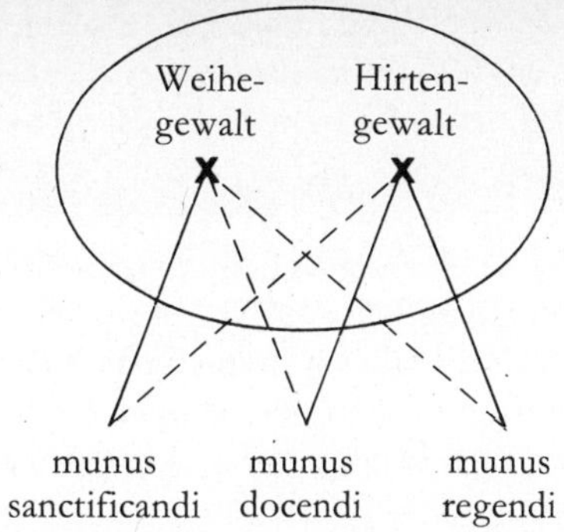

Der neue Codex folgt gleichfalls formal der Lehre des Konzils von den drei munera (Bücher II bis IV). Auch dort wird deutlich, wie schwierig es ist, den unjuridischen Eingriff munus in ein Rechtskonstrukt einzuarbeiten, ja diesen Begriff zum Strukturelement des neuen kirchlichen Rechtes zu machen.

2.3 Die Einheit der Kirchengewalt

Es wurde weiter oben darauf hingewiesen, daß auch das II. Vatikanische Konzil den traditionellen Ausdruck «sacra potestas» beibehält, daß jedoch die deutsche Übersetzung häufig nicht von «heiliger Gewalt», vielmehr von «heiliger oder geistlicher Vollmacht» spricht. Man geht sicher nicht fehl in der Annahme, daß sich in diesem Wechsel des Ausdruckes ein Unwohlsein artikuliert, das nur zu verständlich ist. Vielen Kirchenangehörigen steht eine Kirche fern, die Gewalt ausübt. Das II. Vatikanische Konzil hatte diese Schwierigkeiten im Denken und Fühlen heutiger Menschen sensibel erfaßt und betrachtete deshalb das, was im überkommenen Sprachgebrauch «sacra potestas» genannt wird, als eine «heilige Vollmacht» der kirchlichen Amtsträger, die diese «im Dienste ihrer Brüder» (LG 18 Abs. 1) ausüben. Bei der Revision des kirchlichen Rechtes ist dieser Intention des Konzils jedoch nicht Rechnung getragen worden. Vielmehr wird man im Hinblick auf den neuen Codex von einer geradezu inflationären Verwendung des Wortes «potestas» sprechen müssen.
Dennoch müssen wir festhalten, daß die geweihten Hirten der Kirche eine «heilige Vollmacht» gegenüber den Kirchenangehörigen ausüben. Wir sahen, daß diese Vollmacht eine einzige ist, sie jedoch aus Gründen, die bereits erläutert worden sind, in den

beiden Formen der potestas ordinis und der potestas iurisdictionis ausgeübt wird. Ferner sahen wir, daß Papst und Bischof Träger der potestas iurisdictionis, der Jurisdiktionsgewalt, sind. Es ist einsichtig, daß weder der Papst noch ein Bischof faktisch diese Gewalt selbst ausüben können. In der Regel steht ihnen dabei eine Vielzahl von Mitarbeitern zur Seite, die von Papst oder Bischof bevollmächtigt, delegiert werden.

Zudem wird die Hirten- oder Jurisdiktionsgewalt von Papst und Bischof – ähnlich wie im Staat – in dreifacher Hinsicht funktional unterschieden: Gesetzgebung, Rechtsprechung und Verwaltung. Dabei handelt es sich jedoch nicht um eine Gewaltenteilung oder Gewaltentrennung im Sinn von Locke und Montesquieu, da nach katholischer Auffassung die Einheit der Gewalt von Papst und Bischof nicht angetastet werden darf. Hierbei geht es vielmehr um eine Gewaltenunterscheidung in funktionaler Hinsicht. Während sich Papst und Bischöfe Akte der Gesetzgebung im wesentlichen vorbehalten, bestellen sie zur Ausübung ihrer Jurisdiktionsgewalt im Bereich von Rechtsprechung und Verwaltung ständige Vertreter. So ist dies im Bereich der Verwaltung für den Bischof der Generalvikar (cc. 475 ss.), im Bereich der Rechtsprechung der Offizial oder Judizialvikar (cc. 1420 ss.). Im Auftrag und Namen des Papstes werden im Bereich der Rechtsprechung und Verwaltung die römischen Gerichtshöfe (Apostolische Signatur, Sacra Romana Rota, Apostolische Pönitentiarie) sowie die verschiedenen Kongregationen der Römischen Kurie tätig.

2.3.1 Die Gesetzgebung (potestas legislativa)

Es wurde bereits gesagt, daß Papst und Bischöfe im Bereich der Gesetzgebung selbst tätig werden und diese Gewalt nicht delegieren. Doch muß ergänzend angefügt werden, daß es weitere Gesetzgebungsorgane in der Kirche gibt, in denen Papst und Bischöfe oder Bischöfe zusammenwirken. Weitere Gesetzgebungsorgane sind somit: das Ökumenische (Allgemeine) Konzil, die Plenar- und Provinzialkonzilien sowie die Bischofskonferenzen, letztere jedoch nur bezüglich eng umschriebener Materien. Der Vollständigkeit halber sei angefügt, daß natürlich auch jene kirchlichen Oberhirten, die den Bischöfen gleichgestellt sind (z.B. Apostolische Vikare oder Ordensobere), gesetzgeberisch tätig sind.

Der Gesetzgebung gebührt in der Gewaltentrias der erste Rang,

setzt sie doch die Normen, nach denen sich Rechtsprechung und/oder Verwaltung richten müssen. Den Definitionsbemühungen des Thomas von Aquin und des F. Suarez folgend, kann man ein Gesetz so umschreiben: «Das Gesetz ist eine auf die Förderung des Gemeinwohls ausgerichtete und die untergebene Gemeinschaft verpflichtende Norm des freien Handelns, die von der rechtmäßigen Autorität auf Dauer erlassen und gehörig verkündigt ist» (Mörsdorf).
Die Normen, die durch Gesetz begründet werden, gelten in der Regel für unbestimmt viele Fälle und auf unbestimmte Zeit.

2.3.2 Die Rechtsprechung (potestas iudicialis)

Die Rechtsprechung verwendet die abstrakten Rechtsnormen und ordnet konkrete Rechtsfälle mit ihrer Hilfe in unterschiedlichen Verfahrensarten (Streit- oder Strafverfahren). Die kirchliche Rechtsprechung ist also eng an das gesatzte Recht gebunden, da sie an das kodifizierte Recht weitgehend gebunden ist. Es bleibt also faktisch kein Raum zur Entwicklung eines «Richterrechts» (Common Law), wie es dem angelsächsischen Rechtsdenken entspricht.

2.3.3 Die Verwaltung (potestas exsecutiva)

Auch die Verwaltung bringt gesatztes Recht in Anwendung, ist zugleich jedoch auch rechtsschöpferisch tätig. Entscheidungen der Verwaltung erfolgen nicht selten nach freiem Ermessen und unter Gesichtspunkten der Opportunität oder Nützlichkeit. Dies zeigt die zwei Gesichter der Verwaltung: Aufgrund ihrer Ermessensentscheide ist sie einerseits flexibel und schnell reaktionsbereit, andererseits kann sie willkürlich handeln und Rechte des Menschen tangieren. Da es in der katholischen Kirche bislang keine ausgebaute, ja weitgehend überhaupt keine Verwaltungsgerichtsbarkeit (Rechtsprechung über Verwaltungsakte) gibt, treten die negativen Aspekte der Verwaltung in ihr nicht selten nach vorne. Das kirchliche Recht unterscheidet zwischen einer freiwilligen Verwaltung und einer Zwangsverwaltung. Die erstere richtet sich «in volentes et petentes», d.h. die Verwaltung wird tätig gegenüber solchen, die dies selbst wollen oder darum bitten. Die Zwangsverwaltung hingegen tritt «in invitos», also gegen «Widerwillige», in Tätigkeit. Dies geschieht nicht selten unter Strafandrohung oder gar Strafverhängung, so daß sich ihre Tätigkeit der des strafenden Richters oder Gerichts annähert. Da hierfür kein bestimmtes Verfahren besteht, kann es dabei durchaus zu Willkürmaßnahmen der Verwaltung kommen.

2.4 Normen des kirchlichen Rechtes

2.4.1 Das Gesetz

a) Allgemeines

Das Gesetz ist das zentrale Mittel des kirchlichen Rechtes, die Ordnung der Kirche auf allen ihren Organisationsebenen zu gestalten. Weiter oben (2.3.1) wurde eine Definition des Gesetzes in Anlehnung an bewährte und traditionelle Begriffsbestimmungen gegeben. Der CIC enthält keine Definition des Gesetzes und kennt auch kein bestimmtes Verfahren der Gesetzgebung. Dies hängt auch mit der oben erörterten Auffassung von der Gewalteneinheit zusammen. Die zuständigen kirchlichen Autoritäten sind demnach befugt, regelnde Normen zu erlassen.

Soll eine Norm dauerhaft sein, bedarf sie einer guten Vorbereitung. Darum haben Gesetze einen Werdegang, der sich in folgenden Etappen vollzieht: 1. Feststellung des Gesetzesinhaltes. Hierbei handelt es sich um eine wichtige Reflexionsphase, in der mit Hilfe von juridisch versierten Fachleuten die Notwendigkeit des Gesetzes erörtert, die Gesetzesmaterie abgegrenzt und angemessene Formulierungen erarbeitet werden. Die Sorgfältigkeit, mit der in dieser Phase vorgegangen wird, entscheidet in der Regel über die Zukunft eines Gesetzes. 2. Ausfertigung des Gesetzes. Hierbei wird die sogenannte Gesetzesurkunde von der dazu befugten Autorität unterzeichnet. 3. Verkündigung (Promulgation) des Gesetzes. Mit der Veröffentlichung in den entsprechenden Organen (etwa Amts- oder Gesetzesblätter des Apostolischen Stuhles oder der Bistümer) tritt ein Gesetz in Kraft, sofern nicht etwas anderes vermeldet wird.

Die Vielfalt der kirchlichen Organisationsformen bringt es mit sich, daß es verschiedene Formen von Gesetzen gibt, was ihren Geltungsbereich resp. Adressatenkreis anbelangt, also

- gesamtkirchliche und teilkirchliche Gesetze;
- für alle geltende Gesetze und Sondergesetze für bestimmte Gruppen oder Personen;
- allgemeine und besondere Gesetze hinsichtlich des Gesetzesinhalts. Dabei gilt der Grundsatz, daß ein besonderes Gesetz einer allgemeinen Regelung vorgeht.
- befehlende, verbietende und gestattende Gesetze hinsichtlich des Gegenstandes.

Päpstliche Gesetze erscheinen unter wechselnden und vielfältigen

Formen, so etwa als Konstitution oder als Motuproprio; die Gesetze der päpstlichen Kongregationen, die in der Regel von der gleichen Verbindlichkeit sind, werden im allgemeinen als Dekrete publiziert, doch gibt es auch noch die Form der Instructio oder der Ordinationes.

b) Die Gesetzesverpflichtung

Die oben gegebene Definition des Gesetzes macht deutlich, daß es auf die Zukunft gerichtet ist. Deshalb: Einem Gesetz kommt keine rückwirkende Kraft zu (Lex non respicit retro).

Von diesem Grundsatz können Ausnahmen gemacht werden, doch müssen sich diese auf schwerwiegende Einzelfälle beschränken.

Das Gesetz regelt nicht abstrakte Fälle, vielmehr ist es vernünftigerweise geschaffen und erlassen worden, um die kirchliche Gemeinschaft zu ordnen. Ein Gesetz regelt und schafft mitunter auch Beziehungen zwischen den konkreten Kirchenangehörigen. Zudem entsteht durch das Gesetz eine rechtliche Beziehung zwischen dem Gesetzgeber und dem Adressaten des von ihm erlassenen Gesetzes.

Wenn auch die kirchlichen Gesetze zu Inkrafttreten und Geltung nicht der zustimmenden Annahme seitens der Kirchenangehörigen bedürfen, so bedeutet es doch viel, wenn ein kirchliches Gesetz von Anfang an oder im Lauf der Zeit faktisch nicht beachtet wird. Ein solches Gesetz verliert seinen verpflichtenden Charakter. Dies trifft natürlich nur bei Gesetzen zu, die nicht Normen des göttlichen Rechtes berühren.

Die Kirchenangehörigen haben das Recht, sich gegen ihrer Meinung nach unsinnige oder unvollziehbare Gesetze der Kirche zu wehren, sei es nun gegenüber dem Papst, sei es gegenüber den Bischöfen. Ebenso ist es Pflicht der Bischöfe, gegen Gesetze des Papstes Bedenken zu erheben, falls diese bei den Kirchenangehörigen ihrer Teilkirche auf Ablehnung oder Nichtbeachtung treffen sollten (sog. Remonstrationsrecht der Bischöfe[3]). Ein Gesetzgeber, der Gesetze vorschreibt, deren Beachtung unwahrscheinlich ist, untergräbt seine eigene Autorität. Natürlich wird über kirchliche Gesetze nicht gleichsam durch stille Nichtbeachtung entschieden. Wenn sich jedoch trotz Einschärfens eines Ge-

[3] R. Potz, Die Geltung kirchenrechtlicher Normen, Wien 1978, 239.

setzes eine diesem unterworfene Gemeinschaft darum nicht kümmert, sollte der Gesetzgeber eine andere Regelung in Erwägung ziehen.

Ein zweifelhaftes Gesetz verpflichtet gemäß alter Rechtsauffassung nicht (lex dubia non obligat). Bei einem sogenannten Tatsachenzweifel hingegen gilt das Gesetz, d.h. wenn zweifelhaft ist, ob wirklich ein unter den Tatbestand des Gesetzes fallender Sachverhalt vorliegt.

Unkenntnis des Gesetzes muß bewiesen werden, bei bestimmten Gesetzen (sog. irritierende und inhabilitierende Gesetze) ist deren Unkenntnis für ihre Wirkung unbeachtlich.

Einen Sonderfall stellt die Epikie dar. Das Wort ist griechischen Ursprungs (ἐπιείκεια) und ist ins Lateinische mit aequitas übersetzt worden. Auf diesen Begriff kommen wir weiter unten noch zurück.

Epikie besagt, daß der Gesetzgeber unter außerordentlichen Umständen einen konkreten Fall vom Gesetz ausgenommen hätte, wenn er ihm bekannt gewesen wäre.

c) Die Auslegung der Gesetze

Zwischen den Gesetzen und ihrer Auslegung waltet kein Automatismus. Gesetze können leicht verständlich und deshalb auch ohne Schwierigkeiten anzuwenden sein. Gesetze, nicht selten gerade solche älteren Datums, sind aber auch oft dunkel und zweifelhaft in ihren Formulierungen. Damit trägt auch das kirchliche Recht Rechnung und hat darum einige grundsätzliche Regeln für die Auslegung der kirchlichen Gesetze aufgestellt.

Danach ist der authentische Interpret der Gesetzgeber und derjenige, der vom Gesetzgeber dazu beauftragt ist (c. 16 § 1). Das kirchliche Recht sieht vor, daß auch derartige Interpretationen in Gesetzesform erfolgen können; sie erlangen damit gleichfalls die Kraft von Gesetzen. Wenn ein Gesetz später lediglich interpretiert wird, ergeben sich daraus weiter keine Folgen. Anders hingegen ist es, wenn die spätere Interpretation ein Gesetz in seinem Sinn einschränkt oder erweitert oder klarstellt. Für derartige Fälle ist festgelegt, daß eine derartige Auslegung keine rückwirkende Kraft hat.

Auf gesamtkirchlicher Ebene ist eine eigene päpstliche Kommission für die authentische Interpretation der Gesetze zuständig, und zwar die 1967 von Paul VI. errichtete «Päpstliche Kommission für die Auslegung der Beschlüsse des II. Vatikanischen Konzils». Wichtige Interpretationen der kirchlichen Gesetze erfolgen durch die ständige Rechtsprechung der obersten kirchlichen Gerichtshöfe.

Eine alte Rechtsregel, die auch wieder im neuen Codex (c. 27) zu finden ist, besagt, daß die Gewohnheit die beste Interpretin der Gesetze ist («Consuetudo est optima legum interpres»).

2.4.2 Die Gewohnheit

Neben dem Gesetz anerkennt das kirchliche Recht die Gewohnheit als zweite Rechtsquelle. Obgleich auch im neuen Codex ein eigener Abschnitt (Lib. I Tit. II) der Gewohnheit gewidmet ist, ist davon im alltäglichen Rechtsleben der Kirche kaum die Rede. Wenn auch der kirchliche Gesetzgeber die alte Rechtsweisheit anerkennen muß, wonach die Gewohnheit die beste Interpretin der Gesetze ist, so ist doch verständlich, daß er dieser Erscheinung in der Rechtswirklichkeit skeptisch gegenübersteht. Darum ist dieses Phänomen von ihm auch auf mancherlei Weise abgesichert worden.

So erlangt eine Gewohnheit verständlicherweise erst durch die Zustimmung des Gesetzgebers Gesetzeskraft. Natürlich kann dies niemals bei Gewohnheiten geschehen, die göttlichem Recht entgegenstehen. Schwieriger zu begreifen ist die Festlegung des Codex, daß eine gesetzwidrige oder außergesetzliche Gewohnheit dann keine Gesetzeskraft erlangen kann, wenn sie unvernünftig ist (c. 24 § 2). Wird nämlich eine Gewohnheit im Recht, also vom Gesetzgeber, ausdrücklich verworfen, gilt sie als unvernünftig (non rationabilis). Der durch die Gewohnheit Getroffene, der Gesetzgeber, entscheidet also einmal in eigenem Interesse und zudem über eine Eigenschaft einer Gewohnheit, nämlich ihre «Vernünftigkeit». Nun haben aber Gewohnheiten es an sich, dem Gesetzgeber als durchaus unvernünftig zu erscheinen.

Begreiflich ist wiederum, daß sich eine Gewohnheit lediglich in einer Gemeinschaft entwickeln kann, die passiv gesetzesfähig ist, d.h. sie muß so groß und beständig sein, daß sie prinzipiell als Empfänger eines Gesetzes in Frage kommt. Mit dieser Einschränkung sollen individueller Willkür Grenzen gezogen werden.

Der neue Codex steht der Bildung von Gewohnheiten freundlicher gegenüber als das bislang geltende Recht. Die zur Bildung von außergesetzlichem und gesetzwidrigem Gewohnheitsrecht erforderliche Frist ist von 40 auf 30 Jahre herabgesetzt worden (can. 26). Beibehalten wurde hingegen die Bestimmung, daß ein Gesetz, das zukünftige Gewohnheiten ausdrücklich verbietet, nur durch hundertjährige oder unvordenkliche Gewohnheiten außer Kraft gesetzt werden kann.

Die prinzipiell freundliche Einstellung des kirchlichen Rechtes gegenüber der Gewohnheit zeigt sich – trotz aller Absicherungen des Gesetzgebers – deutlich in den Fundamentalnormen des neuen Codex. Aber auch in anderen Teilen des kirchlichen Gesetzbuches finden sich gelegentlich Vorbehalte *zugunsten* des Gewohnheitsrechtes. Gleich eingangs verwirft der neue Codex (c. 5) lediglich Gewohnheiten, die gegen seine Bestimmungen bestehen. Er duldet hingegen das den Codex ergänzende Gewohnheitsrecht, insonderheit die altehrwürdigen Gewohnheiten. Hierbei überläßt es das kirchliche Gesetzbuch weitgehend dem Urteil der Lokaloberen, ob sie solche Gewohnheiten weiterhin dulden.

Es ist also festzuhalten, daß ständige und zudem einheitliche Übungen einer passiv gesetzesfähigen Gemeinschaft innerhalb der Kirche unter den genannten Voraussetzungen rechtserzeugende Kraft haben können. Damit kann jedoch diese normative Kraft des Faktischen mit dem hierarchischen Charakter der katholischen Kirche und ihrer Rechtsstruktur in Konflikt kommen. Deshalb ist nochmals zu betonen, daß Gewohnheiten der Zustimmung des kirchlichen Gesetzgebers bedürfen, sollen sie Gesetzeskraft erlangen. Diese Zustimmung kann ausdrücklich oder stillschweigend gegeben werden. Gemäß der hierarchischen Struktur ist der direkt betroffene oder auch der übergeordnete Gesetzgeber dafür zuständig. Das bedeutet konkret, daß z.B. die Zustimmung eines Bischofs nicht genügt, wenn es sich um eine gewohnheitsmäßige Rechtsbildung handelt, die allgemeinkirchliche Normen betrifft.

2.4.3 Die aequitas canonica (Die kanonische Billigkeit)

Noch weniger als von der Gewohnheit wird im modernen Kirchenrecht von der aequitas canonica gesprochen, obwohl es sich um eine Maxime des Kirchenrechts handelt, die nicht allein eine gute Tradition hat, sondern auch die Eigenart des Kirchenrechts in ganz besonderer Weise beleuchtet. Die Wurzeln der aequitas canonica reichen nämlich nicht allein in die griechische Epikielehre zurück, sondern vornehmlich auch in die biblische Rechtsauffassung, wonach eine milde Anwendung der Rechtsnormen dem

Recht und der Gerechtigkeit mehr dienen kann, als ihre strenge Anwendung. Auch die römische Weisheit «Summum ius, summa iniuria» mag hinter dem Prinzip der aequitas canonica stehen.
Aequitas canonica ist ein Prinzip der Rechtsfindung. Dabei geht es darum, sittliche Werte dort zu wahren, wo eigentlich positive Rechtsnormen zur Anwendung gelangen. Die aequitas canonica ist also ein nicht zu unterschätzender Schutz gegen jede Art von Rechtspositivismus und bildet damit ein dynamisches Prinzip in der Rechtsentwicklung. In ihr kommt eine berechtigte Skepsis gegenüber dem geschriebenen, also auch gegenüber einem kodifizierten Recht wie dem katholischen Kirchenrecht zum Ausdruck.
Gibt die Idee der Epikie dem Individium ein Prinzip in die Hand, die Anwendung bestehenden Rechts in einer aktuellen Situation kritisch abzuwägen, so ist das Prinzip der aequitas canonica eine Hilfe insbesondere für den Richter, aber auch für die Verwaltung (Exekutive). Besonders der kirchliche Richter sowie die kirchliche Verwaltung müssen sich immer wieder darauf besinnen, daß auch das Recht der Kirche und seine Normen dem Heil (salus animarum suprema lex![4]) zu dienen haben. Gemäß der jesuanischen Botschaft muß jeder puren Legalität gewehrt werden und stattdessen dem Geist von Gerechtigkeit und Liebe zum Durchbruch verholfen werden. Demgemäß entspricht dem Begriff der aequitas, der rechtsphilosophischen Ursprungs ist, in der biblischen Botschaft die misericordia.
Zwischen aequitas und «richtigem» Recht besteht zweifelsohne nicht nur ein Freiraum, sondern eben auch eine Spannung. Eine möglichst allgemein gefaßte Norm des Rechtes wird in der Regel, jedoch sicher nicht immer, der Vielfalt des Lebens gerecht werden. Insbesondere ein geistliches Recht muß ja dem Menschen helfen wollen und seinen Besserungswillen stützen. So kommt denn auch die eben erwähnte Spannung besonders im kirchlichen Strafrecht zum Ausdruck, in dem einerseits anbefohlen wird, ein Urteil mit Milde zu fällen (c. 2214 § 2 CIC-1917), andererseits mit der Durchbrechung der alten Rechtsregel «Nulla poena sine lege» eine gefährliche Möglichkeit besteht, gegen dieses Prinzip zu verstoßen (vgl. c. 1326).

[4] Vgl. c. 1752.

Die aequitas canonica ist – wie bereits gesagt wurde – ein Prinzip der Rechtsfindung. Daran hält auch der neue Codex fest (cc. 19,221 § 2, 1752), doch gibt er – ebenso wie der Codex von 1917 – keinerlei Hinweise, ob und wie dieses Prinzip gegen die geschriebenen Normen zur Anwendung zu bringen sei. Dies ist zu begrüßen, bleibt doch dadurch jener Freiraum nicht nur für die Wissenschaft vom kirchlichen Recht, sondern eben auch für die Praxis gewahrt, in dem dieses Prinzip sich erst entfalten kann. Es ist zu hoffen, daß besonders die kirchliche Rechtsprechung hier in Zukunft Möglichkeiten zur Entwicklung des kirchlichen Rechtes nutzt. Damit könnte dem kanonischen Recht vieles von seiner Starre genommen werden und eine Flexibilität in der Art des angloamerikanischen Rechtes erreicht werden.

Es ist allerdings davor zu warnen, das Prinzip der aequitas zu generalisieren oder gar zu glorifizieren. Sie ist ebenso wie die Epikie ein Prinzip für komplizierte Rechtskonflikte.

Die Spannung zwischen Rechtssicherheit und aequitas haben übrigens besonders englische Rechtsphilosophen gesehen, da sie ihnen in ihrem Rechtssystem ständig begegnete. So warnt etwa Hume vor den Folgen eines einseitigen Denkens in den Kategorien der Billigkeit für die allgemeine Rechtssicherheit: «Nähmen sich die Menschen die Freiheit, den Gesetzen der Gesellschaft gegenüber so zu handeln, wie sie es in jeder anderen Sache tun, so würden sie in den meisten Fällen nach Urteilen verfahren, die den besonderen Umständen angepaßt sind, d.h., sie würden jedesmal den Charakter und die Verhältnisse der Personen ebensosehr wie die allgemeine Natur der betreffenden Frage in Betracht ziehen. Es liegt aber auf der Hand, daß dies eine unendliche Verwirrung in der menschlichen Gesellschaft hervorrufen und daß die Begehrlichkeit und Parteilichkeit der Menschen schnell Unordnung in die Welt bringen würden, wenn die Menschen nicht durch allgemeine und unbeugsame Gesetze in Schranken gehalten wären.»[5]

2.4.4 Remonstration und Supplikation

Während durch die Ausbildung von Gewohnheiten und die Beachtung der aequitas canonica direkte oder positive Beiträge zur Rechtsentwicklung geliefert werden können, gibt es auch eine

[5] Evangelisches Staatslexikon, Stuttgart–Berlin ²1975, 2014f.

gleichsam negative Entwicklung im Recht, nämlich dann, wenn sich eine passiv gesetzesfähige Gemeinschaft weigert, die ihnen durch die Autorität vorgeschriebenen und erlassenen Gesetze auch zu beachten und zu befolgen. Anders gesagt: Es gibt nicht nur die consuetudo, sondern auch die desuetudo. Auch von diesem Phänomen im Bereich des Rechtes und der Rechtswirklichkeit wird kaum gesprochen, obgleich es in der Kirche, insbesondere in der gegenwärtigen, eine eindrucksvolle Rolle spielt.

Gesetze können von Beginn an unbeachtet bleiben oder im Lauf der Zeit durch Nichtübung und gegenteilige Gewohnheiten ihren Sinn verlieren oder ihren Zweck verfehlen. Es wurde bereits darauf hingewiesen, daß ein kirchliches Gesetz, das von der Mehrheit der betroffenen Gemeinschaft von Anfang an nicht aufgenommen oder im Lauf der Zeit immer weniger befolgt wird, seine verpflichtende Kraft verliert. Allerdings kann der Gesetzgeber auf die Beobachtung des Gesetzes drängen, wodurch dieser Vorgang formal gestoppt wird, doch bleibt die fortdauernde oder zunehmende Nichtbeachtung eines Gesetzes eine bedenkliche Provokation des Gesetzgebers.

Nichtbeachtung eines Gesetzes ist häufig kein Akt der Opposition oder des bewußten Widerstandes. Nicht selten liegen ihnen gesellschaftliche, kulturelle oder anthropologische Veränderungen zu Grunde. Diese vollziehen sich nicht selten unbemerkt selbst für jene, die sie betreffen. In der katholischen Kirche tritt erschwerend hinzu, daß es für die Betroffenen kaum eine rechtliche Möglichkeit gibt, ihre Bedenken gegen kirchliche Gesetze mit Erfolg bei den Gesetzgebern vorbringen zu können. Weiter oben wurde darauf hingewiesen, daß Bischöfe ein sogenanntes Remonstrationsrecht gegen Gesetze des Papstes besitzen. Nach dem II. Vatikanischen Konzil sollte man dieses Recht gerne erweitert sehen auf alle Kirchenangehörigen. Hierzu bietet sich ein Begriff aus der Rechtstheorie an: Dem Remonstrationsrecht der Bischöfe entspricht danach ein Supplikationsrecht (supplicatio = Flehen!) aller Rechtsunterworfenen.

Folgt man jedoch konsequent den Aussagen des Konzils, dann darf man das Remonstrationsrecht auch auf alle Kirchenangehörigen legitimerweise ausdehnen. In n. 37, 1 LG heißt es etwa, daß die Laien «bisweilen auch die Pflicht (haben), ihre Meinung in dem, was das Wohl der Kirche angeht, zu erklären». Ähnlich heißt es in c. 212 § 3: Die Christgläubigen haben «das Recht und manchmal sogar die Pflicht, gegenüber ihren geweihten Hirten ihre Ansicht über jene Angelegenheiten zu äußern, welche das Wohl der Kirche betreffen».

2.5 Kleriker und Laie

Die Tatsache, daß es in der katholischen Kirche zwei «Stände» mit unterschiedlichen Rechten und Pflichten gibt, nämlich Kleriker und Laien, begegnet uns auf Schritt und Tritt im Recht der Kirche. So etwa im letzten Abschnitt, in dem wir erfuhren, daß den Bischöfen gemäß traditioneller Lehre ein Remonstrationsrecht, den anderen Kirchenangehörigen jedoch nur ein Supplikationsrecht eingeräumt wird, wollen sie gegen kirchliche Gesetze Einspruch erheben.
Der protestantische Kirchenrechtler U. Stutz hat deshalb in seiner fundierten und auch von katholischer Seite anerkannten Kritik am CIC von 1917 davon gesprochen, in der katholichen Kirche und ihrem Recht gebe es «Vollgenossen», die Kleriker, und «Schutzgenossen», die Laien.[6]
Blickt man in neuere, nachkonziliare Darstellungen des Kirchenrechts, erkennt man rasch Unsicherheiten im Gebrauch der tradierten Bezeichnungen. Während man früher unbefangen vom Klerikerstand sprach und dementsprechend von einer «Ständelehre» ausging, in der man zwischen Kleriker und Laie, zudem noch zwischen klösterlichem und ehelichem Stand unterschied, werden heutzutage diese Bezeichnungen in Anführungszeichen gesetzt. Selbst das Wort Laie kann zumindest in der deutschen Sprache wegen des abwertenden Tones, der mitschwingt (Laie = Unkundiger), nur noch mit Zurückhaltung verwendet werden.
Dennoch: Auch der neue CIC hält an dieser Unterscheidung fest und verwendet auch die traditionellen Bezeichnungen Kleriker und Laie. Der Lehre des II. Vatikanischen Konzils folgend ist er jedoch bemüht, die Gemeinsamkeiten von Klerikern und Laien in besonderer Weise herauszustellen. So wird die Kirche als Volk Gottes gesehen (Lib. II De populo Dei). Dabei spricht der neue Codex zunächst in den cc. 204–207 vom Gemeinsamen wie auch vom Unterschied zwischen Klerikern und Laien. Darauf folgt ein Abschnitt über «Pflichten und Rechte aller Christgläubigen»

[6] U. Stutz, Der Geist des Codex iuris canonici, Stuttgart 1917, 83.

(ca. 208–223). Dann werden «Pflichten und Rechte der Laien» behandelt (cc. 224–231) und schließlich die Rechtsstellung der Kleriker (cc. 232–293). Wenn man zunächst aber in Anrechnung bringt, daß in den übrigen Teilen des kirchlichen Rechtes, auch wieder im neuen Codex, vornehmlich von den Rechten und Pflichten der Kleriker und Religiosen gesprochen wird, dann kann man das kirchliche Recht weiterhin ohne Zögern als ein Klerikerrecht bezeichnen. Das weitgehende Desinteresse der Laien am kirchlichen Recht ist also durchaus begründet, handelt es doch kaum von ihnen, sind sie doch kaum davon betroffen.

2.5.1 Gemeinsames und Unterscheidendes

Can. 204 spricht zunächst vom Gemeinsamen unter dem neugeschaffenen Oberbegriff «christifidelis» (= Christgläubiger). Christgläubige sind danach jene, die, durch die Taufe Christus eingegliedert, zum Volk Gottes geworden sind (eigentlich «constituti sunt» = sie sind geordnet oder bestimmt zu). Dadurch nehmen diese auf ihre Weise teil am priesterlichen, prophetischen und königlichen Amt Christi «gemäß ihrem rechtlichen Stand» (condicio). In c. 207 § 1 wird an der traditionellen Auffassung der Kirche festgehalten, daß es aufgrund göttlicher Anordnung einerseits heilige Diener (ministri sacri) gibt, die im Recht auch Kleriker genannt werden, und andere Christgläubige, die auch Laien genannt werden. In c. 207 § 2 wird dann noch auf die Religiosen und Ordensleute hingewiesen, die an beiden Ständen Anteil haben können. Damit ist die alte (und falsche) Auffassung aufgegeben worden, daß es in der Kirche drei Stände (Kleriker, Religiosen, Laien) gebe.

a) Das Gemeinsame

In dem Abschnitt über die Christgläubigen (cc. 204–207) wird also vom Gemeinsamen aller Kirchenangehörigen, seien sie nun Laien oder Kleriker, gesprochen. Durch die Taufe sind sie Christus «inkorporiert» und zum Volk Gottes «konstituiert». Daß es unter den Christgläubigen aber Unterschiede gibt, klingt auch bei diesen Bestimmungen an, die das Gemeinsame aller Kirchenangehörigen behandeln: Sie nehmen «auf ihre Weise» am priesterlichen, prophetischen und königlichen Amt Christi teil und sind «gemäß dem eigenen Stand eines jeden» zur Erfüllung der Sendung berufen, die Gott der Kirche anvertraut hat.
Im übrigen wird die Zugehörigkeit zur Kirche bzw. zur katholi-

schen Kirche im neuen Codex weniger deutlich als im früheren Codex festgelegt. Im wesentlichen folgt man den Kriterien, die Bellarmin entwickelt hatte (vgl. c. 205)[7]. In den Bestimmungen des Codex (cc. 204 § 2.205) wird näher ausgeführt, was unter «Gemeinschaft (mit) der katholischen Kirche» zu verstehen ist. In diesem Zusammenhang interessiert jedoch mehr der Titel I des II. Buches des Codex, der explizit über «Die Pflichten und Rechte der Christgläubigen» handelt (cc. 208–223). Im einleitenden c. 208 wird ausdrücklich die Gleichheit aller Christgläubigen unterstrichen. Doch werden diese und ähnliche Aussagen des Codex regelmäßig durch relativierende Formeln eingeschränkt, die den Vorrang der «geweihten Hirten» (= Kleriker) betonen. Bereits in diesem Abschnitt, der ja dem Gemeinsamen von Laien und Klerikern gewidmet ist, wird deutlich und oft über das Unterscheidende gesprochen. So etwa in c. 212 § 1, in dem festgelegt ist, daß die Christgläubigen in christlichem Gehorsam befolgen müssen, was «die geweihten Hirten an Christi Stelle als Lehrer des Glaubens verkünden oder als Leiter der Kirche festsetzen». Diese Abhängigkeit oder Gebundenheit der Laien an die Kleriker wird immer wieder betont, ob es sich nun um die Feier der Liturgie (c. 214) oder um die Lehre (c. 218) handelt. Klerikern wie Laien wird zwar das Recht zuerkannt, eigene Vereinigungen zu gründen und zu leiten (c. 215), doch darf sich keines dieser Unternehmen ohne die Zustimmung der rechtmäßigen kirchlichen Autorität «katholisch» nennen (c. 216). In diese für das katholische Kirchenrecht neuartige Konzeption, in der ausdrücklich von den Rechten aller Christgläubigen in der Kirche gesprochen wird, paßt dann allerdings auch die diesen Titel abschließende Bestimmung (c. 223 § 2), wonach es der kirchlichen Autorität, d.h. Papst und Bischöfen, zukommt, «im Hinblick auf das Gemeinwohl den Gebrauch der Rechte, die den Christgläubigen eigen sind, zu regeln».

Dennoch ist festzuhalten, daß der neue Codex einige Rechte aller Christgläubigen kennt und nennt, die vielleicht für weltliche Ohren selbstverständlich klingen mögen, im Rahmen der Entwicklung des kirchlichen Rechtes aber als begrüßenswerter Gewinn zu bezeichnen sind. So wird etwa in c. 212 § 3 ausdrück-

[7] Robert F. R. Bellarmin, Kardinal und Theologe, gest. 1621.

lich das Recht, ja selbst die Pflicht der Christgläubigen betont, ihre Ansichten in kirchlichen Angelegenheiten gegenüber den «geweihten Hirten» zu äußern. Auch die Freiheit der Forschung in den theologischen Disziplinen wird garantiert, wenn auch mit den oben bereits genannten Einschränkungen (c. 218). Ferner wird – offensichtlich aus gutem Grunde – festgehalten, daß es niemandem erlaubt ist, den guten Ruf eines anderen rechtswidrig zu verletzen (c. 220). Begrüßenswert ist schließlich die Bestimmung des c. 221 § 3, wonach niemand mit kanonischen Strafen belegt werden darf, die das Gesetz nicht vorsieht. Hier wird also der c. 2222 § 1 CIC – 1917 materiell aus dem neuen Recht entfernt, da ja der genannte Canon eine Verhängung von Strafen ohne vorherige Strafandrohungen vorsah. Wie hingegen die Bestimmungen des c. 1326 mit dieser Festlegung in Einklang gebracht werden können, scheint fraglich zu sein. Ebenso wird erst die Zukunft zeigen, wie sich die kirchliche Rechtswirklichkeit darstellen wird, wenn die Laien von dem in c. 221 § 1 zugestandenen Recht Gebrauch machen sollten, ihre Rechte gerichtlich einzufordern.

Rechten stehen in der Regel Pflichten gegenüber. Davon spricht das kirchliche Recht auch durchaus ausreichend, nicht zuletzt in diesem Abschnitt des neuen Codex. Eine der Pflichten wird gesondert in c. 222 § 1 genannt, nämlich die Verpflichtung der Kirchenangehörigen, ihre Kirche und deren Amtsträger finanziell zu unterstützen. Kirchensteuer oder Kirchenbeitragszahlungen erhalten hier ihre Grundlage im kirchlichen Recht.

b) Das Unterscheidende

Es wurde bereits gesagt, daß im kirchlichen Recht eher die Tendenz besteht, die Unterschiede zwischen Klerikern und Laien herauszustellen, als das Gemeinsame zu betonen. So wird denn auch in c. 207 der Unterschied zwischen den «heiligen Dienern», den Klerikern, und den Laien behandelt.

Hier begegnet einem jenes in unseren Ohren merkwürdig klingende Wort «Stand» (status). Ebenso tauchen hier die klassischen Bezeichnungen auf, Kleriker und Laie. Das katholische Kirchenrecht sieht diese Verschiedenheit in «göttlicher Anordnung» (c. 207 § 1) begründet. Mehr kann auch der neue Codex darüber nicht aussagen. Was im genannten c. 207 ansonsten noch steht, bezieht sich auf die Religiosen und auch auf die Laien, fügt jedoch keinerlei neue Gesichtspunkte hinzu, gibt keine Antwort auf die Frage, was denn nun eigentlich das Unterscheidende zwischen Kleriker und Laie ist.

In der Vergangenheit sprach man häufig von den Klerikern als dem «geistlichen Stand». Bilden die Laien dann einen «weltlichen Stand»? Das ist angesichts der Aussagen des II. Vatikanischen Konzils sicher mit einem eindeutigen Nein zu beantworten. Dennoch gibt es neuere Festlegungen im Kirchenrecht, die wieder in diese falsche Richtung weisen. So heißt es in c. 225 § 2: «Zu dieser besonderen Aufgabe sind sie (die Laien) verpflichtet – jeder nach seiner Stellung (Stand) –, damit sie die Ordnung der zeitlichen Dinge im Geiste des Evangeliums erfüllen und vollenden, und so in besonderer Weise in der Beschäftigung mit weltlichen Dingen und Aufgaben Zeugnis für Christus ablegen».

Ist es dann die Teilhabe am Priestertum, die den Unterschied zwischen Kleriker und Laie ausmacht? Auch hierbei wird die Antwort negativ ausfallen, wenn auch in einer differenzierten Weise. Einerseits lehrt das II. Vatikanische Konzil das allgemeine Priestertum aller Gläubigen, andererseits hält es am «Priestertum des hierarchischen Dienstes» (LG 10,2) fest. Der Amtspriester leitet «kraft seiner heiligen Gewalt» das priesterliche Volk. In diesem Satz (vgl. LG 2) ist die ganze Spannung des Verhältnisses von Priester und Gläubigem, Kleriker und Laien enthalten. Wenn also etwa c. 208 davon spricht, daß unter allen Christgläubigen «eine wahre Gleichheit im Hinblick auf die Würde und auf das allen Christgläubigen gemeinsame Wirken zur Auferbauung des Leibes Christi» herrsche, muß eine solche Aussage durch die zahlreichen Bestimmungen über den Unterschied zwischen Kleriker und Laie relativiert werden. Dies geschieht meistens durch den Zusatz «secundum propriam cuiusque condicionem et munus» (gemäß dem einem jeden eigenen Stand und Amt), so auch in diesem Canon.

Wenn das II. Vatikanische Konzil vom «Amtspriester» spricht, gibt es durch die Verwendung dieses Wortes die beiden Komponenten zu erkennen, die den Unterschied zum Gläubigen ausmachen: *Amt* und Priestertum, und zwar im Sinn von *Weihe*priestertum.

Die Weihe (ordo)

Auch das neue kirchliche Recht geht davon aus, daß der Empfang der hl. Weihe (ordo) Voraussetzung für die Übernahme eines kirchlichen Leitungsamtes ist. Seit dem II. Vatikanischen Konzil kennt das Kirchenrecht drei Stufen des ordo: Diakonat, Presbyterat und Episkopat (c. 1009 § 1). Ebenso wie beim Unterschied zwischen Kleriker und Laie erklärt das kirchliche Recht, daß das Weihesakrament göttlicher Einrichtung sei und dem Empfänger einen «unauslöschlichen Charakter» (character indelebilis) einpräge (c. 1008).

Was die drei Stufen der Weihe anbelangt, lehrt das II. Vatikanische Konzil, daß die Fülle des Weihesakramentes durch die Bischofsweihe (Episkopat) übertragen wird (LG 21,2), während Priesterweihe (Presbyterat) und Diakonsweihe jeweils eine gestufte Teilhabe am Weihesakrament vermitteln (LG 28 bzw. 29). Auch das II. Vatikanische Konzil hat die traditionelle Bezeichnung «Hierarchie» (= hl. Herrschaft) für diese gestufte Teilhabe am Weihesakrament beibehalten. Im neuen Kirchenrecht tritt jedoch die frühere und hilfreiche Unterscheidung zwischen einer Weihe- und einer Ämterhierarchie, wie sie der CIC (1917) kannte (c. 108 § 3 CIC – 1917), nicht mehr deutlich hervor.

Das Amt

Von der dreistufigen Weihehierarchie ist nämlich die anders strukturierte Hierarchie der kirchlichen Ämter zu unterscheiden. Deren Struktur wird im neuen CIC in der Zweiteilung des zweiten Teiles des zweiten Buches deutlich, der den Titel «De Ecclesiae constitutione hierarchica» trägt. In dessen erstem Abschnitt wird nämlich vom Papst, im zweiten vom Bischof gesprochen sowie jeweils über die von ihnen abhängigen Ämter. Dies entspricht der traditionellen Zweiteilung der Ämterhierarchie: Sie kennt zwei sogenannte Grundämter, das des Papstes (Primat) und das des Bischofs (Episkopat). Beiden Grundämtern sind sogenannte Hilfsämter zugeordnet, auf der Ebene des Primats etwa die Ämter der römischen Kurie, die Kardinäle, die päpstlichen Gesandten (Nuntien), auf der Ebene des Episkopats z. B. die Weihbischöfe, der Generalvikar und der Offizial.

Leider ist nicht deutlich, ob das kirchliche Basisamt, nämlich das des Pfarrers ein Grund- oder ein Hilfsamt ist. Folgt man einigen Kirchenrechtlern, ist es ein Grundamt. Die Einteilung, die das neue kirchliche Gesetzbuch vornimmt, läßt jedoch eher den Rückschluß zu, daß es lediglich ein Hilfsamt des Episkopats ist.

Die Verbindung der hierarchischen Gewalten

Wie bereits gesagt wurde, geht das kirchliche Recht davon aus, daß die Weihe Voraussetzung für die Übernahme eines Leitungsamtes in der Kirche ist. Wie gesagt: eines Leitungsamtes. Es ist demnach also möglich und auch weitgehend bereits Realität, daß auch Laien ein Amt in der Kirche übernehmen können.

Es wurde gleichfalls bereits dargelegt, daß das kirchliche Recht, dem II. Vatikanischen Konzil folgend, von einer inhaltlichen Dreiteilung des Amtes in der Kirche ausgeht (Amt der Leitung, Amt der Heiligung, Amt des Lehrens). Dazu bestimmte das lange geplante Grundgesetz, daß die «rechte und legitime Ausübung aller Ämter vom Leitungsamt geregelt» wird (c. 55 § 2 LEF). Im Zusammenhang mit dieser Bestimmung wies das Grundgesetz ausdrücklich auf die Bedeutung des Zusammenwirkens der beiden Komponenten Weihe und Amt für die Feier der Eucharistie hin. Konkret gesprochen kann Eucharistie nur gefeiert werden, wenn sie durch einen Geweihten geleitet wird.

Weil das II. Vatikanische Konzil den Dienstcharakter dessen herausstellte, was die Weihe vermittelt, betont der neue Codex den «Dienst des Heiligens» (munus sanctificandi). Mit dem «munus sanctificandi» empfangen die Bischöfe durch die «consecratio» auch die «munera docendi et regendi» (die Ämter des Lehrens und Leitens c. 375 § 2). Die früher gebräuchliche Bezeichnung «ordinatio» wurde zumindest in diesem Zusammenhang leider aufgegeben. Sie bezeichnete wohl am besten das Zusammenwirken beider Komponenten – Weihe und Amt – und erinnerte an die Zeiten der «relativen Ordination». Im neuen Codex wird von «ordinatio» noch im Weiherecht gesprochen (cc. 1010 ss.).

Bei der Ausübung des «munus sanctificandi» helfen Priester, Diakone und selbst Laien dem Bischof, natürlich nach den Vorschriften des Rechtes und dem ihnen möglichen Anteil (pars) (vgl. c. 835).

Teil 3

Ausgewählte Bereiche und Problemfelder des kirchlichen Rechts

A Verfassung der Kirche oder Was ist Kirche?

I. Dogmatisch-rechtliche Auffassungen von Kirche

Ein eigener Sektor der theologischen Bemühungen ist der Lehre über die Kirche gewidmet, die Ekklesiologie. Spätestens mit der sogenannten Konstantinischen Wende und den Veränderungen, die sie für die Kirche mit sich brachte, bildete die Frage nach dem Wesen der Kirche stets ein zentrales Anliegen der Theologie. Das Zurückdrängen der Kirche aus dem weltlich-politischen Bereich, das mit der Reformation einsetzte und über national-kirchliche Bestrebungen der frühen Neuzeit, die Aufklärung und die bürgerlichen Revolutionen zur historischen Wende führte, die zugleich durch den Untergang des Kirchenstaates und das Unfehlbarkeitsdogma von 1870 markiert wird, hat die ekklesiologischen Reflexionen seit der Mitte des 19. Jahrhunderts belebt. Sie dauern bis heute an, und ein befriedigender Abschluß dieser Forschungen ist überhaupt nicht in Sicht. Das hat natürlich direkte Folgen für das Recht und die Ordnung dieser Kirche.

Im Mittelpunkt der Beratungen und Beschlüsse des II. Vatikanischen Konzils stand die Kirche; bedeutsames Zeugnis dafür ist die «Dogmatische Konstitution über die Kirche» (Lumen gentium). Dieses Dokument trägt alle Zeichen eines Kompromisses, auf den sich Vertreter und Verfechter verschiedener ekklesiologischer Auffassungen einigen konnten. Drei Hauptakzente sind deutlich zu erkennen. Das Konzil sieht die Kirche einmal als «Das Volk Gottes», sodann als «Leib Christi» und schließlich als «Tempel des Heiligen Geistes». Die letztgenannte Auffassung findet sich

immer wieder in den Konzilstexten, auch in der Dogmatischen Konstitution über die Kirche (z. B. LG 4,1), doch tritt sie nicht so deutlich in Erscheinung wie die beiden anderen.
Während der Volk-Gottes-Begriff des Konzils die Gleichheit aller Kirchenangehörigen akzentuiert (allgemeines Priestertum), wird durch die Lehre von der Kirche als Leib Christi (corpus Christi mysticum) der hierarchische Aufbau der Kirche legitimiert. Wie sich denken läßt, bereitete es im Zusammenhang mit der Revision des kirchlichen Rechtes in der Folge des II. Vatikanischen Konzils nicht geringe Mühe, diese beiden Ekklesiologien in Übereinstimmung zu bringen. Der Begriff von der Kirche als Volk Gottes war ja nicht zuletzt vom Konzil entwickelt worden, um das statische Bild vom corpus Christi mysticum zu relativieren und ein dynamisches Äquivalent aufzuzeigen, durch das der Weg der Kirche durch die Geschichte als eine notwendige Entwicklung interpretiert wurde. Auch das dritte sogenannte pneumatologische Prinzip (Kirche als Tempel des Heiligen Geistes) stellt eine notwendige Ergänzung des christozentrischen Prinzips dar.
Es hat nicht an Versuchen gefehlt, diese verschiedenen Ekklesiologien miteinander in Übereinstimmung zu bringen und zu harmonisieren. Begonnen hat damit das Konzil selbst. So wird etwa in der Kirchenkonstitution (LG 8,1) Kirche als spirituelle Gemeinschaft (communitas spiritualis) der Kirche als «mit hierarchischen Organen ausgestattete Gesellschaft» (societas) gegenübergestellt. Dadurch wird die überholte, historisch belastete und ideologieverdächtige Vorstellung von der Kirche als dem Staat gleichrangige «vollkommene Gesellschaft» (societas perfecta) wiederbelebt, nicht ohne Folgen für die heutige Kirchenrechtswissenschaft, was noch zu zeigen sein wird.
Auch die theologische Formel des Konzils, wonach die Kirche «in Christus gleichsam Sakrament» (LG 1) sei, trieb eine merkwürdige Blüte in diesem mühseligen Harmonisierungsprozeß. In Punkt 3 der Leitlinien, die die Bischofssynode von 1967 für die Reform des CIC entwickelte, wird schlicht behauptet, das Recht habe im Mysterium der Kirche gleichsam den «Sinn eines Sakramentes oder eines Zeichens des übernatürlichen Lebens».
Insbesondere deutsche Kirchenrechtler (Mörsdorf, Saier, Aymans) haben nach dem Konzil versucht, durch den Hinweis auf den communio-Begriff, der sich gleichfalls im Hinblick auf die

Kirche in einer Vielzahl von Konzilsdokumenten findet, eine gewisse Harmonisierung zwischen den verschiedenen ekklesiologischen Strängen zu erreichen. Da es sich bei «communio» allenfalls um einen im Sakramentenrecht eingeführten Begriff (im Sinne der eucharistischen Gemeinschaft) handelt, erscheint ein derartiger Rettungsversuch höchst zweifelhaft. Sowohl in den Konzilstexten als auch im neuen Kirchenrecht (vgl. etwa c. 749 § 2), aber auch in den neueren kirchenpolitisch relevanten Erklärungen wird «communio» in einem appellativen Sinn verwendet, zumeist dann, wenn es um die Beschwörung der Einheit zwischen Papst und Bischöfen geht.
Die Verfasser der neuen kirchenrechtlichen Dokumente der katholischen Kirche haben im Codex eine deutliche Option für jene ekklesiologischen Aussagen des Konzils gemacht, die christozentrischer Art sind. Die beiden anderen Ekklesiologien werden zwar auch erwähnt, jedoch nur in untergeordneter Weise. Ein typisches Textbeispiel für die Versuche, die theologischen Aussagen des II. Vatikanischen Konzils zum einen rechtlich in den Griff zu bekommen, zum anderen aber auch Prioritäten in seinen verschiedenen ekklesiologischen Aussagen zu setzen, ist c. 204 § 2: «Diese Kirche, in dieser Welt wie eine Gemeinschaft (societas) verfaßt und geordnet, besteht (subsistit) in der katholischen Kirche, geleitet vom Nachfolger Petri und den Bischöfen, die mit ihm in Gemeinschaft stehen».
Es fällt auf, daß in dieser grundlegenden Aussage des neuen Codex über die Kirche diese *nicht* als communio bezeichnet wird, sondern mit einem Begriff umschrieben wird, der einem überholten pseudosoziologischen Vokabular entnommen ist: Mit diesem Ausdruck «societas» wird die Gleichrangigkeit von Kirche und Staat suggeriert. Gemäß dieser Sicht von Kirche, die seit Mitte des 19. Jahrhunderts besonders in römischen Kurienkreisen angesichts der Auflösung des Kirchenstaates entwickelt wurde, sind Staat und Kirche gleichrangig.
In der Sicht des neuen kirchlichen Gesetzbuches ist die Kirche also eine statische, vertikal (hierarchisch) geordnete Gesellschaft (societas). Im deutlichen Gegensatz zu so manchen Aussagen des II. Vatikanischen Konzils ist das Kirchenbild des Codex abstrakt und starr. Die neueren theologischen Forschungsergebnisse, die deutliche Entwicklungsphasen in der Geschichte dieser Kirche

aufzeigen, bleiben ohne Beachtung. Wäre dem nicht so, könnte der Codex von der Kirche nicht ein derart statisches und abstraktes Bild zeichnen. Diese Sicht von Kirche hat natürlich weitreichende Folgen. Dies kann am besten an den Festlegungen des Codex dargelegt werden, die den Ämtern der Kirche gewidmet sind.

II. Die Ämter der Kirche

Entsprechend der Lehre des II. Vatikanischen Konzils behält der Codex die Dreiteilung der Ämter (munera) in der Kirche bei, und zwar in der Reihenfolge Leitungsamt, Lehramt und Heiligungsamt. Der deutliche Vorrang des Heiligungsamtes (munus sanctificandi), den das II. Vatikanische Konzil betont hatte (LG 21,2), wurde durch die Bestimmungen des Codex nicht nur verwischt, sondern geradezu umgekehrt.

1. Das Leitungsamt

Der neue Codex hat aus der veränderten Wertung der drei munera die logische rechtssystematische Konsequenz gezogen. Alles, was inhaltlich über das munus regendi zu sagen ist, findet sich in seinem zweiten Buch (De Populo Dei), und zwar vornehmlich in dessen zweitem Teil (De Eccclesiae constitutione hierarchica). Hinzu kommt, daß der neue Codex an versteckter Stelle (im ersten Buch, cc. 126–141) über die «Potestas regiminis» spricht, womit die deutliche Akzentverlagerung von «munus regendi» nach «potestas» (regendi oder auch regiminis) unterstrichen wird. Das Wort «munus» wird jedoch – wie bereits gesagt wurde – immer stärker zu Gunsten des Begriffes «potestas» (= Gewalt) zurückgedrängt. C. 135 spricht dementsprechend von dieser Gewalt im Sinne Montesquieus: Sie ist einzuteilen in gesetzgebende, vollziehende und rechtsprechende Gewalten. Im Unterschied zu den zivilen Trägern dieser Gewalten erhalten die kirchlichen Vollmachtsträger die «potestas regiminis» von Gott selbst, doch können andere an der Ausübung dieser von Gott gegebenen Vollmacht gemäß den gesetzlichen Bestimmungen mitwirken

(c. 129 § 2). Diese volle und höchste Gewalt haben in der Gesamtkirche sowohl der Papst als auch das Bischofskollegium, letzteres natürlich nur zusammen mit dem Papst.
Der neue Codex nennt auch den traditionell gebräuchlichen Fachterminus «potestas iurisdictionis» (c. 129 § 1). So ist deutlich das vorsichtige Abrücken von der Terminologie des II. Vatikanischen Konzils zu erkennen. Der Weg verläuft vom «munus regendi» über «potestas regiminis» zu «potestas iurisdictionis». Neben Papst und Bischofskollegium, die die höchste Gewalt (suprema potestas) innehaben, können nur Geweihte Träger dieser Gewalt sein. Laien dürfen sie nur nach Maßgabe des Rechtes ausüben.
Die weiteren Bestimmungen des Codex handeln ferner über die Unterscheidung von «forum externum» und «forum internum» (c. 130) sowie über die Delegierung der potestas regiminis (cc. 131 ss.) Schließlich wird geklärt, welche kirchlichen Amtsinhaber «ordinarii», also kirchliche Hoheitsträger sind: Papst, Diözesanbischöfe und die diesen gleichgestellten Amtsinhaber sowie Ordensobere (vgl. c. 134).
Wie bereits gesagt wurde, teilt das kirchliche Recht im Sinn Montesquieus die potestas regiminis in gesetzgebende, ausführende und richterliche Macht.
Die vom Papst erlassenen Gesetze verpflichten alle Gläubigen. Der Papst kann seine Rechte im Bereich der Gesetzgebung delegieren, etwa an die Behörden der römischen Kurie. In der Diözese hat allein der Diözesanbischof gesetzgebende Vollmacht, die er persönlich ausübt und an der keine Einzelperson und kein Kollegium teilhat. Diese Vollmacht kann der Bischof nur in Fällen, in denen dies durch das allgemeine Recht ausdrücklich festgesetzt ist, einem anderen übertragen. Durch das neue Recht gibt es gewisse Einschränkungen der Kompetenzen des Bischofs im Bereich der Gesetzgebung, weil den Bischofskonferenzen einige Befugnisse übertragen worden sind. Leider sind die entsprechenden Regelungen im neuen Codex an verschiedenen Fundorten zu suchen.
An zweiter Stelle nennt der Codex die richterliche Gewalt (c. 135 § 3). Dies entspricht sicher ihrer Stellung in der Trias der Gewalten, jedoch nicht ihrer innerkirchlichen Bedeutung, da sie in der heutigen Kirche wenig Bedeutung besitzt und sich im wesentlichen auf die Ehegerichtsbarkeit beschränkt. Ausführlich geht der

Codex auf die richterliche Gewalt im Prozeßrecht ein (cc. 1400–1752).
Bei der Darstellung der richterlichen Gewalt werden zwei Besonderheiten des kirchlichen Rechtes deutlich: Zum einen wird auch wieder im neuen Codex der alte Grundsatz unterstrichen, wonach der Papst von niemandem gerichtet wird («Prima Sedes a nemine iudicatur», c. 1404). Zum anderen kann sich jeder Kirchenangehörige «wegen des Primats» in jedem Stadium eines Verfahrens an den Hl. Stuhl wenden (c. 1417 § 1).
Obwohl der Papst wie der Bischof jeweils für ihren Bereich oberste Richter sind, üben sie diese Tätigkeit nicht aus. Sie beauftragen damit entsprechende Gerichtshöfe bzw. Richter. Es gibt drei päpstliche Gerichtshöfe: Die Apostolische Signatur, der oberste Gerichtshof der Kirche und zugleich oberste Behörde der Gerichtsverwaltung; die Sacra Romana Rota, das ordentliche Gericht des Hl. Stuhls, das heute fast nur noch als Berufungsgericht in Ehenichtigkeitsfällen aus aller Welt fungiert; die Apostolische Pönitentiarie, die allein für den inneren Bereich (forum internum) zuständig ist und auch in Fragen der Gewährung und des Gebrauches von Ablässen entscheidet. Der Bischof bestellt für die gemeingerichtliche Rechtsprechung einen Richter, Offizial genannt, sowie Synodalrichter, die kollegial tätig werden.
Relativ ausführlich geht der Codex auf die vollziehende Gewalt (Exekutive, Verwaltung) ein. Ihre Kompetenzen im Bereich der Exekutive delegierten Papst wie Bischöfe in aller Regel, der Papst an die Behörden der römischen Kurie, der Bischof an seinen Generalvikar und die ihm unterstehende Behörde.
Einer Delegation der Legislative wie auch der Rechtsprechung sind sehr enge Grenzen gezogen, während die ordentliche vollziehende Gewalt fallweise wie auch generell delegiert werden kann, sofern das Recht nichts anderes vorsieht (c. 137 § 1). Der Codex regelt die Möglichkeit der Delegation vollziehender Gewalt ziemlich eingehend (cc. 137 ss.).

Exkurs: Das Verhältnis von Primat und Episkopat

In beinahe allen Abschnitten kamen zwei Punkte direkt oder indirekt zur Sprache: Zum einen wurde deutlich, daß sich die

Verfassung der katholischen Kirche auf zwei Grundämter stützt, auf die des Papstes (Primat) und des Bischofs (Episkopat). Zum anderen konnte man etwas vom Spannungsverhältnis zwischen diesen beiden Grundämtern erkennen. In der Tat ist die Geschichte der Kirche über weite Perioden hin von dieser Spannung gezeichnet, und es gab immer wieder Zeiten, in denen sich extreme Positionen zu Gunsten der einen oder der anderen Seite entwickelten. So erkennt man etwa Tendenzen, die Stellung der Bischöfe gegenüber dem Papst zu stärken (Episkopalismus), oder Bemühungen, die ekklesiologische Funktion des Konzils so zu umschreiben, daß der Papst diesem untergeordnet wird (Konziliarismus). Andererseits bemühten sich die Päpste kontinuierlich, ihre Primatsstellung zu sichern und – wenn möglich – weiter auszubauen (Papalismus). Auch die beiden letzten ökumenischen Konzilien, das I. und II. Vatikanische Konzil, sind vom Ringen um diese ekklesiologische Grundfrage gekennzeichnet. So erreichte die dogmatische Festschreibung des päpstlichen Primats im I. Vatikanischen Konzil ihren Höhepunkt, während es die Intention zumindest des II. Vatikanischen Konzils war, das durch das I. Vatikanische Konzil gestörte Gleichgewicht zwischen Primat und Episkopat wiederherzustellen. Dieses Gleichgewicht war bereits im Zug der gegenreformatischen Maßnahmen aufgehoben worden, da das Konzil von Trient (1545–1563) die Bischöfe zu Vikaren des Papstes herabgestuft hatte. Bis zu den Umwälzungen in der Folge der Französischen Revolution regte sich dagegen in zahlreichen Teilkirchen, insbesondere in Frankreich (Gallikanismus), in deutschen Gebieten (Febronianismus) und in Österreich (Josephinismus) eine erbitterte Opposition, die allerdings recht gemischter Herkunft war. Berechtigte Anliegen der Bischöfe und der Teilkirchen überhaupt, die eigenen Traditionen zu pflegen und weiter zu entwickeln, vermengten sich nicht selten, ja beinahe immer mit national- und staatskirchlichen Bestrebungen der Fürsten. Aber auch vehemente Kritiker und Anhänger der genannten Richtungen, die man mit gewissen Einschränkungen unter dem Begriff «katholische Aufklärung» zusammenfassen kann, hielten daran fest, daß das Papsttum das «centrum unitatis» der Kirche sei. Es blieb und bleibt jedoch bis heute eine schwierige Frage, sich unter Theologen und «geweihten Hirten» auf eine überzeugende Grenzziehung zwischen einer annehmbaren Zentralfunktion des

Primates und einem beklemmenden päpstlichen Zentralismus zu einigen.

Die bislang beste Lösung des Problems hat zweifelsohne das II. Vatikanische Konzil gefunden, wenn auch die nachkonziliare kirchenpolitische und kirchenrechtliche Entwicklung die Schwächen und Lücken seiner Ekklesiologie aufgezeigt hat. Die Väter des II. Vatikanischen Konzils wollten insbesondere die Bedeutung und die Funktion des Bischofsamtes umschreiben. Bezeichnend dafür ist, daß das zentrale Kapitel 3 der Dogmatischen Konstitution über die Kirche «Lumen gentium» den Titel trägt: «Der hierarchische Aufbau der Kirche, insbesondere das Bischofsamt». Gleich zu Anfang dieses Kapitels wird nun vom Konzil die einende Funktion des Petrusamtes unterstrichen. Wenn dieses Amt als «ein immerwährendes und sichtbares Prinzip und Fundament der Glaubens- und Kommunioneinheit» (LG 18,2) bezeichnet wird, dann klingen hier Formulierungen der nachdenklichen und kritischen Theologen der kirchlichen Aufklärung an. Ähnlich lautet LG 23, wo gleichfalls vom Prinzip der Einheit gesprochen wird, nicht also von dem eher theologischen Prinzip der communio, die in der nachkonziliaren Entwicklung so stark herausgestellt wird und nicht selten zur unangemessenen Verschleierung struktureller Spannungen zwischen Teilkirchen und dem Zentrum verwendet wird.

Auch der Codex nennt im einleitenden Canon des zweiten Teils des zweiten Buches, der über die hierarchische Struktur der Kirche handelt, dieses Prinzip der Einheit (c. 330): «Wie durch Festsetzung des Herrn der hl. Petrus und die übrigen Apostel eine Gemeinschaft (collegium) bildeten, so sind in gleicher Weise der Römische Pontifex, der Nachfolger Petri, und die Bischöfe, die Nachfolger der Apostel, miteinander verbunden».

Aus dem Willen und Auftrag Jesu und der damit verbundenen Funktion des Petrusamtes, die Einheit des Glaubens und der Kirche zu gewährleisten, leitet das katholische Kirchenrecht die weite Machtfülle des Papstamtes ab. Der Papst «genießt . . . oberste, volle, unmittelbare und universale ordentliche Gewalt über die Kirche, die er immer frei ausüben kann» (c. 331). Auch das Bischofskollegium, «in dem die apostolische Körperschaft weiterbesteht, . . . ist Träger der höchsten und vollen Gewalt über die Gesamtkirche» (c. 336). Allerdings kann das Bischofskollegium diese Gewalt nur zusammen mit dem Papst bzw. unter Zustimmung des Papstes ausüben. Die gesamtkirchliche Gewalt des Bischofskollegiums, die insbesondere in einem ökumenischen Konzil zum Ausdruck kommen kann, ist also eine durchaus gebundene.

1.1 Der Primat

Natürlich befaßt sich das Recht mit der Frage, wodurch die Inhaber des päpstlichen, aber auch des bischöflichen Amtes ihre Gewalt bekommen. Dabei erhält die oben ausgelegte Unterscheidung von Weihe- und Hirtengewalt besondere Bedeutung. Was nun das Amt des Papstes und die damit verbundenen umfassenden Vollmachten, Befugnisse und Rechte betrifft, bestimmt das neue Recht, daß er «die volle und höchste Gewalt über die Kirche durch die von ihm angenommene Wahl in Verbindung mit der Bischofsweihe» erhält (c. 332 § 1). Wird also ein Bischof zum Papst gewählt, was seit langer Zeit der Normalfall ist, erhält er mit der Annahme der Wahl alle Rechte des päpstlichen Amtes. Das neue Recht trifft auch in begrenztem Maß Vorsorge für den Fall des Amtsverzichtes eines Papstes. Eine solche Verzichtserklärung muß frei erfolgen und ordnungsgemäß kundgetan werden, ist jedoch nicht annahmepflichtig.
Der Papst besitzt nicht nur die Gewalt über die Gesamtkirche, sondern auch «Herrschaft» (= principatus, c. 336 § 1) über alle Teilkirchen und deren Zusammenschlüsse. Trotz immer wieder zu vernehmender Verteidigung dieser ekklesiologischen Sachlage, wird man hierbei offen von der Gefahr einer konkurrierenden Jurisdiktion von Papst und Bischöfen sprechen müssen. Der Codex betont zudem, daß durch diesen Vorrang ordentlicher Gewalt des Papstes «die eigenberechtigte, ordentliche und unmittelbare Gewalt zugleich gestärkt und geschützt wird, die die Bischöfe über die ihnen anvertrauten Teilkirchen besitzen» (c. 333 § 1). Es ist schwierig, diese Aussage des Codex zu interpretieren. Andererseits weist er in diesem Zusammenhang zu Recht darauf hin, daß der Papst immer durch die «communio» mit den übrigen (!) Bischöfen und der Gesamtkirche verbunden ist (c. 333 § 2), d.h. Beschlüsse und Handlungen des Papstes, die nicht mit den Überzeugungen der Bischöfe und der kirchlichen Gemeinschaft in Übereinstimmung stehen, sind undenkbar und – zumindest moralisch gesehen – unmöglich. In diesem Rechtssystem gibt es

also letztendlich kein Rechtsmittel gegen Amtsmißbrauch im höchsten Amt. «Gegen eine Entscheidung des Papstes gibt es keine Berufung», heißt es lapidar in c. 333 § 3. Nur das Vertrauen darauf, daß der Papst sein Amt im Geist Christi ausübt, gibt diesem geistlichen Recht ein wenig Sicherheit. In der Geschichte der Kirche haben Päpste, die noch nicht jene Machtfülle besaßen, wie sie das heutige Recht dem Papst zuweist, ihre Macht mißbraucht. In solchen Zeiten kamen dann jene Vorstellungen auf, wonach allein das Kollegium der Bischöfe, im Ökumenischen Konzil vereinigt, in derartigen Schwierigkeiten und Ausnahmesituationen die Kirche leiten könne. Dem heutigen Kirchenrecht sind Überlegungen oder gar Regelungen für einen solchen, prinzipiell immer möglichen Ernstfall unbekannt.

Die Zeit zwischen dem Tod eines Papstes und der Wahl seines Nachfolgers wird als Sedisvakanz bezeichnet. In dieser Zeit sowie in Zeiten, in denen ein Papst in der Ausübung seines Amtes behindert ist, darf gemäß c. 335 in der Leitung der Gesamtkirche nichts verändert werden. Wie bereits gesagt wurde, trifft das kirchliche Recht auch Vorsorge für einen Fall, der in der Papstgeschichte nur sehr selten eingetreten ist: Der Amtsverzicht eines Papstes. C. 332 § 2 bestimmt, für dessen Gültigkeit sei es erforderlich, daß er «frei geschieht und ordnungsgemäß kundgetan wird, nicht aber, daß er von irgend jemand angenommen wird». Während der Sedisvakanz übernimmt das Kardinalskollegium die Erledigung der laufenden Geschäfte des Hl. Stuhls; im wesentlichen ist seine Aktivität in dieser Zeit jedoch auf die rasche und ordnungsgemäße Durchführung der Papstwahl gerichtet. Dementsprechend sind die Aufgaben und Rechte der Kardinäle und der Römischen Kurie während der Sedisvakanz in einer Apostolischen Konstitution geregelt, die den Titel «Romano Pontifici eligendo» trägt.

1.1.1 Ökumenisches Konzil (cc. 337–341)

Obwohl ja gerade das II. Vatikanische Konzil allein durch die Tatsache seiner Durchführung bewiesen hat, wie wichtig und unverzichtbar ein Konzil in Krisenzeiten der Kirche ist, wird durch das neue Kirchenrecht die rechtliche Bedeutung des Konzils im Vergleich etwa zum bisherigen CIC weiter geschwächt. Während der CIC von 1917 unmittelbar nach den Bestimmungen über den Papst (cc. 218–221) die Rechtsposition des Konzils erläutert

hatte (cc. 222–229), sind die Bestimmungen über das Ökumenische Konzil im neuen Codex in ein Kapitel aufgenommen worden, das über den Papst *und* das Bischofskollegium handelt. Es fällt auf, daß wohl anderen Formen des kollegialen Handelns von Papst und Bischöfen eigene Kapitel gewidmet sind (etwa der Bischofssynode, dem Kardinalskollegium), nicht jedoch dem Konzil.
Die zentrale Aussage über die Gewalt des Konzils wurde aus den Bestimmungen über das Konzil herausgelöst und in den, diesen Bestimmungen vorangestellten c. 336 aufgenommen, der umfassend die beherrschende rechtliche Stellung des Papstes im Bischofskollegium umschreibt.
Die bisherigen Epitheta bei der Umschreibung der Gewalt von Papst und Konzil über die Kirche wurden in auffallender Weise ergänzt bzw. gestrichen. Nach dem neuen Codex erfreut sich (gaudet) der Papst nun «suprema, plena, immediata et universali in Ecclesia ordinaria potestate» (höchster, voller, unmittelbarer und universaler ordentlicher Gewalt in der Kirche). Das Bischofskollegium hingegen übt «potestatem in universam Ecclesiam in Concilio Oecumenico» (Gewalt über die ganze Kirche im Ökumenischen Konzil) aus. Das Epitheton «suprema» (potestas = höchste Gewalt), das der frühere Codex kannte und nannte, wurde gestrichen.
Der neue Codex führt zudem das Konzil als eine von drei möglichen Weisen kollegialer Mitwirkung der Bischöfe auf: Er nennt in c. 337 zunächst das Konzil. Dann spricht er von der Möglichkeit, daß das Bischofskollegium seine Gewalt auch «durch geeintes Zusammenwirken der über die ganze Welt verstreuten Bischöfe» ausüben könne, das natürlich «als solches vom römischen Papst angekündigt ist». Hier wäre an eine Art «Briefkonzil» zu denken, was es bislang aber noch nicht gegeben hat.[1]
Schließlich nennt der Codex noch die Möglichkeit, daß der Papst andere Formen kollegialer Beschlußfindung festlegen kann. Ein Beispiel ist eben die Bischofssynode.
Während im früheren Recht der einzigartige Charakter des Ökumenischen Konzils auch rechtssystematisch hervorgehoben worden ist, stellt es im neuen Recht eine von drei Möglichkeiten

[1] Ein Vorbild für ein «Briefkonzil» wäre vielleicht die Befragung des Weltepiskopates, die Pius XII. vor dem Mariendogma von 1950 durchführen ließ.

kollegialer Mitwirkung des Bischofskollegiums dar. Da die beiden anderen Formen (Briefkonzil, Bischofssynode) eher zu realisieren sind und zudem viel stärker als ein Konzil von der Initiative des Papstes abhängen und seinem Einfluß unterstehen, erscheint das Ökumenische Konzil beinahe als die entbehrliche Ausnahme.
Aber auch für den Fall der Einberufung eines Ökumenischen Konzils sieht das Gesetzbuch Bestimmungen vor, welche die Position des Konzils stark einengen. So ist es gemäß c. 338 § 1 «allein Sache des römischen Papstes», ein Konzil einzuberufen, es zu leiten, zu verlegen, zu vertagen und aufzulösen. Ebenso ist es das alleinige Recht des Papstes, die Tagesordnungspunkte aufzustellen bzw. zu billigen, sofern solche von Bischöfen vorgeschlagen werden. Beschlüsse des Konzils bedürfen selbstverständlich der Billigung durch den Papst.
Nach dem neuen Recht (c. 339) besitzen allein die Bischöfe Teilnahme- und Stimmrecht, jedoch kann der Papst «auch solche, die nicht mit der Bischofswürde ausgestattet sind» zu Teilnehmern berufen und zudem bestimmen, welche Funktionen diese dann ausüben dürfen.
Sedisvakanz unterbricht ein Konzil (so geschehen z.B. während des II. Vatikanischen Konzils beim Tod Johannes' XXIII.). Der neue Papst kann das Konzil auflösen oder fortsetzen lassen.
Stellvertretung ist nicht möglich.
Die Bestimmungen des neuen Rechtes sprechen für sich und bedürfen keines Kommentars.

1.1.2 Bischofssynode (cc. 342–348)

Das katholische Kirchenrecht kennt die Bischofssynode erst seit 1965. Sie stellt also eine Frucht des II. Vatikanischen Konzils und der auf ihm gesammelten Erfahrungen dar. Da die Durchführung ökumenischer Konzilien einen erheblichen Aufwand (zeitlich, personell, finanziell) erfordert, wollte der damalige Papst Paul VI. mit der Bischofssynode eine Institution schaffen, die auf schmalerer personeller Basis doch eine gewisse Repräsentanz des Gesamtepiskopats darstellt und den Päpsten in schwierigen und weittragenden Entscheidungen als Beratungsorgan dienen soll. Der neue Codex handelt an erster Stelle über die Bischofssynode in seinem Abschnitt über die Beratungs- und Ausführungsorgane des Papstes (cc. 342–348). Hier zeigt sich eine deutliche Akzentverschiebung zuungunsten des Konzils. Denn einerseits ist die Bischofssynode so etwas wie ein Konzil im kleinen, andererseits ist sie jedoch eine direkt und unmittelbar dem Papst unterstehende Institution, was man trotz aller Beschränkungen, die das geltende Recht für das Ökumenische Konzil kennt, vom Konzil nicht sagen kann.

Da inzwischen einige Bischofssynoden stattgefunden haben, ist die auf Grund ihrer rechtlichen Umschreibung bereits vorhersehbare Ineffizienz deutlich geworden. Weil nämlich von ihrer Planungs- bis zu ihrer Auswertungsphase praktisch alles dem Papst bzw. seiner Kurie und deren Aufsicht unterliegt, stellt sie ein nur recht unvollkommenes Bild der Gesamtkirche bzw. des Episkopats dar. Insbesondere auf die personelle Zusammensetzung hat der Papst einen so weiten Einfluß, daß eine eventuelle Opposition stets in die Minderheitsposition gelangen muß. Betrachtet man einmal den Normalfall, nämlich die sogenannte Generalversammlung (daneben gibt es noch die Möglichkeit der Einberufung einer außerordentlichen Versammlung sowie einer Besonderen Versammlung), so zeigt sich folgende Zusammensetzung: Mitglieder sind auf Grund ihres Amtes die Patriarchen, Großerzbischöfe und die außerhalb der Patriarchate regierenden Metropoliten der mit Rom unierten Ostkirchen sowie die Kardinäle, die römischen Dikasterien vorstehen. Hinzu kommen die von den nationalen bzw. übernationalen Bischofskonferenzen gewählten Vertreter, die jedoch vom Papst als solche bestätigt werden müssen. Ferner nehmen zehn Ordensmänner als Vertreter der klerikalen Ordensinstitute teil, die durch deren Generaloberen gewählt werden und gleichfalls der Bestätigung durch den Papst bedürfen. Schließlich kann der Papst nach eigenem Ermessen die Mitgliederzahl der Bischofssynode um bis zu 15 Prozent erweitern; diese Mitglieder der Synode werden von ihm direkt ernannt. An diesem Beispiel wird deutlich, daß es sich bei der Bischofssynode um eine ganz bestimmte Auswahl von Bischöfen handelt, sie folglich nicht ein getreues Abbild des Gesamtepiskopates darstellt bzw. darstellen muß.

1.1.3 Kardinalskollegium (cc. 349–359)

Die Bischofssynode stellt als Rechtsinstitution kein ständiges Beratungsorgan des Papstes dar. Es existiert zwar zwischen den terminlich nicht festgelegten Bischofssynoden ein Generalsekretariat in Rom, das jedoch keine beratende, sondern lediglich organisatorische Funktion besitzt. Der neue Codex (cc. 349–359) nennt an zweiter Stelle das traditionelle und klassische Beratungsorgan des Papstes, das Kardinalskollegium. Die Bedeutung des Kardinalskollegiums liegt zunächst darin begründet, daß es den Papst wählt. Seine enge Abhängigkeit vom Papst wiederum wird dadurch deutlich, daß der Papst bei der Ernennung von Kardinälen völlig frei ist und grundsätzlich jeden Priester (c. 351 §1) zum Kardinal ernennen kann. Darum werden die Kardinäle auch «creaturae papae» (Geschöpfe des Papstes) genannt. Innerhalb des Kardinalskollegiums gibt es drei Klassen: die Klasse der Kardinalsbischöfe, die Titularbischöfe der sogenannten suburbikarischen Bistümer (in der Nähe Roms) sind, die Klasse der Kardinalspriester, die teilweise Funktionen an der römischen Kurie ausüben, zum größeren Teil jedoch Bischöfe oder Erzbischöfe hervorragender Bischofssitze in aller Welt sind, sowie die Kardinalsdiakone, die in aller Regel Funktionen an der römischen Kurie ausüben. Während es noch im 19. Jahrhundert Kardinäle gab, die lediglich Diakone waren, hat Johannes XXIII. bestimmt, daß Kardinäle die Bischofsweihe erhalten sollten, sofern sie zum Zeitpunkt der Ernennung noch keine Bischöfe sind. Diese Anordnung erscheint angesichts der rein administrativen Funktionen vieler Kurienkardinäle als nicht sehr sinnvoll.

Wie bereits gesagt, nehmen die Kardinäle die wichtigsten Spitzenfunktionen in der Kirche ein, insbesondere im Apparat der römischen Kurie. Auch zeitlich befristete und in der Sache enger umschriebene Zielsetzungen von herausragender Bedeutung werden häufig von eigens dafür zusammengestellten Kardinalskommissionen behandelt, so etwa die Revision des kirchlichen Gesetzbuches. Die außerhalb Roms residierenden Mitglieder des Kardinalskollegiums werden im Zug einer Internationalisierung der römischen Kurie zunehmend zu Aufgaben und festen Ämtern an der Kurie herangezogen. So werden die Kardinäle jeweils mit wichtigen Funktionen in der Leitung der Gesamtkirche betraut. Ihre vornehmste Aufgabe ist es jedoch, als Kollegialorgan den Papst zu beraten. Dies geschieht formell in den sogenannten Konsistorien. Während des ordentlichen Konsistoriums sind die Kurienkardinäle sowie die gerade in Rom anwesenden auswärtigen Kardinäle versammelt; zu einem außerordentlichen Konsistorium werden alle Kardinäle eingeladen. Obwohl das neue Ge-

setzbuch der Kirche unterstreicht, daß das Konsistorium der Erörterung und Beratung der wichtigsten Angelegenheiten dient, ist es heute eine weitgehend erstarrte Versammlung der Kardinäle unter Vorsitz des Papstes, auf der bereits vorher gefaßte Entscheidungen feierlich verkündet werden. In den ordentlichen Konsistorien wird z.B. die Ernennung neuer Kardinäle oder Bischöfe sowie die Errichtung neuer Bistümer bekanntgegeben. Die Formulierungen des neuen Codex (c. 353) lassen jedoch hoffen, daß sich das Konsistorium wieder zu dem entwickelt, was es ursprünglich war, nämlich *das* kollegiale Beratungsorgan des Papstes zu sein.
Im Fall der Sedisvakanz des päpstlichen Stuhles übernehmen das Kardinalskollegium bzw. einzelne seiner Mitglieder die wichtigsten Leitungsfunktionen in der Gesamtkirche, doch geht dann nicht die Gewaltenfülle des päpstlichen Amtes auf das Kardinalskollegium über. Zur Papstwahl tritt das Kollegium im sogenannten Konklave zusammen. Wahlberechtigt sind seit 1970 allerdings nur noch die Kardinäle, die das 80. Lebensjahr noch nicht vollendet haben. Obwohl im Fall der Papstwahl der rechtliche Rahmen sehr weit ist (praktisch könnte jeder getaufte Mann gewählt werden), hat das Kardinalskollegium seit dem 14. Jahrhundert stets eines seiner Mitglieder zum Papst gewählt. Ihre rechtliche Sonderstellung erhellt auch die Bestimmung, daß selbst exkommunizierte Kardinäle nicht nur das aktive, sondern auch das passive Papstwahlrecht behalten.

1.1.4 Römische Kurie (cc. 360–361)

Das Rechtsdokument der katholischen Kirche macht im Gegensatz zum bisherigen CIC nur sehr knappe Aussagen über den zentralen kirchlichen Behördenapparat, über die Römische Kurie. Der CIC bringt zwei Canones (cc. 360–361) über die Römische Kurie. In ihnen wird aufgezählt, wie diese Kurie im groben aufgeteilt ist: Sie gliedert sich in das Staatssekretariat (auch päpstliches Sekretariat genannt), den Rat für die öffentlichen Angelegenheiten der Kirche, in Kongregationen, Gerichtshöfe sowie andere Institute. Da das neue Rechtsdokument nichts mehr über die Gliederung der Kurie aussagt, bleibt ihre bislang geltende Verfassung gültig. Sie stammt aus dem Jahr 1967 und ist in der Konstitution «Regimini Ecclesiae Universae» (REU) geregelt.
– Das *Staatssekretariat* ist gleichsam ein Superministerium oder

eine Art Präsidialkanzlei des Papstes. Seine vornehmste Aufgabe ist es, die Arbeit in den Untergliederungen der Kurie zu koordinieren. Die Zuweisung dieser Kompetenz bzw. deren Stärkung kann man angesichts einer gewissen Unübersichtlichkeit der Zuständigkeiten innerhalb der Kurie nur begrüßen. Andererseits ist dadurch das Staatssekretariat zu einem «Gemischtwarenmarkt» geworden, der im Zweifelsfall alle Angelegenheiten, insbesondere die von größerer Bedeutung, an sich ziehen kann. Dabei kommt noch hinzu, daß das Staatssekretariat nicht nur für kirchliche Angelegenheiten zuständig ist, sondern auch die Beziehungen des Hl. Stuhls zu den Staatsregierungen zu unterhalten hat, was wiederum zu Undeutlichkeiten in der Abgrenzung der Kompetenzen mit dem «Rat für die öffentlichen Angelegenheiten der Kirche» führt, der eine selbständige Behörde des Hl. Stuhls ist und dessen Aufgabe in der Pflege der diplomatischen Beziehungen des Hl. Stuhls liegt. Die REU will diese voraussehbaren Schwierigkeiten organisatorisch überbrücken, indem sie die Leitung des Rates dem Kardinalstaatssekretär zuweist. Es ist aber äußerst fragwürdig, zwei derart komplizierte und zudem auch sachlich konkurrierende Bürokratien lediglich in der Leitungsspitze miteinander zu verbinden. Da dem Kardinalstaatssekretär zudem noch die Regierung der Vatikanstadt untersteht, kommt ihm eine Machtfülle zu, die nur in Ausnahmefällen von einem allein sinnvoll ausgeübt werden kann.

– Die *Kongregationen.* Die römische Kurie setzt sich derzeit aus neun Kongregationen zusammen, die Ministerien vergleichbar sind, also bestimmte Aufgabenkreise haben. Ihre Bedeutung ist darum auch recht unterschiedlich. Sie sind kollegial verfaßte Behörden, die sich – sieht man von der Kongregation für die Ordensleute und jener für die Glaubensverbreitung einmal ab – aus einigen Kardinälen und in der Regel sieben Diözesanbischöfen zusammensetzen. Hinzu kommt natürlich bei jeder Kongregation ein Stab von Mitarbeitern, dessen Größe die Bedeutung der Kongregation widerspiegelt. Die Kongregationen sind in erster Linie Exekutivorgane, doch stehen ihnen in Einzelfällen auch Gesetzgebungsbefugnisse zu, ja manche Kongregationen üben selbst Gerichtsbarkeit aus.

Die bedeutendste unter diesen Kongregationen ist die Kongregation für die Glaubenslehre, das frühere Hl. Officium. Sie hat die

Aufgabe, für den Bereich der Gesamtkirche über Glauben und Sittenlehre der Kirche zu wachen und diese zu fördern. Die Glaubenskongregation wird als Verwaltungsbehörde, aber auch als Gericht tätig. Ins Licht der Öffentlichkeit tritt sie insbesondere, wenn sie sogenannte Lehrbeanstandungsverfahren gegen Theologen (z. B. Küng, Pohier, Schillebeeckx) durchführt. Auch die Laisierungsverfahren fallen unter ihre Kompetenz.
Eine weitere bedeutende Kongregation ist die für die Ostkirchen. Zu ihren Mitgliedern zählen die Patriarchen der mit Rom verbundenen ostkirchlichen Riten. Auch hier kommt es zu Kompetenzüberschneidungen mit anderen Kongregationen, da die Kongregation für die Ostkirchen streng gehalten ist, die Zuständigkeiten der anderen Kongregationen zu beachten.
Weitere Kongregationen sind die für die Bischöfe (zuständig für die Errichtung von Bistümern, Ernennung von Bischöfen u. ä.), für die Sakramente und den Gottesdienst (zuständig für bestimmte ehe- und weiherechtliche Verfahren sowie für liturgische Angelegenheiten), für den Klerus, für die Ordensleute und Säkularinstitute, für das katholische Bildungswesen, für die Evangelisation der Völker oder die Glaubensverbreitung und für die Selig- und Heiligsprechungen.
Neben den klassischen Kongregationen gehören heute auch noch gewisse Sekretariate, Räte und Kommissionen zur Römischen Kurie: Das Sekretariat zur Förderung der Einheit der Christen, das Sekretariat für die Nichtchristen und das Sekretariat für die Nichtglaubenden. Der päpstliche Rat für die Laien, die Päpstliche Studienkommission für Gerechtigkeit und Frieden sowie Kommissionen für die Revision des Kirchenrechts (der Lateinischen Kirche und der Ostkirchen) und für die Interpretation der Beschlüsse des II. Vatikanischen Konzils. Schließlich ist noch der Päpstliche Rat «Cor Unum» zu nennen, der die verschiedenen nationalen Caritasorganisationen koordinieren soll.
– Die *Gerichtshöfe*. Beim Hl. Stuhl gibt es drei Gerichtshöfe der Kirche:
Die *Apostolische Signatur:* Sie ist der oberste Gerichtshof der katholischen Kirche und zugleich Verwaltungsgerichtshof über Akte der Römischen Kurie. Dementsprechend ist sie in zwei Sektionen aufgeteilt. Die erste Sektion ist Revisionsgericht für die Rota (s. u.) und zugleich die oberste Behörde der kirchlichen

Gerichtsverwaltung (Aufsicht über die Gerichte, Errichtung von kirchlichen Regionalgerichten). Die zweite Sektion ist in erster Linie Verwaltungsgerichtshof über Entscheidungen der Römischen Kurie, wird aber auch in strittigen Kompetenzfragen der Kurie tätig.

Die *Sacra Romana Rota:* Sie ist das ordentliche Berufungsgericht des Hl. Stuhls und befaßt sich heute beinahe nur noch mit Ehenichtigkeitsfällen. Es handelt sich um ein kollegial strukturiertes Organ, das sich aus mehreren Richtern[2], sogenannten Auditoren, zusammensetzt und unter Leitung des Dekans steht, der der dienstälteste Auditor ist. Die Rota wird in der Regel durch Kollegien von drei Richtern (Turnus genannt) tätig, doch kann es auch vorkommen, daß in schwierigen Fällen das Kollegium aller Richter entscheidet. Die Rota wird selten in erster Instanz tätig; geschieht dies doch einmal, ist sie Berufungsinstanz gegen ihre eigenen Urteile, allerdings fungiert dann ein anderer Turnus. In der Regel ist sie Berufungsinstanz, die in zweiter und höherer Instanz aus allen Teilen der Weltkirche angerufen wird.

Die *Apostolische Pönitentiarie:* Hierbei handelt es sich nicht um ein Gericht im strengen Sinn, sondern um eine Art Gnadenhof (sie wird hier genannt, weil sie in den offiziellen kirchlichen Rechtsdokumenten unter die päpstlichen Gerichtshöfe gezählt wird). Ihre Aufgaben erstrecken sich auf die Gewährung von Dispensen für den inneren Bereich (sakramental und nichtsakramental), die Sanierung fehlerhafter Handlungen usw. sowie den Bereich des Ablaßwesens.

Neben den Kongregationen und Gerichtshöfen (auch Dikasterien genannt) existieren an der Römischen Kurie noch weitere Ämter, die reine Verwaltungsbehörden sind und etwa für personelle, finanzielle oder wirtschaftliche Angelegenheiten zuständig sind.

1.1.5 Päpstliche Gesandte (cc. 362–367)

Ausführlicher als über die Römische Kurie spricht der neue Codex über die päpstlichen Gesandten, obwohl über sie gleichfalls ein anderes Rechtsdokument neueren Datums existiert (Motu proprio Pauls VI. über das Amt der Päpstlichen Gesandten aus dem Jahr 1969). Die Bestimmungen des neuen Codex lehnen sich stark an jene des früheren an.

2 Derzeit sind es 23 Richter (plus Dekan).

Der Papst nimmt weiterhin sein traditionelles Recht in Anspruch, Gesandte zu entsenden sowie zu empfangen (aktives und passives Gesandtschaftsrecht). Die päpstlichen Gesandten besitzen in der Regel eine Doppelfunktion: Einerseits sind sie Vertreter des Papstes in den Teilkirchen, andererseits fungieren sie als Gesandte des Papstes mit diplomatischem Status in jenen Staaten, die bereit sind, sie in dieser Eigenschaft zu akkreditieren. Da auch heute noch viele Staaten dazu bereit sind, ist die katholische Kirche die einzige Religionsgemeinschaft, die dauerndes und aktives Völkerrechtssubjekt ist. Völkerrechtlich gesehen wird sie durch den Hl. Stuhl repräsentiert, d.h. daß die damit verbundenen Rechte nicht von der Existenz des Vatikanstaates abhängen.

Je nachdem, ob nun ein päpstlicher Gesandter diplomatischen Charakter besitzt oder nicht, wechseln auch die Bezeichnungen. Ein Apostolischer Delegat übt in der Regel rein kirchliche Funktionen aus, doch kommt ihm in Ausnahmefällen auch ein quasidiplomatischer Status zu (etwa jenen in London und Washington). Ein päpstlicher Gesandter mit diplomatischem Status heißt Nuntius, dies aber nur dann, wenn der Empfangsstaat ihm innerhalb des Diplomatischen Corps das Recht des Doyenats zuerkennt (wenn dies nicht der Fall ist, trägt er den Titel eines Pronuntius; ein Gesandter der zweiten Rangklasse heißt Internuntius).

In der Regel sind die päpstlichen Gesandten Titularbischöfe, doch sieht das Kirchenrecht nun die Möglichkeit vor, daß sich der Hl. Stuhl bei internationalen Organisationen oder Konferenzen auch durch Laien vertreten lassen kann.

Der neue Codex betont die kirchlichen Aufgaben der päpstlichen Gesandten (c. 364). Sie sollen die Verbindung zwischen den Teilkirchen und dem Apostolischen Stuhl unterhalten und fördern. Besonders werden ihre Funktionen bei der Ernennung von Bischöfen sowie ihre Beziehungen zu den Bischofskonferenzen unterstrichen. Gerade in diesen Punkten kommte es aber auch immer wieder zu Schwierigkeiten und Reibungen, auf die nicht nur die Kommentatoren dieser Bestimmungen, sondern auch Bischöfe gelegentlich offen hinweisen.

Das Amt des päpstlichen Gesandten erlischt nicht mit dem Tod des Papstes.

Der neue Codex erwähnt nicht die päpstlichen Sondergesandten (legati a latere) und die sogenannten «Geborenen Gesandten» (legati nati), ein traditioneller Titel für Bischöfe bestimmter altehrwürdiger Bischofssitze. Da bezüglich der legati a latere die Praxis der Entsendung fortgesetzt wird, ist nicht völlig klar, warum sie im Gesetzbuch keine Erwähnung finden.

1.2. Der Episkopat

1.2.1 Die Ortskirche oder das Bistum (cc. 368–374)

Der neue Codex nennt Teil- wie Ortskirche «ecclesia particularis». In diesem Buch wird unter Teilkirche ein Teil der katholischen Kirche verstanden, der auf Grund gewisser außerkirchlicher Kriterien (Volk, Nation, Kultur) oder kirchlicher Traditionen eine eigene Einheit formt. Unter dem Begriff «Ortskirche» wird hingegen die «Kirche vor Ort» verstanden, also das Bistum und die zugehörigen Gemeinden. Unter Rückgriff auf den Wortgebrauch des II. Vatikanischen Konzils spricht also der neue Codex auch im Fall der Diözese von Teilkirche, manche Kommentatoren von «diözesaner Teilkirche». Dabei wird man allerdings festhalten müssen, daß der Wortsinn von «ecclesia particularis» in den Konzilsdokumenten keinesfalls einheitlich ist und namhafte Konzilsväter oder Konzilsberater im Fall des Bistums oder der Diözese lieber von Ortskirche gesprochen haben.
Die Diözese ist die ideale Form der Ortskirche. Daneben gibt es aber noch bistumsähnliche Organisationsformen, etwa in Missionsgebieten oder im Fall staats- oder kirchenpolitischer Schwierigkeiten und Provisorien (Grenzstreitigkeiten usw.). Der neue Codex gibt nun in seinem c. 368 eine Definition der Ortskirche resp. der diözesanen Teilkirche, die folgendermaßen lautet: «Teilkirchen, in denen und aus denen die eine und einzige katholische Kirche besteht, sind vornehmlich die Bistümer (Diözesen), denen – sofern nichts anderes festgelegt ist – gleichgestellt sind die Territorialprälatur und die Territorialabtei, das Apostolische Vikariat und die Apostolische Präfektur sowie die auf Dauer errichtete Apostolische Administratur».
Neben der Territorialprälatur gibt es auch noch die Form der Personalprälatur, z.B. im Bereich der Militärseelsorge. Die Personalprälatur ist faktisch ein Bistum auf personaler Grundlage; damit wird das Territorialprinzip durchbrochen, durch das die katholische Kirche strukturiert ist. Ausführliche Bestimmungen über die Personalprälatur wurden erst in der Endphase der Arbeiten in den Codex aufgenommen – möglicherweise im Zusammenhang mit der Anerkennung des «Opus Dei» als Personal-

prälatur. Die entsprechenden Bestimmungen stehen an einer merkwürdigen Stelle des Codex, nämlich zwischen den Bestimmungen über die Kleriker und jenen über die «Vereinigungen der Christgläubigen» (vgl. cc. 294–297).

Zwischen Diözese und den anderen ihr rechtlich gleichgestellten Formen besteht ein wesentlicher Unterschied: Der Diözese steht ein Bischof vor, der eigenberechtigte Vollmacht kraft göttlichen Rechts besitzt. Die Ämter der Vorsteher der anderen genannten Rechtsformen sind hingegen vom päpstlichen Primat abgeleitet! Der frühere Codex hat deshalb die bistumsähnlichen Strukturformen auch im Abschnitt über den Primat behandelt, was – rechtssystematisch gesehen – zutreffend war. Die Anordnung der Rechtsmaterie durch den neuen Codex scheint – ekklesiologisch betrachtet – von zweifelhaftem Wert zu sein. Einerseits wird dadurch natürlich unterstrichen, daß die diözesanähnlichen Strukturformen gleichsam Vorstufen der idealen oder «normalen» Form der Diözese sind. Zudem werden alle rechtlichen Organisationsformen der Ortskirchen in einem geschlossenen Abschnitt des Rechtsbuches behandelt. Andererseits wird der genannte wesentliche Unterschied zwischen einer eigenständigen Ortskirche und den aus dem Primat abgeleiteten Formen nicht mehr deutlich.[3]

Der neue Codex definiert die Diözese in seinem c. 369, wobei er auf eine Umschreibung des II. Vatikanischen Konzils (Dekret «Christus Dominus» Art. 11) zurückgreift: «Die Diözese ist der Teil des Volkes Gottes, der dem Bischof in Zusammenarbeit mit den Priestern (eigentlich: mit dem Presbyterium) zu weiden anvertraut ist. Indem sie ihrem Hirten anhängt und von ihm durch das Evangelium und die Eucharistie im Heiligen Geist zusammengeführt wird, bildet sie eine Teilkirche, in der die eine, heilige, katholische und apostolische Kirche Christi wahrhaft gegenwärtig ist und wirkt.»

In dieser für unser Sprachgefühl merkwürdigen Definition stecken verschiedene Elemente, die der näheren Betrachtung bedürfen:

[3] Während der frühere Codex von jenen *Personen* sprach, die im Auftrag des Papstes bischofsähnliche Funktionen wahrnehmen (Apostolische Vikare und Präfekten, Apostolische Administratoren, gefreite Äbte und Prälaten), handelt der neue Codex über die *Formen* bistumsähnlicher Ortskirchen (Apostolisches Vikariat, Apostolische Administratur usw.).

1. Teil des Volkes Gottes.
Die Diözese wird nicht als ein Teil der Kirche als Organisation bezeichnet; sie ist also nicht ein Verwaltungsbezirk der Gesamtkirche, wie die Verwendung des Wortes Diözese nahelegen könnte (das griechische Wort *διοικεῖν* bedeutet verwalten!). Im deutschen Wort Bistum kommt hingegen der Bezug zum Bischof zum Ausdruck, was also – ekklesiologisch gesehen – zutreffender ist. Die Diözese wird zudem als eine «portio» (= Teil) gesehen, wobei offen bleibt, ob dieser Teil territorial oder personal abgegrenzt wird. Damit rückt der neue Codex möglicherweise vom bislang vorherrschenden Territorialprinzip ab, wonach die katholische Kirche im wesentlichen unterteilt wird.
2. Dem Bischof anvertraut.
Auch hier wird deutlich, daß die Kirche nicht abstrakt strukturiert ist. Sie lebt in der Teil- oder Ortskirche in und durch die Beziehung zwischen dem Volk Gottes und seinem Bischof. Der Bischof ist nicht nur Repräsentant der Gesamtkirche in der Ortskirche; dies wird etwa durch die Mitwirkung des Papstes und der Bischöfe der Nachbardiözesen bei seiner Wahl und Ernennung deutlich. Der Bischof ist vielmehr auch Repräsentant des Volkes Gottes, das in dieser seiner Ortskirche lebt. Deshalb müßte sicher noch viel getan werden, die Verbundenheit zwischen Bischof und Volk Gottes auch rechtlich und strukturell zu konkretisieren, so etwa durch eine wie auch immer gestaltete Beteiligung des Volkes bei der Wahl des Bischofs sowie eine stärkere Partizipation der Kirchenangehörigen an Entscheidungsprozessen der Organe des Bischofs.
3. Zusammenarbeit mit den Priestern.
Das II. Vatikanische Konzil spricht immer wieder vom Geist der Kollegialität, der in der Kirche herrschen sollte. Hierbei denkt das Konzil zunächst an das Verhältnis zwischen Papst und Bischöfen und jenem unter den Bischöfen. Die Ortskirche ist jedoch Bild der Gesamtkirche vor Ort. Hier auch erfahren die Kirchenangehörigen zunächst, was Kirche ist und wie sie gelebt wird. So soll der Geist der Kollegialität auch zwischen Bischof und Priestern herrschen. Auf Grund der sakramentalen Weihe sind die Priester in besonderer Weise mit dem Bischof verbunden, ja tragen sie mit an seiner Verantwortung. Das II. Vatikanische Konzil wollte die frühkirchliche Bedeutung des Presbyteriums (Rat der Ältesten)

wiederbeleben und hat deshalb die Institution des Priesterrates für jedes Bistum verbindlich vorgeschrieben (vgl. weiter unten).
Wie bereits gesagt worden ist, bestehen in Missionsgebieten und unter besonderen Umständen andere Formen der ortskirchlichen Organisation. Sie werden in den cc. 370–371 gesondert behandelt:
1. Die *Territorialprälatur* oder die *Territorialabtei.*
Die Territorialprälatur stellt häufig die Vorform eines Bistums dar. Sie findet sich insbesondere in Missionsgebieten oder bevölkerungsarmen Gebieten, in denen (noch) nicht die sogenannte ordentliche Hierarchie aufgebaut werden kann. Gelegentlich ist sie auch eine provisorische Lösung in Gebieten, die durch neue staatliche Grenzziehungen umgestaltet worden sind (Rumpf- oder Restgebiete).
Bei der Territorialabtei handelt es sich um sogenannte exemte Territorien größerer Abteien. Sofern es solche Abteien noch gibt, werden sie vom neuen Recht toleriert, doch sollen sie auf Grund der Ekklesiologie des II. Vatikanischen Konzils in Zukunft nicht mehr errichtet werden.
Haupt eines solchen kirchlichen Territoriums ist ein Prälat resp. ein Abt.
2. *Apostolisches Vikariat* und *Apostolische Präfektur.*
Hierbei handelt es sich um organisatorische Übergangsformen in Missionsgebieten. Der Aufbau der ordentlichen Bistumsverfassung vollzieht sich in der Regel ausgehend von der Apostolischen Präfektur über das Apostolische Vikariat zur Diözese.
3. *Apostolische Administratur.*
Durch politische Entwicklungen, etwa durch neue Staatsgrenzen, können kirchliche Territorien geteilt werden. Besonders dann, wenn die neuen politischen Grenzen nicht durch völkerrechtlich anerkannte Verträge abgesichert sind, entschließt sich der Hl. Stuhl, für Rest- oder Rumpfgebiete einer Diözese Apostolische Administraturen zu errichten.
In c. 372 wird darauf hingewiesen, daß die Kirche normalerweise nach dem Territorialprinzip eingeteilt wird. Da es jedoch Gebiete gibt, in denen katholische Christen verschiedener Riten leben, kann in solchen Fällen von diesem Prinzip abgewichen werden. Nach Anhörung der zuständigen Bischofskonferenzen kann der Papst entscheiden, daß in einem Gebiet mehrere Bistümer unterschiedlicher Riten eingerichtet werden; im Fall von Minderheiten

kann dies auch auf der Grundlage von Territorial- oder Personalprälaturen geschehen.

An dieser Stelle weist der Codex auch bereits kurz auf die Aufgliederung der Ortskirche in Dekanate und Pfarreien hin; er kommt später darauf gesondert zurück (cc. 515–555). Ferner betont er in einem eigenen Canon (c. 373), daß es das alleinige Recht des Papstes (Suprema auctoritas!) ist, Teilkirchen resp. Ortskirchen zu errichten. Mit der päpstlichen Errichtung besitzen sie von Rechts wegen Rechtspersönlichkeit.

1.2.2 Der Bischof (cc. 375–380)

Über den Bischof macht der neue Codex grundlegende Aussagen. Ähnlich wie bei der Definierung des Petrusamtes wird auch hierbei von einer statischen Sicht des Bischofsamtes ausgegangen: Kraft göttlicher Einsetzung folgen die Bischöfe auf den Platz der Apostel. Durch den Hl. Geist, der ihnen gegeben ist, werden sie in der Kirche als Hirten bestellt, auf daß sie Lehrer des Glaubens, Priester des Hl. Kultes und Diener der Leitung seien. So etwa lautet die entsprechende Begriffsbestimmung des neuen Codex (c. 375 § 1).

Der Bischof erhält durch die Bischofsweihe nicht nur das munus sanctificandi, und damit die Weihegewalt, sondern auch die Ämter (oder Dienste) des Lehrens und des Leitens, also Hirtengewalt. Hierin kommt zum Ausdruck, daß es sich um eigenberechtigte Gewalt handelt, nicht um Vollmachten, die sich aus dem Primat ableiten. Doch baut der Codex gewisse Sicherheiten ein, damit sich diese Gewalt nicht von Papst und Kirche löst: Die Bischöfe können diese Ämter wegen ihrer Eigenart nur in Gemeinschaft mit dem Haupt des Bischofskollegiums und dessen Mitgliedern ausüben (c. 375 § 2). Letztlich entscheidet also doch der Papst, ob jemand Bischof werden oder bleiben kann. Die Bischofswahl durch die Teilkirche ist bis auf geringfügige Reste im Laufe der letzten Jahrhunderte in der Lateinischen Kirche zurückgedrängt worden.

Es ist zwischen Diözesanbischof und Titularbischof zu unterscheiden (c. 376). Dem Diözesanbischof ist die Sorge für ein ganz bestimmtes Bistum übertragen. Der Titularbischof wird hingegen auf den Titel eines nicht mehr bestehenden Bistums (zumeist in den früher christlichen Gebieten Nordafrikas oder Kleinasiens) geweiht. Titularbischöfe üben das Amt eines Koadjutors oder

Hilfsbischofs in einer Diözese aus oder nehmen andere Funktionen innerhalb einer Teilkirche oder der Gesamtkirche wahr (vgl. unten).

a) Ernennung des Bischofs (cc. 377–380)

Gemeinrechtlich ernennt der Papst die Bischöfe. C. 377 § 1 lautet lapidar: «Der Papst (Summus Pontifex) ernennt frei die Bischöfe oder bestätigt die rechtmäßig Gewählten».

Damit der Hl. Stuhl über für das Bischofsamt geeignete Personen ausreichend informiert ist, wird er regelmäßig, also nicht erst im Fall einer anstehenden Besetzung auf mehreren Kanälen mit den notwendigen Auskünften versorgt: Wenigstens alle drei Jahre müssen die Bischöfe einer Kirchenprovinz oder, wo die Umstände dies anraten, die Bischofskonferenzen in gemeinsamer und geheimer Beratung eine Liste der Priester und Ordensleute zusammenstellen, die ihrer Meinung nach für das Bischofsamt geeignet sind, und nach Rom schicken. Dabei bleibt das Recht eines jeden Bischofs gewahrt, sein eigenes Votum gesondert an den Hl. Stuhl zu schicken.

Steht konkret die Besetzung eines Bischofsstuhles an oder soll ein Koadjutorbischof ernannt werden, stellen – sofern nichts anderes gesetzlich vorgeschrieben ist – die Bischöfe der betreffenden Kirchenprovinz eine sogenannte Dreierliste auf und senden sie an den Hl. Stuhl. Dabei kommt dem päpstlichen Gesandten eine entscheidende Bedeutung zu, weil er ein eigenes Votum nach Rom schickt und auch zu den Vorschlägen der Bischöfe Stellung bezieht (c. 377 § 3). Ausführlicher geht darauf das Motuproprio über die päpstlichen Gesandten von 1969 ein: Dort ist ein eigener Artikel (Art. VI) mit drei Absätzen der Aufgabe des päpstlichen Gesandten gewidmet, beim sogenannten Informativprozeß über die Eignung von Kandidaten zum Bischofsamt mitzuwirken. Bei der Erkundung von Eigenschaften und Fähigkeiten der in Aussicht genommenen Personen kann der päpstliche Gesandte auch Laien befragen. Er legt der römischen Kurie einen «Index candidatorum» vor, erstellt also eine eigene Vorschlagsliste.

In einigen wenigen Ländern ist das Recht der freien Bischofsernennung durch den Papst eingeengt, zumindest sind einige Hürden vorgeschaltet. Da dies auch auf die Situation in Deutschland und der Schweiz zutrifft, sei darauf näher eingegangen:

Am dichtesten bei den allgemeinrechtlichen Bestimmungen liegt die Regelung in *Bayern*. Hier reichen die bayerischen Bischöfe und die Domkapitel alle drei Jahre Kandidatenlisten in Rom ein. Im Fall der Erledigung eines Bischofsstuhles erstellt das betreffende Domkapitel eine weitere Liste. Der Papst wählt dann einen ihm geeignet erscheinenden Kandidaten aus diesen drei Listen aus; er ist also an diese Listen gebunden. Vor Ernennung fragt der Papst bei der bayerischen Staatsregierung an, ob Bedenken politischer Art gegen den Kandidaten bestehen.
In den Bistümern der *ehemals preußischen Gebiete* reichen nach Erledigung des Bischofsstuhles das betreffende Domkapitel sowie die Bischöfe dieser Gebiete Kandidatenlisten in Rom ein. Unter «Würdigung» dieser Listen stellt der Apostolische Stuhl eine Dreierliste auf, aus der dann das betreffende Domkapitel seine Wahl trifft, und zwar in geheimer Abstimmung. Auch hierbei erfolgt die Ernennung durch den Papst, und zwar gleichfalls erst dann, wenn die entsprechende Landesregierung keine politischen Bedenken gegen den Gewählten bekundet hat (in diesem Fall erfolgt die Anfrage nicht durch Rom, sondern durch das Domkapitel!).
Für die Bistümer der *oberrheinischen Kirchenprovinz* (Freiburg/Brsg., Mainz und Rottenburg) sowie für das Bistum Dresden-Meißen gilt die Regelung des Badischen Konkordats von 1932 (so bestimmt im Reichskonkordat von 1933), wonach der Hl. Stuhl im Fall der Sedisvakanz eine Dreierliste erstellt, aus der das betreffende Domkapitel auswählen kann. Für die Erstellung der Liste stehen dem Hl. Stuhl Kandidatenlisten zur Verfügung, die jährlich von den Bischöfen in Rom eingereicht werden müssen und einer Liste, die das entsprechende Domkapitel im Fall der Sedisvakanz aufstellt.
Einzigartig kann man die Rechtslage in den schweizerischen Bistümern *Basel* und *St. Gallen* nennen. Dort gibt es noch die freie Wahl durch die Domkapitel. In den übrigen Bistümern der Schweiz gilt mehr oder minder das allgemeine Recht; das Gleiche gilt für die *österreichischen* Diözesen.

Wie bereits erwähnt worden ist, wurde die Kirche in einigen Konkordaten verpflichtet, vor der Ernennung der Bischöfe bei den zuständigen staatlichen Organen anzufragen, ob Bedenken allgemein-politischer (nicht partei-politischer) Art bestehen. Werden derartige Bedenken seitens des Staates angemeldet, hindert dies den Papst nicht, die Ernennung vorzunehmen. Allerdings soll versucht werden, sich in dieser Frage zu einigen. Nicht selten jedoch ist auf Grund derartiger Vorstellungen der Staatsorgane eine Bischofsernennung unterblieben, so etwa in der Zeit der Naziherrschaft in Deutschland.

Ferner ist in nicht wenigen Konkordaten, und so auch im Reichskonkordat (Art. 16), vorgesehen, daß die Bischöfe, «bevor (sie) von ihrer Diözese Besitz ergreifen» (!), einen Treueeid gegenüber dem zuständigen Repräsentanten der Staatsgewalt (in der Bundesrepublik die Ministerpräsidenten der Länder) ablegen. Hier haben sich beklagenswerte Restbestände aus der Zeit des Staatskirchentums erhalten.

In anderen Ländern bestehen sogar noch Nominations- oder Präsentationsrechte des Staates (in Frankreich, Spanien und lateinamerikanischen Ländern). Der neue Codex schreibt aber nun vor, daß in Zukunft keine Rechte und Privilegien an den Staat zugestanden werden dürften (Wahl, Nomination, Präsentation oder Designierung, c. 377 § 5).

Vor der *Ernennung eines Hilfsbischofs (Weihbischof)* reicht der zuständige Diözesanbischof in Rom eine Dreierliste mit den Namen ihm geeignet erscheinender Kandidaten ein.

Das Gesetzbuch der Kirche enthält auch Kriterien, denen ein Kandidat für das Bischofsamt entsprechen muß oder soll. C. 378 § 1 legt fest, daß er über folgende Eigenschaften verfügen muß:

«1) er muß hervorragen durch starken Glauben, gute Sitten, Frömmigkeit, Seeleneifer, Weisheit, Klugheit und menschliche Tugenden und er muß mit allen übrigen Gaben ausgestattet sein, die ihn geeignet machen sollen, das betreffende Amt zu erfüllen;

2) er muß sich eines guten Rufes erfreuen;

3) mindestens 35 Jahre alt sein;

4) wenigstens fünf Jahre lang Priester sein;

5) Doktor oder wenigstens Lizentiat in der Hl. Schrift, in Theologie oder im kanonischen Recht sein, wobei die Grade möglichst an einer vom Apostolischen Stuhl anerkannten Anstalt erworben sein sollen. Zumindest soll der Kandidat in den genannten Disziplinen erfahren sein.»

Der Eignungskatalog stellt also einerseits hohe Anforderungen, andererseits handelt es sich bei einigen Kriterien kaum um objektiv feststellbare Eigenschaften oder Fähigkeiten. Letztlich entscheidet der Apostolische Stuhl, also der Papst, ob ein Kandidat für das betreffende Bischofsamt geeignet ist. Und der Papst kann natürlich auch von den im Gesetzbuch genannten Voraussetzungsbestimmungen dispensieren.

Es soll noch angefügt werden, daß bei diesen Bestimmungen

gegenüber dem bisherigen Recht Veränderungen vorgenommen worden sind: Den menschlichen Eigenschaften (Punkt 1) hat man nun eine höhere Priorität zuerkannt (früher Punkt 4), die frühere Voraussetzung der ehelichen Abstammung wurde fallen gelassen und die Altersgrenze wurde von 30 auf 35 erhöht.
Binnen drei Monaten nach Empfang der Ernennungsurkunde hat der zum Bischofsamt Beförderte die Bischofsweihe zu empfangen und sich in sein Bistum zu begeben. Die Bestimmung des bisherigen Rechts (c. 2398 CIC – 1917), wonach ein zum Bischofsamt Ernannter das Amt verliert, wenn er es nicht binnen der genannten Fristen übernimmt, scheint gestrichen zu sein; jedenfalls erwähnt dies der neue Codex nicht mehr.
Vor der Amtsübernahme muß der zum Bischof Ernannte das Glaubensbekenntnis sowie einen Treueeid gegenüber dem Apostolischen Stuhl ablegen (c. 380).

b) Diözesanbischof (cc. 381–402)

Einleitend zum Abschnitt über die Rechte und Pflichten des Diözesanbischofs spricht der neue CIC nochmals davon, daß dieser ordentliche, eigenberechtigte und unmittelbare Gewalt in dem ihm übertragenen Bistum ausübt. Aber auch hier wird wieder vorsorglich angemerkt, daß diese Gewalt durch Reservationen für den Papst «oder eine andere kirchliche Autorität» eingeschränkt ist. Dasselbe gilt für die dem Bischof gleichgestellten Oberhirten.
Was die Amtsübernahme betrifft, gibt es in den Bestimmungen des neuen Codex Widersprüche. Im allgemeinen Teil über den Bischof heißt es, dies müsse binnen drei Monaten geschehen (c. 379), während im Abschnitt über den Diözesanbischof bestimmt wird, ein bereits Geweihter müsse sein Amt binnen zwei Monaten übernehmen und ein zum Bischof Ernannter, der die Weihe noch zu empfangen hat, müsse innerhalb von vier Monaten das Amt antreten.
Der neuernannte Bischof hat sein Ernennungsschreiben dem collegium consultorum (Beraterkolleg) vorzulegen (dabei handelt es sich um ein neues Rechtsinstitut, dessen Rechte im großen und ganzen mit denen der Domkapitel identisch sein dürften). In einer neu errichteten Diözese hingegen soll der neue (und erste) Bischof dies während eines feierlichen Aktes in der Kathedralkirche vor Volk und Klerus seines Bistums tun. Der Grund dafür ist, daß in einer solchen Diözese ja noch kein Beraterkolleg besteht. Aber es

ist doch zu fragen, warum eine so sinnvolle Bestimmung des neuen Rechtes nicht für alle Fälle der «Besitzergreifung» verpflichtend und nicht nur in Form einer Empfehlung («valde commendatur», c. 382 § 4) vorgeschrieben wird.
Die Rechte und Pflichten des Diözesanbischofs umschreibt der neue Codex weniger streng juridisch als das bisherige Gesetzbuch. Sprachlich sind deutliche Anklänge an entsprechende Konzilsaussagen zu erkennen:
So wird das Amt des Bischofs zunächst als ein Hirtendienst (munus pastoris, c. 383 § 1) gesehen und auch näher beschrieben. So soll er sich um alle Christgläubigen in seinem Bistum gleichermaßen und ohne Ansehen von Alter, Stand oder Volkszugehörigkeit kümmern. Ferner wird gesagt, daß er sich besonders um jene Menschen kümmern soll, die wegen ihrer sozialen Situation nicht in den Genuß der ordentlichen Seelsorge kommen, sowie für solche, die sich von der Religion abgewendet haben. Das neue Recht trägt also der Entwicklung innerhalb zahlreicher Teilkirchen Rechnung und weist die Bischöfe darauf hin, daß sie ihr Amt auch in Richtung einer sogenannten Fernstehendenpastoral aufzufassen haben.
Während an erster Stelle die Kirchenangehörigen als Adressaten der bischöflichen Sorge genannt werden, werden in einer Art Abstufung weitere Gruppen genannt, um die sich der Diözesanbischof kümmern soll: Die Angehörigen anderer Riten, die Christen anderer Kirchen und schließlich die Nichtgetauften. Was seine Sorge um die beiden letztgenannten Gruppen anbelangt, werden keine apologetischen Töne angeschlagen. «Cum humanitate et caritate» soll er den Nichtkatholiken begegnen und für die Nichtgetauften ist er Zeuge Christi und dessen Liebe (c. 383 §§ 3.4).
Natürlich sind die Hauptpflichten des Bischofs auf die Ortskirche gerichtet. Insbesondere soll er dafür Sorge tragen, die Rechte seiner Priester zu schützen. Er soll sie als Helfer und Ratgeber hören. In diesem Zusammenhang wird auch an die Pflicht des Bischofs erinnert, für den Lebensunterhalt und sozialen Beistand der Priester seines Bistums zu sorgen. Schließlich soll er alles in seinen Kräften Stehende tun, um Priester- und Ordensberufe zu wecken.
Im übrigen zeichnet der neue Codex mit kräftigen Strichen einen Bischof, der für die Gläubigen ein Lehrer des Glaubens und der

kirchlichen Moral ist. So soll er durch häufiges Predigen die Lehren der Kirche verbreiten.

So entwirft der neue CIC das Idealbild eines frommen und pastoral eingestellten Bischofs. Dabei wird man sich fragen müssen, ob derartige, zweifelsohne gutgemeinten Bestimmungen in einem Gesetzbuch stehen sollen. Der frühere Codex war diesbezüglich sehr viel zurückhaltender und beschränkte sich auf die rechtlich relevanten Inhalte. Es kommt hinzu, daß hinter den Bestimmungen des neuen Codex eine Vorstellung vom Bischof steht, die kaum etwas mit der Realität zu tun hat. So geht etwa c. 387 davon aus, daß der Bischof der «praecipuus mysteriorum Dei dispensator» sei. Dementsprechend wird der Bischof als der religiöse und spirituelle Inspirator für die Gläubigen seines Bistums gesehen. Sicherlich wäre es ideal, ständen den Ortskirchen derartige Männer vor. Nur ist angesichts der vielen anderen Anforderungen, die das Kirchenrecht an den Bischof stellt, zu fragen, ob sich jemals diese Idealfigur finden läßt. Denn die übrigen Pflichten, die der CIC nennt, lassen eher den Eindruck entstehen, daß ein Bischof ein guter Verwalter seiner Diözese sein muß.

Die Rechte des Diözesanbischofs

Der Diözesanbischof «regiert» (regere, c. 391 § 1) die ihm übertragene Ortskirche mit gesetzgebender, exekutiver und rechtsprechender Gewalt, allerdings im Rahmen des geltenden Rechtes.

Entsprechend dem oben bereits aufgeführten Unterschied zwischen Gewalteneinheit und Gewaltentrennung bestimmt nunmehr der neue Codex deutlicher als bisher, wie man sich dies vorzustellen hat (c. 391 § 2): Die Gesetzgebungsgewalt übt der Bischof selbst aus. Die Exekutivgewalt (Verwaltung) übt er selbst aus oder wird in seinem Namen – und das ist praktisch die Regel – durch Generalvikare oder Bischofsvikare gemäß den Vorschriften des Rechtes ausgeübt. Auch die Rechtsprechung kann er selbst ausüben, doch wird er dabei faktisch immer durch einen Judizialvikar (Vicarius iudicialis, bislang Offizial genannt) vertreten bzw. durch weitere Richter, die in seinem Namen Recht sprechen. Was die einzelnen Gewalten des Bischofs anbelangt, muß noch folgendes hinzugefügt werden:

Bezüglich seiner *Gesetzgebungsgewalt* finden sich an verschiedenen anderen Stellen des CIC wichtige Aussagen. So wird etwa bei der rechtlichen Umschreibung der Diözesan- oder Bistumssynode (vgl. weiter unten) ausdrücklich betont, daß allein der Bischof Gesetzgeber auf der Synode ist (c. 466). Wichtig aber sind in diesem Zusammenhang auch die Canones über die Dispensbefugnisse (Recht zur Befreiung von gesetzlichen Vorschriften) im ersten Buch des CIC (cc. 85 ss.). Dabei ist zu betonen, daß eine Dispens oder Dispensierung kein Akt der Gesetzgebung, sondern der Exekutive, genauerhin der sogenannten freiwilligen Verwaltung ist. Dennoch gehören diese Rechte des Bischofs an erster Stelle erwähnt, da damit die Diözesanbischöfe die Kirchenangehörigen ihres Bistums von allgemeinen Kirchengesetzen dispensieren können, allerdings nicht generell, sondern immer nur in Einzelfällen! Speziell die cc. 87 und 88 handeln über die Dispensationsbefugnisse des Diözesanbischofs: Danach kann er die Gläubigen seines Bistums von allgemeinen und teilkirchlichen Gesetzen befreien, welche die Ordnung (disciplina) der Kirche betreffen und vom Papst erlassen worden sind, sofern dies zum geistlichen Wohl dieser Kirchenangehörigen beiträgt. Ausgenommen von dieser Generalvollmacht sind alle Vorschriften des Prozeß- und Strafrechts sowie natürlich solche, die sich der Apostolische Stuhl oder eine andere kirchliche Autorität zur Dispensierung vorbehalten hat (die sogenannten Reservationen). Allein in Fällen, in denen eine Eingabe nach Rom schwierig ist oder durch das Warten auf die Dispens aus Rom die Gefahr eines schweren Schadens besteht, kann der Bischof dispensieren, auch wenn es sich um eine dem Apostolischen Stuhl reservierte Angelegenheit handelt. Allerdings kann der Bischof dies nur dann, wenn er davon ausgehen darf, daß Rom selbst auch die Dispens erteilen würde. Es wird übrigens ausdrücklich betont, daß vom Zölibatsgesetz unter allen Umständen nur der Apostolische Stuhl befreien kann.

Natürlich kann der Bischof von der Befolgung der Gesetze dispensieren, die auf ortskirchlicher Basis bestehen. Ferner darf er die Kirchenangehörigen seines Bistums von den Gesetzen der Teilkirche, etwa der zugehörigen Bischofskonferenz, befreien.

Seine eigenen Gesetze sowie Gesetze, an deren Zustandekommen er mitgewirkt hat (etwa solche der Bischofskonferenz), verkündet der Bischof in seinem Amtsblatt. Bischöfliche Gesetze verpflichten mit diesem Promulgationsakt, sofern nichts anderes bestimmt wird.

Zur *Rechtsprechungsgewalt* des Bischofs befinden sich weitere Bestimmungen gleichfalls an anderen Stellen des CIC, nämlich im Prozeßrecht (cc. 1419 ss.). Wenn auch die frühere Bestimmung weggefallen ist, wonach dem Bischof empfohlen wurde, selbst nicht Recht zu sprechen, besonders nicht in Strafsachen und in wichtigen Streitsachen (c. 1578 CIC – 1917), kann doch auf Grund der Aussagen des neuen Codex davon ausgegangen werden, daß dies auch weiterhin so gehalten wird. Für die gemeingerichtliche Rechtsprechung bestellt der Bischof einen Judizialvikar oder Offizial, der mit ordentlicher (stellvertretender) Gewalt ausgestattet ist. Nach dem alten Grundsatz «Nemo iudex in propria causa» legt das kirchliche Gesetzbuch fest, daß der Bischof nicht über Rechte oder Sachen urteilen darf, die eine vom Bischof vertretene Rechtsperson betrifft; in derartigen Angelegenheiten urteilt dann in erster Instanz die zuständige Berufungsinstanz. Der Bischof selbst hat seinen Gerichtsstand in Strafsachen beim Papst (c. 1405 § 1 n. 3) und in persönlichen Streitsachen bei der Sacra Romana Rota (c. 1405 § 3 n. 1).
Von der gemeingerichtlichen Rechtsprechung, in der im Namen und Auftrag des Bischofs der Offizial und in der Regel noch weitere Richter tätig werden, ist die besondere Gerichtsbarkeit zu unterscheiden. Darunter verstand der frühere Codex bestimmte Kurzverfahren im Bereich des Eherechtes sowie des Disziplinarrechtes für Geistliche, die zwischen Rechtsprechung und Verwaltung angesiedelt waren. Der neue Codex hat die Zahl dieser Verfahren erheblich reduziert bzw. auch bei ihnen die Kompetenzen vom Bischof auf den Offizial übertragen (vgl. etwa cc. 1686 ss. gegenüber cc. 1990 ss. des früheren CIC). Geblieben ist hingegen die Zuständigkeit des Bischofs bei sogenannten Amotionsverfahren gegen Geistliche (vgl. cc. 1740 ss.).
Im Bereich der *Verwaltung* wird der Bischof durch einen oder mehrere Generalvikare sowie durch Bischofsvikare entlastet. Nur wenige, besonders wichtige Angelegenheiten behält der Bischof sich vor, so etwa die Dienstaufsicht über sein Gericht (Gerichtsverwaltung). In den meisten Angelegenheiten der Verwaltung sind der Bischof bzw. seine Stellvertreter frei in ihren Entscheidungen. Lediglich in bestimmten Fällen war der Bischof bisher durch Beispruchsrechte des Domkapitels gebunden; dann mußte er bald den Rat oder auch die Zustimmung des Dom-

kapitels einholen. Der neue Codex bringt als Ergebnis der nachkonziliaren Rechtsentwicklung eine gewisse Verlagerung dieser Beispruchsrechte mit sich, so daß nunmehr etwa dem Priesterrat einige Rechte dieser Art zukommen.
Dem Bischof kommen gewisse *Vor- und Ehrenrechte* zu, die der neue Codex jedoch größtenteils nicht mehr erwähnt, so etwa was die äußeren Zeichen seiner Würde betrifft.

Die Pflichten des Diözesanbischofs

Hierunter ist zunächst die *Residenzpflicht* zu nennen. Ein Diözesanbischof ist durch Gesetze gehalten, in seiner Diözese zu residieren, auch wenn er einen Koadjutor- oder Hilfsbischof hat. Da heutzutage Diözesanbischöfe Mitglieder verschiedener überdiözesaner Gremien sind, trifft der neue Codex strenge Vorsorge, daß sich selbst die Abwesenheit aus legitimen Gründen nicht so ausweitet, daß das Bistum dadurch Schaden nimmt. So wird zum einen genannt, was legitime Gründe der Abwesenheit sind (der vom Recht vorgeschriebene Besuch in Rom, Teilnahme an Konzilien, Bischofssynoden, Bischofskonferenzen und Erfüllung anderer Ämter). Zum anderen wird vorgeschrieben, daß er aus einem (anderen) gerechtfertigten Grund (etwa Urlaub) nicht länger als einen Monat von seinem Bistum abwesend sein soll, weder in einem zusammenhängenden Zeitraum noch auf Raten. Ja, an gewissen Hochfesten der Kirche darf er sich nur aus schwerwiegendem Grund außerhalb des Bistums aufhalten (Weihnachten, Karwoche, Ostern, Pfingsten und Fronleichnam, c. 395 § 3). Hält sich ein Bischof länger als ein halbes Jahr in rechtswidriger Weise außerhalb seines Bistums auf, muß der zuständige Metropolit den Apostolischen Stuhl benachrichtigen, im Fall des Metropoliten der rangälteste Suffraganbischof.
Der Bischof hat sich nicht allein in seiner Diözese aufzuhalten. Das Gesetzbuch schreibt auch vor, daß er in regelmäßigen Abständen alle Teile seines Bistums besucht *(Visitationspflicht)*. So soll er wenigstens alle fünf Jahre alle Teile des Bistums besuchen, allerdings kann er sich dabei im Fall einer rechtmäßigen Behinderung auch vertreten lassen (durch den Koadjutor, Hilfsbischof oder auch durch den General- oder Bischofsvikar, ja selbst durch einen Priester). Es ist zu bedauern, daß die so vernünftige Vorschrift der Visitationspflicht durch die zahlreichen Vertretungsmöglichkeiten dermaßen aufgeweicht ist (c. 396). Bei den Visitationen besucht

der Bischof zunächst einmal die Gemeinden, wobei die persönliche Begegnung mit den Kirchenangehörigen, mit den Priestern wie mit den Laien, den Vorrang genießt. Erst in zweiter Linie nennt der Codex (c. 397 § 1) die Visitation von Einrichtungen der katholischen Kirche, von «Sachen» (Kirchen usw.) und von «heiligen Orten». Dabei hält es der Codex für erwähnenswert, daß der Bischof einen solchen Pastoralbesuch mit der gebotenen Sorgfalt durchführen und dabei niemandem durch überflüssige Kosten zur Last fallen soll (c. 398)

Ferner gehört die *Berichterstattung in Rom* zu den wesentlichen Pflichten des Bischofs (cc. 399.400). Er muß alle fünf Jahre einen Bericht über den Zustand des Bistums nach Rom schicken, genauerhin an die Kongregation für die Bischöfe. Damit verbunden ist ein persönlicher Besuch des Bischofs bei den zuständigen Stellen der Römischen Kurie und beim Papst (der traditionelle Ad-limina-Besuch = Besuch an den Gräbern der Apostel). Die Römische Kurie hält auf strenge Einhaltung dieser Pflicht; lediglich ein Bischof, der noch nicht zwei Jahre im Amt ist, ist von der Berichterstattung ausgenommen. Nur in Ausnahmefällen darf sich der Bischof bei der Berichterstattung durch einen persönlichen Stellvertreter vertreten lassen. Dies gilt insbesonders für die Ordinarien in den Missionsgebieten: Der Apostolische Vikar kann sich auch durch einen Bevollmächtigten in Rom vertreten lassen, und ein Apostolischer Präfekt ist an die Pflicht der Berichterstattung (in dieser Art) überhaupt nicht gebunden (c. 400 § 3).

Schließlich ist noch die sogenannte *Applikationspflicht* des Bischofs zu nennen: Der Diözesanbischof muß gemäß c. 388 an allen Sonntagen und den in seiner Kirchenregion vorgeschriebenen Feiertagen das Meßopfer für die Menschen seines Bistums darbringen (applicare = aufopfern).

Altersgrenze (cc. 401–402)

Während das frühere Kirchenrecht keine Altersgrenze für die Inhaber geistlicher Ämter kannte, ist sie durch nachkonziliare Rechtsbestimmungen für faktisch alle geistlichen Ämter eingeführt worden, ausgenommen das Papstamt. Dies gilt auch für das bischöfliche Amt. Gemäß dem Motuproprio «Ecclesiae Sanctae» vom Jahr 1966 sollen die Bischöfe, die das 75. Lebensjahr vollendet haben, freiwillig von ihren Ämtern zurücktreten. Diese Bestimmung steht nun in c. 401. Der Papst prüft in jedem einzelnen

Fall das Rücktrittsgesuch und entscheidet je nach seiner Einschätzung recht unterschiedlich, ob er es annimmt oder den jeweiligen Bischof bittet, weiterhin im Amt zu bleiben.
Auch im Fall von Krankheit oder bei Vorliegen eines anderen Grundes, der den Bischof in der Ausübung seines Amtes behindert, soll er auf sein Amt verzichten. Ein emeritierter Bischof kann, sofern er es wünscht, in seiner Diözese wohnen bleiben, es sei denn, der Apostolische Stuhl bestimme etwas anderes. Die zuständige Bischofskonferenz und in erster Linie das bisherige Bistum müssen für einen standesgemäßen Unterhalt des emeritierten Bischofs Sorge tragen.

c) Koadjutor und Hilfsbischof (cc. 403–411)

Aus seelsorglichen Gründen kann ein Diözesanbischof den Papst um die Ernennung eines oder gar von mehreren *Hilfsbischöfen* bitten. Derartige Bischöfe werden also auf Antrag des Diözesanbischofs vom Papst ernannt und besitzen kein Nachfolgerecht (c. 403 § 1).
Davon zu unterscheiden ist die Rechtsfigur eines *Hilfsbischofs,* der aus schwerwiegenden Gründen, die auch in der Person des Diözesanbischofs liegen können, dem Bischof «beigegeben werden kann» und *mit besonderen Vollmachten* ausgestattet ist. Da hierbei (c. 403 § 2) der Zusatz «auf Antrag des Diözesanbischofs» fehlt, ist davon auszugehen, daß sich für derartige Sonderfälle der Papst die Ernennung vorbehält. Auch ein solcher Hilfsbischof besitzt nicht das Recht der Nachfolge.
Anders verhält es sich beim *Koadjutor* (c. 403 § 3). Wenn es dem Apostolischen Stuhl opportun erscheint, kann er für einen Diözesanbischof einen sogenannten Koadjutorbischof frei ernennen. Dabei ist zweierlei zu unterstreichen: Eine derartige Ernennung erfolgt nicht auf Antrag des betroffenen Diözesanbischofs. Und: Ein Koadjutor besitzt nach dem neuen Recht per se das Recht der Nachfolge. Es handelt sich hierbei um einen der kritischsten Punkte des neuen Kirchenrechtes, da sich hierdurch für den Papst die Möglichkeit eröffnet, auch in jenen Fällen Bischöfe frei zu ernennen, in denen er auf Grund besonderer Rechtsgegebenheiten an gewisse Prozeduren und Bedingungen gebunden ist.
Während den Hilfsbischöfen Rechte und Kompetenzen im wesentlichen durch den Diözesanbischof erteilt werden (territorial und/oder kategorial), besitzen die Koadjutoren und die Hilfsbi-

schöfe mit besonderen Vollmachten umfassende Kompetenzen für die gesamte Diözese (c. 405 § 2). Der neue Codex sieht darüberhinaus vor, daß sowohl der Koadjutor als auch der Hilfsbischof mit besonderen Vollmachten vom Diözesanbischof als Generalvikare einzusetzen sind. Auch durch diese Bestimmung wird tief in die Rechte des Bischofs eingegriffen, da es allein seine Sache ist zu entscheiden, wen er als seinen Stellvertreter («alter ego» des Bischofs wird der Generalvikar genannt!) in dieses wichtige Amt einsetzt. Hinsichtlich der einfachen Hilfsbischöfe spricht der Codex lediglich die Empfehlung an den Diözesanbischof aus, sie zu General- oder Bischofsvikaren zu ernennen. Bezeichnenderweise betont das neue Recht aber dabei, daß sie dann von der Autorität des Diözesanbischofs oder des Koadjutors und eines Hilfsbischofs mit besonderen Vollmachten abhängig sind (c. 406 § 2)!

Man kann sich leicht vorstellen, daß jeder Hilfsbischof und insbesondere jeder Koadjutor die Amtsführung eines Bischofs und damit die Leitung eines Bistums komplizieren, da damit die Gefahr der Kompetenzüberlagerung auftaucht. Deshalb muß die Ernennung eines Hilfsbischofs mit besonderen Vollmachten oder eines Koadjutors wirklich die ultima ratio sein, um die Leitung eines Bistums sicherzustellen. Zu diesen Möglichkeiten des Rechtes sollte nur dann gegriffen werden, wenn der Diözesanbischof wegen extremer Umstände gehindert ist, sein Amt auszuüben. Entsprechende Gründe wären z.B. lang andauernde Krankheit oder erzwungene Abwesenheit des Bischofs, etwa aus politischen Gründen, ja jeder Grund, für den nicht Schuld oder Versagen des Bischofs nachzuweisen ist. Der neue Codex schreibt vor, daß Diözesanbischof, Koadjutor und Hilfsbischof sich in wichtigeren Angelegenheiten beraten, also aufeinander abstimmen müßten. Da es sich hierbei lediglich um eine Empfehlung des allgemeinen Rechtes handelt, ist es nicht nur sinnvoll, sondern geradezu unerläßlich, daß im Fall der Mitwirkung von Koadjutor oder Hilfsbischöfen bei der Bistumsleitung, deutliche Kompetenzabsprachen getroffen werden.

Im Fall der Sedisvakanz wird der Koadjutor *sofort* (statim) Bischof der Diözese. Die Hilfsbischöfe behalten alle Rechte und Vollmachten bis zur Amtsübernahme durch den neuernannten Diözesanbischof. Dies trifft auch auf ihre Rechtsstellung als General- oder

Bischofsvikare zu, immerhin eine Neuerung des Rechtes, das bislang bestimmte, daß das Amt des Generalvikars mit dem Tod des Diözesanbischofs erlischt (c. 371 CIC – 1917). Werden diese Hilfsbischöfe jedoch für die Zeit der Sedisvakanz nicht zu Verwaltern der Diözese (Apostolischer Administrator oder Diözesanadministrator) bestellt, üben sie ihre Gewalt unter der Autorität des bestellten Bistumsverwalters aus (c. 409 § 1). Im übrigen gelten die Vorschriften über die Amtsführung des Diözesanbischofs (Residenzpflicht u. ä.) weitgehend auch für den Koadjutor und den Hilfsbischof.

Koadjutor und Hilfsbischof werden auch als Titularbischöfe oder – insbesonders in den deutschsprachigen Gebieten – als Weihbischöfe bezeichnet. Die Bezeichnung Titularbischof wurde bereits oben (S. 88f. Vgl. auch c. 376) erklärt. Die Bezeichnung Weihbischof leitet sich aus ihrer – bislang jedenfalls – wichtigsten Aufgabe ab, nämlich den Diözesanbischof bei der Erteilung der verschiedenen Grade des Weihesakramentes zu entlasten. Ferner vertreten sie häufig den Diözesanbischof bei der Spendung der Firmung.

d) Behinderung und Erledigung des Bischofsstuhles (cc. 412–430)

Behinderung

Ebenso wie für den Fall der Erledigung des Bischofsstuhles trifft der Codex auch Vorsorge für Situationen, in denen ein Bischof sein Amt nicht ausüben kann. Das Gesetzbuch nennt als mögliche Behinderungsursachen Gefangenschaft, Ausweisung, Verbannung und Unfähigkeit (etwa bei Geisteskrankheit oder Straffälligkeit). Es muß hinzukommen, daß er nicht einmal brieflich mit seinen Diözesanen Kontakt halten kann. Für den Fall der Behinderung sieht der Codex gleichsam einen Stufenplan vor, nach dem der Bischof zu vertreten ist. An erster Stelle kommt als Stellvertreter ein Koadjutor in Frage; falls es einen solchen nicht gibt, besteht folgende Priorität: Hilfs- oder Weihbischof, Generalvikar, Bischofsvikar oder sogar ein Priester. Möglichst bald nach der Amtsübernahme muß der Bischof eine Liste mit den Namen seiner Stellvertreter für den Fall der Behinderung aufstellen. Sie ist alle drei Jahre zu erneuern und vom Kanzleidirektor aufzubewahren. Zudem ist die Zusammensetzung der Liste mit dem zuständigen Metropoliten zu besprechen. Der Codex rechnet selbst mit dem Fall, daß die auf der Liste genannten Personen für eine Vertretung des Bischofs nicht zur Verfügung stehen. In einer solchen Situa-

tion ist das Beraterkolleg befugt, einen Priester für diese Aufgabe zu wählen. Wer den Bischof im Fall der Behinderung vertritt, hat den Apostolischen Stuhl umgehend über die Vorgänge zu benachrichtigen. Der Vertreter des Bischofs hat die gleichen Rechte wie ein Diözesanadministrator, also jene Rechtsfigur, die bei Sedisvakanz die Verwaltung eines Bistums übernimmt.
Auch denkt der Codex an die Möglichlichkeit, daß ein Bischof straffällig wird und auf Grund einer (von selbst eintretenden) kirchlichen Strafe nicht mehr in der Lage ist, sein Amt auszuüben. In einem solchen Fall hat der Metropolit resp. der dienstälteste Suffraganbischof den Apostolischen Stuhl zu benachrichtigen, der dann Vorsorge für die Leitung des Bistums trifft.

Erledigung

Der Codex nennt vier mögliche Ursachen für die Erledigung des bischöflichen Stuhles: Tod des Bischofs, Amtsverzicht des Bischofs, der vom Papst angenommen worden ist, Versetzung des Bischofs und schließlich Absetzung eines Bischofs, sobald dies dem Bischof mitgeteilt ist. Die Erledigung des bischöflichen Stuhles wird traditionell Sedisvakanz genannt.
Bei den Bestimmungen über die Sedisvakanz betont der Codex zunächst, daß alle Handlungen des Generalvikars oder Bischofsvikars vor Erhalt der sicheren Todesnachricht des Bischofs rechtswirksam sind. Dies gilt ebenso für die Handlungen des Bischofs und seiner Vikare in den anderen genannten Fällen, bis daß sie sichere Kenntnis von den päpstlichen Entscheidungen erhalten haben. Aus Gründen der Rechtssicherheit bestimmen also nicht die Ereignisse selbst, sondern deren Kenntnis die Gültigkeit der Handlungen des Bischofs resp. seiner Vikare.
Auch für den Fall der Versetzung trifft das Gesetzbuch genauestens Vorsorge. Wird ein Diözesanbischof vom Papst zum Bischof eines anderen Bistums ernannt, dann muß er innerhalb von zwei Monaten nach Empfang der Nachricht von dieser Diözese Besitz ergreifen. Erst dann wird sein bisheriger Bischofssitz vakant. Bereits vom Zeitpunkt der Ernennung auf den neuen Bischofssitz an ist ein solcher Bischof jedoch nicht mehr im Besitz seiner vollen Rechte als Bischof der bisherigen Diözese. Er ist rechtlich einem Bistumsadministrator gleichgestellt, und sein(e) General- und Bischofsvikar(e) haben ihre Ämter verloren.
Während nach den Bestimmungen des bisherigen Rechtes bei

Erledigung des bischöflichen Stuhles die Oberhirtengewalt des Bischofs auf das Kathedralkapitel überging, sieht der neue Codex vor, daß bis zur Bestellung des Bistumsverwalters (Bistumsadministrator) der Hilfsbischof die Leitung des Bistums übernimmt (wenn es mehrere gibt, übernimmt der Dienstälteste von ihnen die Leitung). Nur wenn es in dem Bistum keine Hilfsbischöfe gibt, übernimmt das Kapitel resp. das Beraterkolleg die Leitung, sofern der Apostolische Stuhl nichts anderes vorsieht. Wer auch immer aber die Befugnis besitzt, die Leitung des Bistums im Falle der Sedisvakanz zu übernehmen, ist verpflichtet, unverzüglich das Beraterkolleg zusammenzurufen, um einen Bistumsverwalter zu bestimmen. Diese Wahl muß jedenfalls innerhalb von acht Tagen nach Bekanntwerden der Sedisvakanz erfolgen. Falls das nicht geschieht, geht das Recht zur Bestimmung des Bistumsverwalters auf den Metropoliten über. Über den Tod des Bischofs sowie über die Wahl des Bistumsverwalters ist der Apostolische Stuhl so schnell wie möglich zu benachrichtigen.
Auch bei der Bestellung eines Bistumsverwalters trifft der Codex Vorsorge, daß das hierarchische Strukturprinzip der Verfassung der katholischen Kirche gewahrt bleibt: So darf etwa nur *einer* zum Bistumsverwalter bestellt werden; jede andere Wahl, also von zwei oder mehr, ist ungültig. Ferner kann zum Bistumsverwalter nur ein Priester gewählt werden. Dieser muß mindestens 35 Jahre alt sein (ebenso wie ein Bischof!), und er darf für den vakanten Bischofsstuhl nicht schon gewählt, nominiert oder vorgeschlagen sein. Auch bei Nichtbeachtung dieser Bestimmungen ist die Wahl eines Bistumsverwalters nichtig und geht das Recht zur Ernennung eines Bistumsverwalters auf den Metropoliten über.
Wer nach Eintreten der Sedisvakanz die Leitung des Bistums übernimmt, besitzt die vom Recht vorgesehenen Kompetenzen eines Generalvikars, während der Bistumsverwalter im wesentlichen die gleichen Rechte wie ein Diözesanbischof erhält, ausgenommen solche, die ihrer Natur nach oder durch das Recht ausdrücklich ausgenommen sind. Dabei gilt der alte Rechtssatz «Sede vacante nihil innovetur» (während der Sedisvakanz soll nichts verändert werden), der gleichsam verpflichtend über der Amtszeit des Bistumsverwalters schwebt. Das bedeutet, daß er zum einen alles, was nicht zu einer Entscheidung drängt, jedenfalls dann, wenn es sich um wichtige Angelegenheiten handelt, bis zur Über-

nahme des Bistums durch den neuen Bischof aufbewahrt. Zum anderen darf er nicht den zukünftigen Bischof durch eigene Entscheidungen vor unabänderliche Tatsachen stellen (Gefahr sogenannter Präjudizien). Der Codex nennt ausdrücklich die Gefahr, daß während der Sedisvakanz wichtige Unterlagen oder Dokumente entwendet, vernichtet oder inhaltlich abgeändert werden könnten.

Die Amtszeit des Bistumsverwalters beginnt, wenn er die Wahl annimmt, und endet mit der Besitzergreifung des Bistums durch den neuen Bischof. Da eine Sedisvakanz gelegentlich längere Zeit andauern kann, sieht der Codex auch die Möglichkeit des Amtsverzichtes des Bistumsverwalters vor, ebenso auch die Enthebung durch den Hl. Stuhl sowie Tod des Bistumsverwalters. In solchen Fällen wiederholt sich die Wahlprozedur durch das Beraterkolleg.

1.2.3 Die Struktur der Teilkirchen (cc. 431–459)

Das kirchliche Recht kennt in der Jurisdiktionshierarchie die beiden Grundämter des Papstes und des Bischofs. Um beide Grundämter rankt sich eine Fülle von Hilfsämtern. Von jenen Institutionen und Ämtern, die dem Papst in der Ausübung seines Amtes zur Seite stehen, war bereits die Rede. Von ihnen handeln ausführlich die cc. 342–367 des neuen Codex. Über die dem Bischofsamt zugeordneten Hilfsämter folgt der neue Codex im großen und ganzen der Einteilung des früheren Codex, trägt jedoch der neuen Einschätzung des Bischofsamtes und der Teilkirchen durch das II. Vatikanische Konzil Rechnung.

So wird etwa die Einbindung des einzelnen Bischofs und des Bistums in den Zusammenhang einer Teilkirche auch rechtssystematisch hervorgehoben. Darum spricht der neue CIC zunächst über die Rechtsstruktur der Teilkirche und deren Organe.

a) Kirchenprovinz und Kirchenregion (cc. 431–434)

Von Ausnahmefällen abgesehen, gehört jedes Bistum zu einer Kirchenprovinz (Beispiel: Das Bistum Trier gehört zur Kirchenprovinz Köln). Die Bistümer, die Teil einer Kirchenprovinz sind, werden auch Suffraganbistümer genannt. Statt von Kirchenprovinz wird auch von Metropolitanbezirk gesprochen, da an ihrer Spitze ein Metropolit oder Erzbischof steht. Seit dem II. Vatikanischen Konzil und somit auch im neuen Codex gibt es die Rechtsfigur der Kirchenregion, in der mehrere Kirchenprovinzen zusammengeschlossen sind. Das neue Recht steht sogenannten exemten Bistümern, also Bistümern, die keiner Kirchenprovinz zugehören, ablehnend gegenüber. Es ist das alleinige Recht des Papstes, Kirchenprovinzen oder Kirchenregionen zu errichten, aufzulösen oder zu erneuern. Die Kirchenprovinz ist Rechtsperson, eine Kirchenregion kann als solche errichtet werden. In einer Kirchenprovinz haben das Provinzialkonzil und der Metropolit Hoheitsbefugnisse.

b) Metropoliten (cc. 435–438)

Am Ende dieses Abschnitts betont der neue Codex, daß die alten Titel Patriarch und Primas lediglich noch gewisse Vorrechte (Ehrenrechte) beinhalten, jedoch keine Leitungsvollmacht. Zwischen dem Diözesanbischof und dem Papst steht also allein noch der Metropolit, wie es faktisch auch bereits seit langem der Fall ist. Die beiden Titel Patriarch und Primas müssen kurz erläutert werden: In der Lateinischen Kirche bestanden bislang fünf große und vier kleine Patriarchen. Bei den großen Patriarchen handelte es sich neben Rom um die sogenannten lateinischen Patriarchate von Konstantinopel, Alexandrien, Antiochien und Jerusalem, die vier kleinen waren mit früher bedeutenden Metropolen (z.B. Venedig) verbunden. Bei den Primassen handelte es sich um Oberbischöfe über bestimmte Teilkirchen (so war der Erzbischof von Salzburg Primas für Deutschland).

Aber auch die Rechte des Metropoliten, Mittelinstanz zwischen Papst und Diözesanbischof, sind heute eng umgrenzt. Seine Aufgabe besteht im wesentlichen darin, ein Wächteramt über die Suffraganbischöfe auszuüben, das subsidiären Charakter besitzt: So muß er darauf aufpassen, daß Glaube und kirchliche Ordnung genau befolgt werden. Bei Mißbräuchen hat er den Papst zu unterrichten. Falls ein Suffraganbischof seiner Pflicht nicht nachkommt, die Gemeinden seiner Diözese zu besuchen (sog. Visitationspflicht), kann dies der Metropolit an seiner Statt tun, sofern dies der Apostolische Stuhl gebilligt hat. Ferner kann er im Falle der Sedisvakanz eines Bischofssitzes einen Diözesanadministrator (Kapitularvikar) ernennen, sofern das dazu befugte Organ nicht oder nicht im vorgeschriebenen Zeitraum tätig geworden ist. Der Metropolit ist ordentliche Berufungsinstanz für Urteile der Diözesangerichte (c. 1438 n. 1).

Der Codex betont, daß der Metropolit ansonsten keine Leitungsvollmacht in den Suffraganbistümern ausüben darf. Der Metropolit ist übrigens verpflichtet, innerhalb von drei Monaten nach Empfang der Bischofsweihe oder, sofern er bereits Bischof war, nach der kanonischen Amtsverleihung vom Papst das sogenannte Pallium zu erbitten. Bei dem Pallium handelt es sich um ein aus weißer Wolle gefertigtes Band mit vier schwarzen Kreuzen, das, um den Hals gelegt, vom Metropoliten bei liturgischen Handlungen getragen wird. Dieses Pallium ist zum einen das Zeichen der Vollmacht des Metropoliten, zum anderen symbolisiert es die Verbundenheit mit der Kirche von Rom (communio cum Ecclesia Romana, c. 437 § 1). Wie wichtig Erbitten und Gewährung des Palliums genommen werden, erhellt die frühere Bestimmung, wonach der Metropolit vor Empfang des Palliums keine Jurisdiktionsakte in seiner Eigenschaft als Metropolit setzen durfte.

c) Konzilien der Teilkirche (cc. 439–446)

Das neue Recht kennt auch für die Teilkirche die Form der synodalen Beratung, für die Kirchenprovinz im Provinzialkonzil, für die Kirchenregion im Plenarkonzil. Die zuständige Bischofskonferenz beschließt über Einberufung und Durchführung des jeweiligen Konzils, jedoch muß der Apostolische Stuhl auch dazu seine Einwilligung geben (c. 439 § 1), bei einem Provinzialkonzil zumindest dann, wenn die Kirchenprovinz mit einer nationalen oder staatlichen Einheit identisch ist. Der Apostolische Stuhl hat sich auch das Recht vorbehalten, den Vorsitzenden eines Plenarkonzils zu bestätigen. Was die Durchführung eines einfachen Provinzialkonzils anbelangt (Provinz ist nicht identisch mit einem Staat), so liegt die Verantwortung dafür weitgehend beim Metropoliten, doch muß sich die Mehrheit der zuständigen Bischofskonferenz für das Konzil ausgesprochen haben. Ähnlich wie beim Ökumenischen Konzil haben allein die Bischöfe der jeweiligen Provinz auf dem Konzil Stimmrecht, zunächst natürlich die Ortsordinarien, aber auch die Weihbischöfe bzw. Titularbischöfe des Gebietes. Mit beratender Stimme nehmen die General- und Bischofsvikare teil sowie höhere Ordensobere und sonstige Vertreter der Religiosen, ferner die Rektoren und Dekane katholischer Universitäten und Fakultäten, die ihren Sitz in der Provinz oder Region haben. Schließlich können Vertreter des Welt- und des Ordensklerus, der Priester- und Pastoralräte, ja sogar der Laien zum Konzil mit beratender Stimme zugelassen werden. Ein

Stimmberechtigter kann sich bei Vorliegen eines gerechten Grundes vertreten lassen, doch besitzt sein Stellvertreter lediglich beratende Stimme.

Diese Konzilien der Teilkirchen – der neue Codex spricht von concilium particulare = Partikularkonzil – haben Rechte auf dem Gebiet der Gesetzgebung. Sie sollen ganz allgemein über Fragen der Seelsorge beraten und über entsprechende Regelungen beschließen. Als vornehmste Beratungspunkte nennt der CIC Fragen des Glaubens, der Seelsorge, der Moral sowie der kirchlichen Disziplin. Ohne Überprüfung und Anerkennung durch den Hl. Stuhl dürfen die Beschlüsse eines solchen Konzils nicht promulgiert werden.

d) Bischofskonferenzen (cc. 447–459)

Gesamtkirchlich gesehen haben die Bischofskonferenzen erst aufgrund der Beschlüsse des II. Vatikanischen Konzils größere Bedeutung erlangt. Sie stellen de facto und nun auch rechtlich eine wichtige Mittelinstanz zwischen Papst und Bischöfen dar. In vielen Teilkirchen haben aber Bischofskonferenzen bereits vor dem II. Vatikanischen Konzil bestanden, in Deutschland seit dem Jahr 1848 (Würzburg). Der frühere Codex erwähnte sie nur am Rand (c. 292) und erblickte in ihr eine einfachere Form des Provinzialkonzils. In der Tat haben in jenen Teilkirchen, in denen Bischofskonferenzen bestanden, kaum noch Partikularkonzilien stattgefunden. Vermutlich dürfte sich diese Entwicklung fortsetzen.

Der neue Codex unterscheidet zwischen nationalen und territorialen Bischofskonferenzen; es gibt also neben den nationalen Bischofskonferenzen solche, die mehrere Nationen umfassen, und andere, die nur für einen bestimmten Teil eines Staates zuständig sind. Alle Bischofskonferenzen werden vom Apostolischen Stuhl institutionell errichtet; auch die Statuten der Bischofskonferenzen müssen von Rom gutgeheißen werden. Eine legitim errichtete Bischofskonferenz ist eine (kollegiale) juristische Person.

Wie der Name sagt, sind Mitglieder der Bischofskonferenz alle Diözesanbischöfe des entsprechenden Territoriums sowie jene, die ihnen gleichgestellt sind (z.B. ein Apostolischer Administrator). Ferner gehören zur Bischofskonferenz Koadjutor-, Hilfs- und sonstige Titularbischöfe, sofern sie im entsprechenden Territorium ein Amt ausüben, das ihnen vom Apostolischen Stuhl oder von der Bischofskonferenz übertragen worden ist. Ordinarien eines anderen Ritus können an der Bischofskonferenz teilnehmen, jedoch nur mit beratender Stimme, es sei denn, die Statuten der Bischofskonferenz würden etwas anderes bestimmen. Alle übrigen Titularbischöfe und auch der zuständige päpstliche Gesandte sind von Rechts wegen keine Mitglieder der Bischofskonferenz. Im Motuproprio über die päpstlichen Gesandten (Sollicitudo omnium Ecclesiarum) von 1969 heißt es allerdings in Artikel VIII, der päpstliche Gesandte sei zwar nach dem Recht nicht Mitglied der Konferenz, er werde aber trotzdem an der Eröffnungssitzung jeder Session teilnehmen. Zudem ist seine Anwesenheit bei anderen Sitzungen der Konferenz möglich, sei es auf Einladung der Bischöfe hin, sei es kraft Auftrags des Apostolischen Stuhles! Außerdem muß dem päpstlichen Gesandten jeweils rechtzeitig die Tagesordnung der Konferenz mitgeteilt sowie ein Exemplar des Protokolls zugesandt werden. Tagesordnung und Protokoll übermittelt der Gesandte dem Apostolischen Stuhl. Auf diese Weise ist es faktisch nicht möglich, daß sich eine Bischofskonferenz ohne Wissen Roms berät!

Da es insbesonders bei größeren Bischofskonferenzen schwierig, zeitraubend und auch teuer sein kann, öfters und in kürzeren Zeitabständen zusammenzutreten, sieht das Recht vor, einen ständigen Bischofsrat zu bilden. Für die laufenden Arbeiten sorgt ein Generalsekretariat; für spezielle Themen und Aufgabengebiete können feste Kommissionen eingerichtet werden.

Die Konferenz wählt einen ständigen Vorsitzenden. Die Konferenz soll wenigstens einmal im Jahr tagen. Beschließende Stimme haben natürlich die Diözesanbischöfe und jene, die ihnen gleichgestellt sind. Ob die anderen Teilnehmer beschließende oder lediglich beratende Stimme besitzen, bestimmt das jeweilige Statut der Bischofskonferenz.

Die Bischofskonferenz kann bindende Beschlüsse nur im Rahmen des allgemeinen Kirchenrechts fassen, ansonsten wenn der Apostolische Stuhl dazu seine Zustimmung gegeben hat. Ihre Beschlüsse müssen zudem mit Zweidrittelmehrheit getroffen werden. In Fällen, die nicht vom allgemeinen Recht gedeckt sind oder in denen kein Auftrag des Apostolischen Stuhles besteht, liegt die volle Verantwortung bei jedem einzelnen Bischof, und die Konferenz sowie ihr Vorsitzender können gültig nicht im Namen aller Bischöfe handeln, sofern nicht jeder Bischof seine Zustimmung gegeben hat.

Im deutschen Sprachraum gibt es derzeit – entsprechend den nationalen bzw. innerdeutschen Grenzen – vier Bischofskonferenzen, deren Statuten vom Apostolischen Stuhl approbiert worden sind: Die sogenannte Deutsche Bischofskonferenz, deren effektive Zuständigkeit sich jedoch nur auf die Bundesrepublik und Westberlin beschränkt, die sogenannte Berliner Bischofskonferenz, die faktisch die DDR-Bischofskonferenz ist, die Österreichische und die Schweizer Bischofskonferenz. Daneben gibt es noch die Bayerische (früher Freisinger) Bischofskonferenz und die Westdeutsche Bischofskonferenz, doch sind diese Bischofskonferenzen alter Ordnung, also rein pastorale Beratungsgremien ohne Kompetenzen, wie sie das nachkonziliare Recht vorsieht.
Neben der Deutschen Bischofskonferenz gibt es in der Bundesrepublik noch den «Verband der Diözesen Deutschlands». Auch hierbei ist die Bezeichnung unzutreffend, da sich in diesem Verband lediglich die Diözesen der Bundesrepublik zusammengeschlossen haben (Westberlin als Teil des Bistums Berlin genießt nur Gaststatus). Dieser Verband besitzt den Status einer Körperschaft des öffentlichen Rechtes (die Bischofskonferenz nicht!) und nimmt rechtliche und wirtschaftliche Interessen der Deutschen Bischofskonferenz wahr.

Die Bischofskonferenzen sollen gemäß c. 459 untereinander Kontakt halten, besonders mit denen der Nachbargebiete. Bei internationalen Kontakten soll oder muß jedoch der Hl. Stuhl eingeschaltet werden.

1.2.4 Die Organisation der Teilkirche (des Bistums) (cc. 460–572)

Dem Bischof stehen verschiedene Beratungsorgane helfend zur Seite. Den traditionellen Organen wurden durch das II. Vatikanische Konzil und die nachkonziliare Rechtsentwicklung weitere beigefügt, so daß auch hier durch die Vielfalt eine Unübersichtlichkeit der Kompetenzen dieser Beratungsorgane entstanden ist. Ihre Rechte sind von ziemlich unterschiedlicher Qualität. Zudem sind sie teilweise ständige, teilweise jedoch nur gelegentlich tagende Organe. Ferner ist zwischen vom Bischof abhängigen und unabhängigen Organen zu unterscheiden.

a) Bistumssynode (Diözesansynode) (cc. 460–468)

Unter den Beratungsorganen des Diözesanbischofs nennen sowohl der frühere als auch der neue Codex an erster Stelle die Bistumssynode. Dabei handelt es sich um ein nichtständiges Organ, das vom Bischof nach Anhörung des Priesterrates einberufen werden kann, wenn die Umstände dies erfordern. Während früher nur Kleriker daran teilnehmen konnten, die der Bischof dazu eingeladen hatte oder die rechtens dazu gehörten, sieht das neue Recht auch die Teilnahme von Laien vor. Bislang hat die Institution der Bistumssynode keine nennenswerte Bedeutung erlangt, und es bleibt deshalb abzuwarten, ob die veränderten Bestimmungen dazu beitragen werden, diesen Zustand zu verändern.

Die Bistumssynode stellt in ihrer vom Recht vorgesehenen Zusammensetzung (c. 463) eine Repräsentanz des Bistums dar, insbesondere jener Kirchenangehörigen, die im Dienst der Kirche stehen oder sich in ihr betätigen. Trotz der Möglichkeit, daß nunmehr auch Laien daran teilnehmen können, bleibt sie doch weiterhin ein Beratungsorgan des Bischofs, das sich vornehmlich aus der Geistlichkeit des Bistums zusammensetzt. Das wird auch daraus deutlich, daß das Gesetzbuch es dem Bischof überläßt, auf welche Weise und in welcher Zahl Laien daran teilnehmen dürfen (c. 463 § 1 n. 5).

Es sei nochmals gesagt, daß es sich dabei um ein rein beratendes Organ handelt. Gerade in diesem Zusammenhang betont ja der Codex ausdrücklich, allein der Diözesanbischof sei Gesetzgeber, auf der Synode und natürlich überhaupt in allen Fragen, die das Bistum betreffen. Darum kann der Bischof auch jederzeit die Synode unterbrechen oder auflösen. Und es ist ebenso verständlich, daß durch Sedisvakanz oder Amtsbehinderung des Bischofs eine Bistumssynode unterbrochen wird.

Der Bischof muß den zuständigen Metropoliten und die Bischofskonferenz über die Beratungsergebnisse und Beschlüsse der Synode unterrichten. Dadurch wird Vorsorge getroffen, daß sich auf ortskirchlicher Ebene keine Entwicklungen anbahnen, die mit dem allgemeinen Kirchenrecht unvereinbar sind.

b) Priesterrat und Beraterkolleg (cc. 495–502)

Anschließend an die Bistumssynode behandelt der neue Codex die Diözesankurie. Da es sich hierbei jedoch nicht um ein Beratungsorgan, sondern um ein ausführendes Organ handelt, wird hier aus systematischen Gründen die Erörterung von Priesterrat und Beraterkolleg vorgezogen. Bei beiden Rechtsinstitutionen handelt es sich um für das kirchliche Recht neue Organe. Der Priesterrat wurde bereits durch das II. Vatikanische Konzil eingeführt, beim

Beraterkolleg handelt es sich um eine Neuerung des revidierten Codex.

Der Codex nimmt die Vorschrift des II. Vatikanischen Konzils auf und schreibt fest, daß in jedem Bistum ein *Priesterrat* gegründet werden soll (c. 495). Ihm gehören Vertreter der Priester des Bistums an. Der Codex spricht von ihm als einem Senat des Bischofs, der ihn in Fragen der Seelsorge beraten soll. Zusammensetzung und Kompetenzen des Priesterrates legen Statuten fest, die vom Bischof approbiert und unter Berücksichtigung entsprechender Bestimmungen der Bischofskonferenz aufgestellt sein müssen. Allerdings setzt der Codex bereits für die Zusammensetzung des Priesterrates Eckdaten, die den entscheidenden Einfluß des Bischofs sicherstellen: «Ungefähr die Hälfte» des Priesterrates wird durch die Priester frei gewählt. Andere Priester sind geborene Mitglieder aufgrund ihres Amtes oder ihrer Funktion. Darüberhinaus kann der Bischof noch weitere Mitglieder frei ernennen, sodaß er kaum damit zu rechnen braucht, daß der Priesterrat ihm Schwierigkeiten bereitet. Der Vollständigkeit halber sei noch angemerkt, daß in den Apostolischen Vikariaten und Präfekturen die Ordinarien drei Missionare ernennen, die dann den Priesterrat bilden.[4]

Im einzelnen legen die Statuten fest, wer wahlberechtigt ist oder ob bestimmten Gruppen der Priester eine gewisse Anzahl von Sitzen im Priesterrat garantiert wird. Wahlen oder Ergänzungswahlen zum Priesterrat sollen wenigstens alle fünf Jahre stattfinden. Im Fall der Sedisvakanz erlöschen seine Befugnisse und gehen auf das Beraterkolleg über. Der neue Bischof muß innerhalb eines Jahres dafür sorgen, daß ein neuer Priesterrat gewählt bzw. bestellt wird. Nach Konsultation des Metropoliten[5] kann der Diözesanbischof den Priesterrat auflösen, sofern dieser seine Aufgabe (munus) nicht mehr zum Wohl des Bistums erfüllt oder seine Aufgabe mißbraucht. Auch in einem solchen Fall muß der Bischof für die neue Konstituierung des Priesterrates innerhalb eines Jahres sorgen.

[4] Der Priesterrat in der Missionskirche trägt die Bezeichnung «consilium missionis» (= Missionsrat), wie es erst c. 502 § 4 – rechtssystematisch schlecht! – vermeldet.

[5] Ein Metropolit müßte in einem solchen Fall den amtsältesten Suffraganbischof konsultieren.

Beim Priesterrat handelt es sich um ein reines Konsultativorgan. Er kann also nicht ohne den Bischof handeln. In einigen, vom Recht genau angegebenen Fällen muß der Bischof den Priesterrat jedoch hören oder bedarf sogar dessen Zustimmung. Er ist damit ein Ratsorgan eigener Prägung mit gewissen Anhörungsrechten. Diese beziehen sich auf Fragen der Struktur des Bistums (Errichtung, Aufhebung oder Veränderung von Pfarreien) und der Besoldung des Klerus.

Eine bislang dem Kirchenrecht unbekannte Institution ist das «Collegium consultorum», für das hier die deutsche Übersetzung Beraterkolleg eingeführt werden soll (c. 502). Dieses Beraterkolleg stellt gleichsam eine ständige Kommission von Mitgliedern des Priesterrates dar. In größeren Bistümern ist es schwierig und zeitraubend, den Priesterrat in kürzeren Zeitabständen zusammenzurufen. Daher sieht das Recht nun diese kleinere Einheit vor. Die Mitglieder des Beraterkollegs werden vom Diözesanbischof aus den Mitgliedern des Priesterrates ausgewählt und frei ernannt. Das Beraterkolleg soll nicht weniger als sechs und nicht mehr als zwölf Mitglieder umfassen; sie werden für einen Zeitraum von fünf Jahren ernannt.

Das Beraterkolleg kann man durchaus als einen Senat des Bischofs bezeichnen. Seine Aufgaben, Funktionen und Rechte haben Ähnlichkeit mit denen der Domkapitel. Vorsitzender des Beraterkollegs ist der Diözesanbischof. Im Gegensatz zum Priesterrat erlöschen mit der Sedisvakanz jedoch nicht seine Befugnisse. In diesem Fall übernimmt der Bistumsverwalter den Vorsitz bzw. bis zu dessen Wahl oder Ernennung das Mitglied mit dem höchsten Weihealter.

Da – wie bereits gesagt – die Kompetenzen des Beraterkollegs denen der Domkapitel ähnlich sind, können durch teilkirchliche Regelungen der zuständigen Bischofskonferenz seine Aufgaben den traditionellen Domkapiteln übertragen werden. Weil nun in den Bistümern der deutschsprachigen Länder in der Regel Domkapitel existieren, dürfte sich an den bisherigen Strukturen in diesem Punkt nichts ändern. Allerdings müßte sich der Modus der Besetzung der Domkapitel den Vorschriften des neuen Rechts anpassen.

In den Missionsgebieten ist das Beraterkolleg mit dem dreiköpfigen Priesterrat (Missionsrat) identisch.

c) Kapitel (cc. 503–510)

Das kirchliche Recht kennt traditionell zwei Formen von Kapiteln, die Dom- und die Stiftskapitel. Auch das neue Gesetzbuch widmet ihnen einen eigenen Abschnitt. Hier soll allein von den Domkapiteln gesprochen werden, da nur ihnen wesentliche Rechte zukommen.

Neben liturgischen Funktionen an der Domkirche nehmen die Mitglieder der Domkapitel gewisse Aufgaben wahr, die ihnen auf Grund des allgemeinen Rechtes oder durch den Diözesanbischof übertragen sind. Im Unterschied zum Priesterrat sind Errichtung, Veränderung und Aufhebung des Domkapitels dem Apostolischen Stuhl vorbehalten. Die Domkapitel sind kollegiale juristische Personen, die eigene, vom Diözesanbischof approbierte Statuten besitzen.

Die Domkapitel in den deutschsprachigen Bistümern haben zwischen fünf und zehn Mitglieder (Domherren). Hinzu kommen ein oder auch zwei sogenannte Dignitäre (oder Dignitäten), die dem Kapitel vorstehen (Propst oder Dekan). Alle Mitglieder der Domkapitel werden nach dem allgemeinen Kirchenrecht heute frei vom Diözesanbischof ernannt (bis 1966 hatte sich der Papst die Ernennung der Dignitäre vorbehalten). Da aber die Besetzung der Domkapitel auch durch die Konkordate geregelt ist, gibt es in deutschsprachigen Ländern häufig Sonderregelungen bei der Besetzung der Domkapitel. So werden die Mitglieder der Domkapitel in der Regel abwechselnd nach Anhörung oder mit Zustimmung des Kapitels vom Bischof ernannt, so daß das freie Ernennungsrecht des Bischofs eingeschränkt ist. Dies ist nicht unwichtig, da den Domkapiteln auf Grund des allgemeinen Rechtes wie auch durch die Konkordate gewisse Rechte zukommen, besonders für den Fall der Besetzung des bischöflichen Stuhles.

Wie bereits weiter oben gesagt wurde, hat das neue Kirchenrecht die früheren allgemeinrechtlichen Befugnisse des Domkapitels auf die neuen Rechtssituationen des Priesterrates bzw. des Beraterkollegs übertragen. Es ist jedoch davon auszugehen, daß sich in den Ortskirchen, in denen es bereits Domkapitel mit vom Apostolischen Stuhl approbierten Statuten oder mit einer Einbindung in konkordatäre Regelungen gibt, am bestehenden Rechtszustand kaum etwas ändern wird. Dies trifft insbesonders für die Ortskirchen des deutschen Sprachraums zu.

d) Pastoralrat (cc. 511–514)

Die Errichtung dieses Beratungsgremiums wird dem Diözesanbischof vom Gesetzbuch lediglich empfohlen. Dies ist zu bedauern, da auch Laien Mitglieder des Pastoralrates sind. Wie die Bezeichnung bereits zeigt, beschränkt sich die beratende Tätigkeit dieses Rates auf pastorale, also seelsorgliche Fragen.

Mitglieder des Pastoralrates müssen «in voller Gemeinschaft» mit der katholischen Kirche stehen. In ihm sollen Vertreter des Klerus, der Orden und vor allem der Laien anwesend sein. Dabei bestimmt der Bischof, zu welchen Teilen die verschiedenen «Stände» vertreten sind und auf welche Weise sie bestimmt werden. Allerdings empfiehlt der Codex an, daß der Pastoralrat ein möglichst getreues Bild des Bistums widerspiegeln soll, was die Vertretung der Regionen, sozialen Schichten und Berufe anbelangt. Neben der bereits erwähnten Voraussetzung der vollen Gemeinschaft mit der Kirche werden als Eignungsvoraussetzungen fester Glaube, gute Sitten und Klugheit verlangt (c. 512 § 3). Weiter schreibt das allgemeine Recht für die Statuten des Pastoralrates noch folgendes vor: Ebenso wie der Priesterrat löst er sich im Fall der Sedisvakanz auf. Er besitzt allein beratende Stimme, wird nach dem Gutdünken des Bischofs zusammengerufen, und der Vorsitz kommt allein diesem zu. Wenigstens einmal jährlich soll der Pastoralrat zusammengerufen werden.

Der Pastoralrat wird in den deutschsprachigen Ländern in der Regel Seelsorgerat genannt; er ist wiederum vom Diözesanrat oder Katholikenrat zu unterscheiden, den es gleichfalls noch in den meisten deutschsprachigen Bistümern gibt, den der neue Codex jedoch nicht erwähnt.

Die Umschreibung der Kompetenzen, die das kirchliche Recht dem Priesterrat und dem Pastoralrat zuerkennt, macht deutlich, daß es dabei zu Kompetenzüberlagerungen kommen kann. Der Klerus und möglicherweise die klerikalen Ordensverbände sind zudem in beiden Räten vertreten. Wenn man dazu in Anrechnung bringt, daß vielerorts noch der Diözesanrat besteht, ergibt sich eine völlige Unübersichtlichkeit der Zuständigkeiten und der Aufgaben dieser verschiedenen Räte.

Für die Bistümer in der Bundesrepublik Deutschland wurde durch einen Beschluß der Gemeinsamen Synode im Jahr 1975 eine Ordnung und gewisse Straffung der rechtlichen Regelungen für die Räte geschaffen (Beschluß «Verantwortung des ganzen Gottesvolkes für die Sendung der Kirche»). Nach diesem Beschluß sind für die Bistümer in der Bundesrepublik auf Diözesanebene drei Räte vorgesehen: Priesterrat, Diözesanpastoralrat und Katholikenrat.

e) Diözesankurie (cc. 469–494)

Wie bereits gesagt, kann, ja soll der Diözesanbischof nicht alles das selbst tun, was er auf Grund des Prinzips der Gewalteneinheit allein ausführen könnte. Ihm steht eine Bürokratie zur Seite, die Diözesankurie, in den deutschsprachigen Ländern meistens Ordinariat genannt. Das allgemeine Kirchenrecht sieht vor, daß die Kurie auf dem Gebiet der Seelsorge (Seelsorge- oder Pastoralamt), der Verwaltung (Generalvikariat) und der Rechtsprechung (Offizialat) tätig ist.

Es ist selbstverständlich, daß allein der Bischof das Recht hat, Leute seines Vertrauens mit Ämtern und Funktionen in den verschiedenen Sparten zu betrauen. Das allgemeine Recht nennt aber doch verschiedene Einstellungsvoraussetzungen für Personen, die in einer Diözesankurie arbeiten. Neben Eigenschaften und Fähigkeiten, die jeweils bei den verschiedenen Ämtern genannt werden, betont der Codex ganz allgemein, daß sie dem Bischof ein Treueversprechen zu leisten haben und zur Geheimhaltung verpflichtet sind.

Während früher eine Diözesankurie relativ einfach gegliedert und dementsprechend auch gut zu überschauen war, hat sich durch die Vielzahl neuer Funktionen, die gerade auch in der Entwicklung des nachkonziliaren Kirchenrechts begründet sind, vielerorts eine gewisse Unübersichtlichkeit ergeben. Diesem Mangel trägt das neue Recht Rechnung, wenn es dem Bischof in einem solchen Fall empfiehlt, das Amt eines «Moderator Curiae» einzurichten, der die verschiedenen Ämter, Funktionen und Dienste der Diözesankurie im Bereich der Seelsorge und der Verwaltung koordinieren soll. Dieser Moderator muß Priester sein. Um die Organisation der Kurie jedoch dadurch nicht noch weiter zu komplizieren, kann der Bischof auch den Generalvikar – oder falls er mehrere Generalvikare hat – einen dieser Generalvikare zum Moderator bestellen. Akte der Diözesankurie, mit denen rechtliche Konsequenzen verbunden sind, bedürfen außer der Unterschrift des dafür Befugten zusätzlich der Gegenzeichnung durch den Kanzler und den Notar der Diözesankurie (c. 474).

Generalvikar und Bischofsvikar (cc. 475–481)

Der neue Codex behandelt die beiden Rechtsfiguren zusammen in einem Abschnitt, obwohl Generalvikar und Bischofsvikar von recht unterschiedlicher rechtlicher Qualität sind und dementsprechend deutlich voneinander zu unterscheiden sind.

Der Generalvikar ist der ständige Vertreter des Bischofs im Bereich der Verwaltung (Exekutive). Damit kommt ihm die bedeutendste Funktion unter den bischöflichen Beamten zu, so daß er gelegentlich als «alter ego» («das zweite Ich») des Bischofs bezeichnet wird. Das Gesetzbuch befiehlt an, der Bischof solle nur einen Generalvikar bestellen. Lediglich bei großer Ausdehnung des Bistums oder hoher Bevölkerungszahl, aber auch aus anderen seelsorglichen Gründen können es mehrere Generalvikare sein. Diese Vorschrift entspricht den heutigen, tatsächlichen Gegebenheiten: In der Regel gibt es in jeder Diözese nur einen Generalvikar, doch kennen größere Bistümer auch mehrere, gelegentlich fünf bis sieben Generalvikare. Natürlich taucht bei mehreren Generalvikaren die Frage der Kompetenzabgrenzung auf.

Das Amt des Bischofsvikars wurde erst durch das II. Vatikanische Konzil eingeführt. Der neue Codex übernimmt in seinem c. 476 fast wörtlich die entsprechende Bestimmung aus dem Dekret «Christus Dominus» (Art. 27): Sooft es die rechte Leitung des Bistums erfordert, können außerdem (also außer dem resp. den Generalvikar(en)) ein oder mehrere Bischofsvikare bestellt werden, die entweder in einem bestimmten Teil des Bistums oder in einem bestimmten Geschäftsbereich oder für die Gläubigen eines bestimmten Ritus jene Jurisdiktionsgewalt besitzen, die nach dem allgemeinen Recht dem Generalvikar zukommt. Die Zuständigkeit eines Bischofsvikars ist also entweder territorial oder funktional oder personal eingegrenzt. Die Bezeichnung Bischofsvikar bedeutet «Vikar des Bischofs»; ein Bischofsvikar kann Bischof (Hilfsbischof) sein, doch muß er es nicht sein. Die Amtszeit eines Bischofsvikars ohne Bischofsweihe ist in der Regel zeitlich begrenzt.

Das kirchliche Gesetzbuch sieht für General- und Bischofsvikare gewisse Einstellungsvoraussetzungen vor: Sie müssen Priester sein, wenigstens dreißig Jahre alt und Doktoren oder Lizentiaten des Kirchenrechts oder der Theologie sein. Zumindest müssen sie auf diesen Gebieten erfahren sein. Ferner nennt der Codex (c. 478

§ 1): Gesunde Lehre, Rechtschaffenheit, Klugheit und Erfahrung. Sie dürfen mit dem Bischof nicht verwandt sein.
Die Ämter von General- und Bischofsvikar sind ihrer Natur nach so eng mit dem Amt des Diözesanbischofs verbunden, daß sie mit Tod, Amtsverzicht oder -verlust des Bischofs erlöschen (außer beim Bischofsvikar mit Bischofsweihe).
Da es sich um persönliche Stellvertreter des Diözesanbischofs handelt, kann dieser die Kompetenzen seiner Vikare auch gegenüber den vom allgemeinen Recht vorgesehenen Rechten erweitern oder durch Vorbehalte einschränken. Die Vikare haben die Pflicht, den Bischof umfassend und regelmäßig über ihre Amtsführung zu unterrichten. Natürlich dürfen sie nicht gegen den Willen und die Absichten des Bischofs handeln.

Der Offizial (cc. 1419–1427)

Im Sinn der Funktionentrennung und der Stellvertretung nimmt der Diözesanbischof auch nicht die Funktion des obersten Richters in seinem Bistum wahr. Ebenso wie im Bereich der Verwaltung kennt das Kirchenrecht auch auf dem Gebiet der Rechtsprechung die Rechtsfigur eines ständigen Vertreters des Bischofs für die Rechtsprechung. Er wird traditionell Offizial genannt, doch sieht der neue Codex in Anlehnung an die anderen Bezeichnungen im Beamtenapparat der Diözesankurie an erster Stelle die Bezeichnung «Vicarius Iudicialis» (also Judizialvikar) vor. Die Rechtsfigur des Offizials oder Judizialvikars wird im Codex nicht im Abschnitt über die Diözesankurie, sondern im Prozeßrecht (Buch VII des Codex) behandelt, was rechtssystematisch gesehen wohl zutreffend ist. Es wäre jedoch sinnvoll gewesen, der Vollständigkeit halber auch im Abschnitt über die Diözesankurie den Offizial bzw. das Offizialat zu erwähnen.
Auf Grund des Prinzips der Gewalteneinheit ist der Bischof selbst oberster Richter in seinem Bistum. C. 1419 § 1 legt fest, daß er die richterliche Gewalt selbst oder durch andere ausüben kann. Faktisch jedoch wird die Rechtsprechung durch vom Bischof bestellte Richter ausgeübt. Der Bischof ist auf Grund der bestehenden gesetzlichen Bestimmungen gehalten, einen Offizial zu ernennen (c. 1420 § 1). Sofern es nicht besondere Umstände bedingen, soll das Amt des Offizials nicht vom Generalvikar ausgeübt werden, um eine Verwischung der Grenzen zwischen Rechtsprechung und Verwaltung zu verhindern.

Wenn der Generalvikar gelegentlich «alter ego» des Diözesanbischofs genannt wird, so spricht das Gesetzbuch im Fall des Offizials davon, daß er «unum tribunal cum Episcopo», ein Gericht zusammen mit dem Diözesanbischof bildet (c. 1420 § 2). Nach Mörsdorf sitzen «beide ... gleichsam auf ein und demselben Richterstuhl, durch den Offizial spricht der Bischof Recht».[6] So gesehen gibt es also auf Bistumsebene keine vom Bischof unabhängige Rechtsprechung, vielmehr betont das kirchliche Recht die Abhängigkeit des Offizials vom Bischof. So kann er beispielsweise nicht in Sachen entscheiden, die sich der Bischof reserviert hat.

In größeren Bistümern gibt es nicht nur einen Offizial, sondern mehr oder minder stark ausgebaute kirchliche Gerichte (Offizialate), die dem Offizial unterstehen. Im Gegensatz zur rechtlichen Möglichkeit der Bestellung mehrerer Generalvikare kann jedoch nur ein Offizial vom Bischof ernannt werden. Die anderen kirchlichen Richter, Vizeoffiziale oder nunmehr auch «Vicarii Iudiciales adiuncti» genannt, sprechen gleichfalls im Namen des Bischofs Recht, sind also ebenso wie der Offizial Vertreter des Bischofs und nicht des Offizials, allerdings unterstehen sie dem Offizial verwaltungsmäßig. Zum Amtsbereich des Offizials gehört nämlich auch die Gerichtsverwaltung; dort vertritt er allein den Bischof als den Gerichtsherrn.

Auch für Offizial und Vizeoffizial nennt das Gesetzbuch bestimmte Voraussetzungen und Qualifikationen: Sie müssen Priester sein, von untadeligem Ruf, Doktoren oder wenigstens Lizentiaten im Kirchenrecht und nicht jünger als 30 Jahre alt sein. Im Unterschied zum Generalvikar erlischt die Amtsinhaberschaft des Offizials nicht mit der Erledigung des bischöflichen Stuhls. Der Bistumsverwalter kann ihn nicht absetzen. Erst der neue Bischof bestätigt ihn in seinem Amt oder setzt einen neuen Offizial ein.

Neben dem Offizial und dem Vizeoffizial kennt das kirchliche Recht auch noch Diözesanrichter (c. 1421). In einigen vom Recht genannten Fällen kann, ja darf der Offizial nicht als Einzelrichter tätig werden, sondern ist eine sogenannte kollegiale Verhandlungsweise vorgeschrieben. Der neue Codex schreibt vor, daß diese Diözesanrichter Kleriker sein sollen, also nicht unbedingt Priester sein müssen. Ja er erlaubt sogar, daß die Bischofskon-

[6] K. Mörsdorf, Kirchenrecht, III, München–Paderborn–Wien [11]1979, 50.

ferenzen die Ernennung von Laien zu Diözesanrichtern zulassen, von denen jedoch jeweils nur einer Mitglied eines Richterkollegiums sein darf (c. 1421 § 2). Dadurch soll sichergestellt werden, daß nicht Laien mehrheitlich über Sachen geistlicher Art Recht sprechen. Auch diese Richter müssen gut beleumundet und Doktoren oder wenigstens Lizentiaten des Kirchenrechts sein.

Was die Amtsdauer des Offizials, Vizeoffizials und der Diözesanrichter betrifft, sieht das neue Recht vor, daß sie vom Bischof für einen bestimmten Zeitraum ernannt werden, wobei für den Offizial die oben genannte Ausnahme für den Fall der Sedisvakanz besteht. Sie alle können vor Ablauf der Amtszeit vom Bischof nur aus einem gerechten und schwerwiegenden Grund abberufen werden.

Da es immer schwieriger wird, in jedem Bistum ein kirchliches Gericht zu errichten bzw. zu erhalten, das allen rechtlichen Voraussetzungen hinsichtlich seiner personellen Ausstattung entspricht, sieht der neue Codex die Errichtung von Gerichten erster Instanz vor, an dem sich mehrere Bistümer beteiligen. Die Errichtung derartiger (Regional-) Gerichte bedarf allerdings der Billigung durch den Apostolischen Stuhl. Der alte Codex kannte diese Gerichte noch nicht, doch wurden sie bereits seit dem Jahr 1938 von Rom erlaubt. Der neue Codex sieht zudem vor, daß an derartige Regionalgerichte nur bestimmte Fälle oder bestimmte Arten von Fällen delegiert werden. So sind die Diözesangerichte z. B. teilweise nicht mehr in der Lage, die zahlreichen Eheprozesse in vertretbaren Fristen durchzuführen.

Da in diesem Buch auf das Prozeßrecht nicht ausführlich eingegangen wird, soll an dieser Stelle noch einiges über Aufbau und Funktionen des Diözesangerichts gesagt werden, dem der Offizial vorsteht:

In weniger wichtigen Streitsachen wird der Offizial als Einzelrichter tätig, doch kann er zwei beratende Richter aus den Reihen der Diözesanrichter beiziehen, Kleriker oder Laien von tadelloser Lebensführung. Wie bereits gesagt wurde, müssen jedoch gewisse Fälle in kollegialer Verhandlungsweise entschieden werden, also durch mindestens drei erkennende Richter: Unter den Streitsachen Verfahren über die Gültigkeit einer Weihe oder einer Ehe, bei Strafsachen Verfahren, die die Entlassung aus dem Klerikerstand zur Folge haben können, sowie solche, in denen eine Exkommunikation verhängt oder ausgesprochen wird. Darüber hinaus kann der Bischof fallweise Verfahren, die schwieriger gelagert oder von größerer Bedeutung sind, an ein Dreier- oder Fünfergericht zur Behandlung übertragen. Leider sieht der neue Codex angesichts der personellen Situation vor, daß die zuständige Bischofskonferenz erlauben kann, daß in diesen vom allgemeinen Recht genannten Fällen die entsprechenden Verfahren auch durch einen Einzelrichter in der ersten Instanz durchgeführt werden dürfen, sofern es nicht möglich ist, ein Kollegialgericht zu formen. Es wird lediglich zur Auflage gemacht, dieser Einzelrichter müsse Kleriker sein und solle, wenn möglich, einen beratenden Richter und einen Vernehmungsrichter beiziehen.

Das Kollegialgericht besteht in der Regel aus dem Offizial oder einem Vizeoffizial als Vorsitzenden und zwei bzw. vier beratenden Richtern. Die letzteren werden nach einer festliegenden Reihenfolge aus den Diözesanrichtern bestimmt (sogenannter Turnus). Die einmal für ein Verfahren bestimmten Richter darf der Offizial nur aus einem schwerwiegenden Grund ersetzen oder auswechseln. Dies muß durch schriftlichen Erlaß geschehen, in dem der Grund zu nennen ist.

Das Kollegialgericht muß – wie der Name ja sagt – in allem kollegial vorgehen und seine Urteile mit Mehrheit fällen.

Weitere Ämter und Funktionen an einem Diözesangericht (cc. 1428–1437)

Der *Vernehmungsrichter* (auditor): Ein Hilfsamt innerhalb der Gerichtsorganisation ist der Vernehmungsrichter. Auch er muß vom Bischof zugelassen werden. Der neue Codex läßt zu dieser Funktion auch Laien zu. Aufgabe des Vernehmungsrichters ist es, Beweismaterial zu versammeln und für den Richter vorzubereiten. Er wird also vornehmlich bei der Befragung resp. Vernehmung von Zeugen oder Parteien tätig.

Der *Berichterstatter* (relator oder ponens): In einem Kollegialgericht kann der Vorsitzende einen der Beirichter zum Berichterstatter in einem Verfahren bestimmen, der dem zur Urteilsfindung versammelten Kollegium über die Prozeßsache zu berichten und das Urteil auszufertigen hat.

Der *Kirchenanwalt* (promotor iustitiae): Die Funktion des Kirchenanwalts ist mit der des Staatsanwalts im zivilen Bereich zu vergleichen. Bei Streitsachen, in denen das öffentliche Wohl gefährdet werden kann, und bei Strafsachen nimmt der Kirchenanwalt das öffentliche Interesse wahr. Allerdings bestimmt bei Streitsachen der Bischof, ob die Notwendigkeit der Intervention durch den Kirchenanwalt gegeben ist, sofern nicht für bestimmte Fälle eine Intervention des Kirchenanwalts vom Gesetz vorgeschrieben wird oder aus der Natur der Sache evident ist. Damit untersteht der Kirchenanwalt grundsätzlich dem Weisungsrecht des Bischofs! Hat der Kirchenanwalt einmal in einem Verfahren interveniert, wird auch in den folgenden Instanzen der zuständige Kirchenanwalt tätig.

Der *Bandverteidiger* (defensor vinculi): In alle Prozesse, die über die Gültigkeit resp. Nichtigkeit einer Weihe oder einer Ehe handeln, schaltet sich der Bandverteidiger ein. Er hat die Aufgabe, alle Argumente zu versammeln und in das Verfahren einzuführen, die gegen eine Nichtigkeit oder Lösung des Weihe- oder Ehebandes sprechen.

Alle Prozeßhandlungen, bei denen die Anwesenheit des Kirchenanwaltes oder des Bandverteidigers erforderlich ist, zu denen sie jedoch nicht eingeladen worden sind, sind ungültig, es sei denn, sie hätten (unaufgefordert) daran teilgenommen oder vor der Urteilsfindung durch Akteneinsicht ihres Amtes walten können. Der neue Codex hat die Bedeutung des Kirchenanwaltes und des Bandverteidigers noch verstärkt, da sie nunmehr das Recht erhalten, zu jedem Antrag der Prozeßparteien oder einer derselben intervenieren zu dürfen.

Eine weitere, geradezu erstaunliche Neuerung des neuen Codex ist c. 1435, wonach der Bischof auch Laien mit diesen Ämtern oder Funktionen beauftragen kann. Beide Ämter sind kompatibel, doch dürfen sie natürlich nicht in ein und demselben Verfahren ausgeübt werden. In der Regel ernennen die Bischöfe Kirchenanwalt und Bandverteidiger mit Generalvollmacht für alle Verfahren, doch sieht der Codex auch Bevollmächtigung für einzelne Prozesse vor. Kirchenanwalt wie Bandverteidiger können vom Bischof aus gerechtem Grund jederzeit abberufen werden.

Der *Notar*: Schließlich sei noch der Gerichtsschreiber oder Notar am bischöflichen Gericht erwähnt. Die Gültigkeit der Prozeßakten wird durch seine Unterschrift beurkundet (Urkundsbeamter). Akten des Notars genießen öffentlichen Glauben.

Die höheren Instanzen der kirchlichen Rechtsprechung sind im wesentlichen genauso wie die erste Instanz, also das Gericht des Diözesanbischofs, strukturiert.

Kanzlei, Notare und Archiv (cc. 482–491)

Das allgemeine Recht regelt nur in den Grundzügen den organisatorisch-bürokratischen Aufbau der Diözesankurie. In vielen Teilen der Kirche konnten und können die Bischöfe aus Personal- oder Geldmangel nicht einmal diese rudimentären Strukturen einer kirchlichen Verwaltung schaffen. In anderen Teilen der Kirche, und so auch in den meisten deutschsprachigen Bistümern, sind die Diözesankurien nach diesem vom Gesetzbuch anempfohlenen Strukturen gegliedert, wenn auch gelegentlich andere Bezeichnungen verwendet werden.

So sieht auch der neue Codex die Bestellung eines Kanzleidirektors (cancellarius) vor, der den Schriftverkehr der Kurie regelt und archivieren läßt. Auch hier ist die Vorschrift des alten Codex weggefallen, wonach diese Funktion durch einen Priester wahrgenommen werden muß. Der Kanzleidirektor nimmt zugleich Aufgaben eines Notars wahr, ist also Urkundsbeamter. In größeren Kurien gibt es in der Regel einen ständigen Stellvertreter des Kanzleidirektors sowie weitere Notare. Alle diese Funktionen können von Laien ausgeübt werden, lediglich bei Verfahren gegen Priester muß auch der Notar Priester sein.

Der neue Codex sieht vor, daß in jedem Bistum ein Archiv eingerichtet wird, das sich in drei Abteilungen gliedert: Im Diözesanarchiv sind alle Schriftstücke und Urkunden, welche die Leitung des Bistums betreffen, aufzubewahren und zu registrieren. Das Archiv darf nur mit Erlaubnis des Bischofs oder des Generalvikars (resp. des Moderators) und des Kanzleidirektors betreten werden, die auch die Schlüssel zum Archiv bewahren. Daneben muß ein sogenanntes Geheimarchiv geführt werden, in dem alle geheimen Schriftstücke aufbewahrt werden (Dispensen für öffentlich nicht bekannte Ehe- oder Weihehindernisse, Strafakten, die Sittlichkeitsdelikte betreffen, u. ä.). Nach den Bestimmungen des neuen Codex (c. 490) besitzt allein der Bischof einen Schlüssel für das Geheimarchiv. Schließlich soll der Bischof ein historisches Archiv einrichten, in dem alle Schriftstücke und Urkunden von geschichtlichem Wert aufbewahrt werden.

Wirtschaftsrat und Ökonom (cc. 492–494)

Der neue Codex enthält ein eigenes Buch (Buch V), das der Verwaltung der «zeitlichen Güter der Kirche» gewidmet ist. Hier im Abschnitt über die Diözesankurie kommt das Gesetzbuch auf die Ämter und Funktionen zu sprechen, die in der Bistumsleitung

für wirtschaftliche und finanzielle Angelegenheiten zuständig sind. Auch hierbei handelt es sich um gesetzliche Regelungen, die der bisherige Codex nicht kannte.
Der neue Codex sieht nun vor, daß in jedem Bistum ein Wirtschaftsrat errichtet wird, dem der Bischof selbst oder ein von ihm Delegierter vorsitzt. Mitglieder dieses Rates sind drei vom Bischof ernannte Kirchenangehörige, die in wirtschaftlichen und zivilrechtlichen Fragen erfahren sind und als untadelig gelten. Sie werden für fünf Jahre ernannt; eine Verlängerung der Mitgliedschaft um eine weitere Periode ist möglich. Personen, die mit dem Bischof bis zum vierten Grad verwandt oder verschwägert sind, dürfen nicht dem Wirtschaftsrat angehören.
Die verschiedenen Aufgaben des Wirtschaftsrates werden – wie gesagt – im Buch V des Codex genannt. In diesem Abschnitt wird lediglich eine seiner Aufgaben festgelegt, nämlich die Erstellung des Jahreshaushaltsplanes für das Bistum.
Der neue Codex sieht ferner vor, daß in jedem Bistum vom Bischof nach Anhörung des Beraterkollegs und des Wirtschaftsrates ein Ökonom bestellt wird. In den deutschsprachigen Diözesen existiert diese Rechtsfigur seit langem (Finanzdirektor).
Ebenso wie die Mitglieder des Wirtschaftsrates wird er für fünf Jahre ernannt, wobei die Amtszeit um weitere fünf Jahre verlängert werden kann. Der Codex beschränkt also die Amtszeit des Ökonoms auf insgesamt zehn Jahre, was angesichts der Bedeutung dieser Funktion und aus Gründen der Kontinuität als äußerst begrenzt angesehen werden muß. Während seiner Amtszeit kann er vom Bischof nur aus schwerwiegenden Gründen abgesetzt werden, wobei er gleichfalls das Beraterkolleg und den Wirtschaftsrat anhören muß.
Der Ökonom verwaltet die Finanzen und Wirtschaftsangelegenheiten des Bistums; jeweils zur Jahreswende muß er dem Wirtschaftsrat über Ein- und Ausgaben des Bistums Bericht erstatten.

1.2.5 Das Dekanat (cc. 553–555)

Unter dem Titel «Über die Landdekane» spricht auch der neue Codex in personalisierter Weise über die organisatorische Mittelinstanz zwischen Bistum und Gemeinde. Das Dekanat erlangte in den letzten Jahren insbesonders in größeren sowie in mit Gemeindepfarrern schlecht versorgten Bistümern eine größere Bedeutung für die Organisation der Seelsorge.

Dem Dekanat steht ein Dekan oder Erzpriester (archipresbyter) vor, der vom Bischof nach Anhörung der im betreffenden Dekanat arbeitenden Priester frei ernannt wird, sofern nicht durch Teilkirchenrecht etwas anderes bestimmt ist. Das Dekanatsamt ist nicht an ein bestimmtes Pfarramt gebunden (das war früher weithin der Fall, in der Regel aus Gründen der Tradition). So kann der Dekan vom Bischof frei ernannt und auch abberufen werden, wenn auch im Normalfall gewisse Fristen und Termine für Bestellung und Amtsdauer des Dekans einzuhalten sind.
Dem Dekan kommen auf der mittleren pastoralen Ebene Aufgaben der Koordination und der Förderung der Seelsorge zu. Zudem achtet er im Auftrag des Bischofs darauf, daß die Priester entsprechend ihren Aufträgen ihre Pflicht erfüllen. Es erscheint fraglich, ob der Dekan aufgrund der Rechte, die ihm das allgemeine Recht zuerkennt, in der Tat die Seelsorge in dem angestrebten Maß positiv beeinflußen kann. Auf diesem Sektor wird es also gezwungenermaßen zu teilkirchenrechtlichen Entwicklungen kommen müssen. Da der Dekan traditionell und zudem wieder nach den Regelungen des neuen Codex auch oder sogar zunächst Aufsichtsorgan des Bischofs über die Pfarrer ist, erscheint es überdies fraglich, ob gerade in dieser Rechtsinstitution verheißungsvolle Ansätze für eine pastorale Kooperation oberhalb der Gemeindeebene liegen.

1.2.6 Die Pfarrei (cc. 515–552)

Das II. Vatikanische Konzil hat seine Aufmerksamkeit stark auf die ekklesiologische Stellung des Bischofsamtes gerichtet und damit auch manche fruchtbare Aussage über das Bistum, die Ortskirche gemacht. Über die Gemeinde vor Ort, in der Regel die Pfarrei, sprechen die Texte des Konzils selten. Auch das neue Recht für die katholische Kirche widmet dieser Basiseinheit der Kirche wenig Raum, befangen in einer pyramidalen Vorstellung vom Aufbau der Kirche, wonach lediglich die Spitzenpositionen Aufmerksamkeit verdienen. Hinzu tritt eine personalistische Auffassung von den Ämtern der Kirche, so daß allenfalls die Funktion des Priesters im allgemeinen, nicht jedoch die Aufgaben des Gemeindepfarrers in den Blick kommen.
Die Legaldefinition des Codex, welche die Pfarrei umschreibt (c. 515 § 1), läßt offen, ob es sich bei einer Pfarrei um eine territorial oder personal abgegrenzte Körperschaft handelt, doch spricht

auch der neue Codex an anderer Stelle davon, daß sie im Normalfall territorial abgegrenzt ist (c. 518). Die genannte Legaldefinition kennt nun drei Kennzeichen für eine Pfarrei:

– es muß sich um einen auf Dauer errichteten Teilverband (eigentl. communitas = Gemeinschaft, Gemeinde) handeln;
– sie steht unter der Leitung (auctoritas) des Diözesanbischofs;
– sie ist einem Priester, dem Pfarrer, anvertraut.

Nach kirchlichem Recht kann sich also eine Gemeinde nicht selbst konstituieren, sie bedarf der Errichtung durch den Bischof, will sie Gemeinde innerhalb der katholischen Kirche sein. Ferner legt das Recht fest, daß die Leitung einer Gemeinde allein einem Priester anvertraut werden kann und darf.

Dementsprechend unterstreicht der CIC auch, daß allein der Diözesanbischof das Recht besitzt, Pfarreien zu errichten, aufzuheben oder in ihren Grenzen zu verändern, wobei er – wie oben bereits erwähnt – den Priesterrat zu hören hat. Die rechtmäßig errichtete Pfarrei ist eine Rechtsperson.

Was nun die Forderung des kirchlichen Rechtes betrifft, eine Pfarrei müsse unter der Leitung eines Priesters stehen, läßt der Codex angesichts der Situation in zahlreichen Teilkirchen gewisse Alternativlösungen zu, die jedoch das Prinzip nicht in Frage stellen. So kennt und nennt der CIC die Rechtsform der Quasi-Pfarrei, die wegen besonderer Umstände nicht auf Dauer (stabiliter) errichtet ist, ansonsten aber alle Merkmale einer Pfarrei besitzt und für die auch ein Priester die Verantwortung trägt. Wenn es aber überhaupt nicht möglich ist, Pfarreien oder Quasi-Pfarreien zu errichten, die den kirchenrechtlichen Anforderungen genügen müssen, können nunmehr die Bischöfe auch andere Formen finden, um die Seelsorge sicherzustellen (c. 517 § 2)! Ferner sieht der neue Codex auch Regelungen für eine Pfarrei vor, in dem ein Team von Seelsorgern arbeitet. In einem solchen Fall hat einer der Priester des Teams die koordinierende Funktion zu übernehmen und das Team gegenüber dem Bischof zu vertreten (der CIC nennt diesen «Teamleiter» moderator). Im Fall des Einsatzes von Nichtgeweihten in der Seelsorge verlangt der CIC, daß die letzte Verantwortung ein Priester zu tragen habe. Formalrechtlich gesehen kann also nur ein Priester die Vollmachten eines Pfarrers erhalten!

Wie bereits angedeutet wurde, geht auch das neue Kirchenrecht davon aus, daß die katholische Kirche nach dem Territorialprinzip aufgegliedert ist. So ist auch die Normalform der Pfarrei die territorial umgrenzte Pfarrei (c. 518). Wo es jedoch ratsam erscheint, nach anderen Gesichtspunkten Pfarreien zu errichten und abzugrenzen, kann dies unter gewissen Voraussetzungen geschehen. Dabei nennt der Codex die Möglichkeit zur Errichtung von Personalpfarreien, die im Hinblick auf Ritus, Sprache, nationaler Zugehörigkeit und vergleichbaren Gründen zugelassen werden können.

Der CIC nennt ferner die Voraussetzungen, unter denen Orden und Kongregationen Pfarreien übernehmen können (c. 520).

Der Pfarrer
(cc. 521–534)

Recht ausführlich zeichnet der Codex das Bild des Pfarrers. Wie bereits gesagt, muß er Priester sein. Das ist sozusagen die Grundvoraussetzung. Unter seinen persönlichen Eigenschaften nennt der Codex: Gesunde Lehre (sana doctrina), Rechtschaffenheit, Seeleneifer und Tugendhaftigkeit. Hinzu kommt die Bestimmung, wonach er auf Grund seiner Eigenschaften auch als Pfarrer für die jeweilige Pfarrei befähigt sein muß. Die Eignung eines Priesters zum Pfarrer muß in einem vom Bischof festgelegten Verfahren ermittelt werden, u. U. auch durch eine Prüfung.

Nach dem früheren Recht war ein Pfarrer prinzipiell nicht absetzbar, es sei denn, daß er straffällig geworden war (er war «inamovibilis», nicht entfernbar). In der Folge des II. Vatikanischen Konzils wurde diese Rechtslage verändert, da man erkannte, daß diese rechtliche Absicherung des Pfarrers und seines Amtes für die Gemeinden nicht selten negative Folgen hatte. Aber auch nach dem neuen Codex erfreuen sich Pfarrer einer Dauerstellung (stabilitas, c. 522) und werden auf unbestimmte Zeit ernannt. Allerdings sieht das neue Recht nun vor, daß die regionalen Bischofskonferenzen die Amtszeit der Pfarrer in ihrem Gebiet begrenzen können (gleichfalls c. 522). Prinzipiell hat allein der Diözesanbischof das Recht zur Amtsverleihung, doch wirken dabei gelegentlich noch natürliche oder juristische Personen mit, die das Recht des Vorschlages oder der Wahl eines ihnen geeignet erscheinenden Kandidaten besitzen.

Was die Bestimmungen über die Neubesetzung einer Pfarrei betrifft, bringt der neue Codex in der Tat in einigen Punkten Neues. Denn obwohl letztlich der Bischof allein entscheidet, ob ein Priester für ein entsprechendes Pfarramt geeignet ist, so empfiehlt ihm der Codex doch, in einem solchen Fall nicht nur den zuständigen Dekan, sondern darüber hinaus auch «bestimmte» Priester sowie (von einer Ernennung betroffene) Laien zu hören. In Zeiten der Sedisvakanz des bischöflichen Stuhles darf der Bistumsverwalter nicht die Ernennung von Pfarrern vornehmen, es sei denn, daß der bischöfliche Stuhl bereits mehr als ein Jahr verwaist ist.

Ähnlich wie bei der Ernennung eines neuen Bischofs spricht der Codex auch bei der des Pfarrers von einer «Besitzergreifung» der Pfarrei durch den Neuernannten (c. 527 § 1). Es ist zu bedauern, daß sowohl an dieser Stelle wie auch andernorts im Codex das neuformulierte Kirchenrecht eine Sprache verwendet, die aus feudalistischen Zeiten stammt.

In drei ausführlich formulierten Canones (cc. 528–530) beschreibt der Codex die Pflichten des Pfarrers. Dabei wird an erster Stelle die Verkündigung des Wortes Gottes genannt: Predigt (besonders an Sonntagen und den kirchlichen Feiertagen), Katechese und Jugenderziehung (Schule). Neben den apostolischen oder missionarischen Aufgaben (z. B. Fernstehendenpastoral) wird ausdrücklich betont, daß er alle Anstrengungen um mehr soziale Gerechtigkeit zu fördern hat. Damit (c. 528 § 1) werden Schwerpunkte der Arbeit des Pfarrers insbesondere im Bereich des «munus docendi» genannt.

Die weiteren Bestimmungen nennen spezielle Aufgaben des Pfarrers, soweit sie das «munus sanctificandi» betreffen: Seine erste Sorge soll es sein, die Eucharistie zum Zentrum der Pfarrgemeinde zu machen. Ferner soll er sich darum bemühen, daß die Gläubigen häufig die Sakramente der Eucharistie und der Buße empfangen, an den liturgischen Feiern der Gemeinde teilnehmen und auch das Gebet in den Familien pflegen. In diesem Zusammenhang ermahnt das Gesetzbuch den Pfarrer, die Liturgie in der offiziell vorgeschriebenen Weise zu vollziehen und darauf zu achten, daß sich dabei keine Mißbräuche einschleichen.

Darüberhinaus nennt der Codex weitere Aufgaben des Pfarrers, die man dem «munus regendi» (Dienst der Leitung) zuweisen kann (c. 529): Insbesonders in schwierigen Situationen des Lebens soll der Pfarrer seinen Gemeindeangehörigen mit Rat und Tat zur Seite stehen. Der Pfarrer soll die Menschen in seiner Gemeinde möglichst persönlich kennen und sie besuchen, besonders dann, wenn sie der Sorge bedürfen und in Angst oder Trauer sind. Als Zielgruppen, die der Sorge des Pfarrers an erster Stelle bedürfen, nennt der Codex die Armen und Kranken, die Notleidenden, Einsamen und Vertriebenen.

Während der frühere Codex den Pfarrer eher als Verwalter eines kirchlichen Bezirkes und der Sakramente der Kirche gezeichnet hat, betont also der neue Codex dankenswerterweise die pastoralen und sozialen Aufgaben des Pfarrers. Dennoch muß festgehalten werden, daß auch das neue Recht ein durchaus patriarchalisches Bild vom Pfarrer entwickelt. Gleichsam wie das Haupt einer Sippe oder Großfamilie trägt er die letzte Verantwortung für die Kirchenangehörigen «seiner» Gemeinde («Pfarrkinder»!). So ist etwa in dem angeführten c. 529 davon die Rede, er müsse diejenigen, die seiner Sorge bedürfen, klug zurechtweisen. Verstärkt wird dieses Bild eines Lehrmeisters noch, wenn der Codex im gleichen Canon davon spricht, der Pfarrer solle sich darum bemühen, daß Eheleute und Eltern ihre besonderen Pflichten erfüllen.

Auch in den übrigen Bestimmungen entwirft der neue Codex ein durchaus traditionelles und aus der Zeit der Katholischen Aktion stammendes Bild vom Zusammenwirken von Pfarrer und Laien in der Gemeinde. Letztlich liegt die Verantwortung beim Pfarrer. Deshalb wird auch er ermahnt, mit den Laien gut zusammenzuarbeiten. Er soll den besonderen Anteil, den Laien in der Sendung der Kirche besitzen, erkennen und fördern.

Folgende besondere Aufgaben des Pfarrers zählt der Codex gesondert auf (c. 530): Spendung der Taufe, Spendung der Firmung im Fall von Todesgefahr (ansonsten ist die Spendung der Firmung dem Diözesanbischof oder dessem Beauftragten vorbehalten), Spendung der Wegzehrung und der Krankensalbung, Eheschließung, Beerdigung, Taufwasserweihe in der Osternacht, Abhalten von Prozessionen außerhalb der Kirche, feierliche Eucharistiefeier an Sonn- und Festtagen.

Der Pfarrer vertritt die Pfarrei nach außen. Er ist streng gehalten, das Vermögen der Pfarrei getreu zu verwalten. Ähnlich wie beim Bischof, kennt das Kirchenrecht auch eine Residenzpflicht des Pfarrers. Er soll im Gebiet der Pfarrei wohnen, möglichst in der Nähe der Pfarrkirche. Während der frühere Codex dem Pfarrer noch einen Jahresurlaub bis zu zwei Monaten zugestand, reduziert ihn das neue Recht auf einen Monat. Darauf werden Exerzitientage nicht angerechnet. Bei Abwesenheit von länger als einer Woche hat er den Bischof zu informieren.

An allen Sonntagen und den in seinem Bistum vorgeschriebenen Feiertagen hat der Pfarrer eine Messe für die Gläubigen seiner Pfarrei zu applizieren (aufzuopfern).

Traditionell bildet eine der wichtigen Aufgaben des Pfarrers das sorgfältige Führen der Pfarrbücher: Taufbuch, Firmregister, Ehematrikel, Sterbematrikel und gegebenenfalls noch andere Register, die durch den Diözesanbischof oder die Bischofskonferenz vorgeschrieben sind (so etwa in den deutschsprachigen Bistümern eine Pfarrkartei, in der – häufig vertrauliche – Daten über Kirchenbesuch, Sakramentenempfang, Hausbesuche des Pfarrers u. dgl. festgehalten werden). Das wichtigste dieser Bücher ist das Taufbuch, da in ihm neben den Taufen auch noch die Firmungen, Eheschließungen, Adoptionen, der Empfang von Weihen, feierliche Gelübde und Ritusveränderungen eingetragen werden. Bei amtlichen Auszügen aus dem Taufbuch (etwa vor einer Eheschließung) werden automatisch dann alle anderen Angaben zusammen mit dem Zeitpunkt der Taufspendung aufgeführt.[7]

Ähnlich wie das Bistum soll auch jede Pfarrei ein eigenes Archiv einrichten.

Gleichfalls in Parallele zur Bistumsebene sieht der neue Codex für die Pfarrei die Einrichtung eines *Pastoralrates* (c. 536) vor, der – folgt man der nicht sehr informativen Gesetzesdefinition – in etwa mit dem *Pfarrgemeinderat* (in der Schweiz: Pfarreirat) in den deutschsprachigen Teilkirchen identisch ist. Nach dem Codex hat der Pfarrer den Vorsitz im Pastoralrat. Wie die Bezeichnung ja sagt, ist es Aufgabe des Pastoralrates, die Pastoral in der Gemeinde zu fördern, und zwar durch die gemeinsame Überlegung zwischen Pfarrer, seinen Mitarbeitern in der Seelsorge und den Angehörigen der Pfarrei. Selbstverständlich besitzt dieser Pastoralrat lediglich beratende Stimme, doch betont der CIC dies noch gesondert (c. 536 § 2).

[7] Vgl. für die Bistümer in der Bundesrepublik Deutschland: Datenschutz- und Melderecht der katholischen Kirche (1979). In der Reihe «Arbeitshilfen» der Deutschen Bischofskonferenz Nr. 15.

Entsprechend zum *Wirtschaftsrat* auf Bistumsebene kennt der neue Codex auch einen solchen für die Pfarrei (c. 537). Das allgemeine Recht macht in diesem Fall jedoch keine Aussagen über Mitgliederzahl, Besetzung und Amtszeit, wohl aus der Überlegung, daß in vielen Teilkirchen derartige Beratungsorgane auf Gemeindeebene bereits seit langem bestehen, nicht zuletzt auf Grund staatlicher Anordnung[8]. Auch dabei fordert der Codex, daß der Pfarrer die letzte Verantwortung zu tragen habe.

Auch bei den Bestimmungen für den Fall der *Erledigung des Pfarramtes* (cc. 538-541) gibt es gewisse Übereinstimmungen mit den gesetzlichen Regelungen bei Sedisvakanz des bischöflichen Stuhles. Als Gründe für die Erledigung des Pfarramtes nennt der neue Codex Absetzung, Versetzung, Verzicht und Ende der Amtszeit (gemäß c. 522 haben die Bischofskonferenzen ja das Recht, die Amtszeit der Pfarrer zu begrenzen). Ebenso wie der Bischof muß auch der Pfarrer mit 75 Jahren auf sein Amt verzichten (gegenüber dem Bischof). Es ist jedoch Sache des Bischofs, den Verzicht zu akzeptieren oder in Anbetracht der Umstände den Pfarrer um weitere Ausübung des Amtes zu ersuchen. Trotz zunehmenden Priestermangels ist es allerdings in zahlreichen Teilkirchen inzwischen Gewohnheit, daß die Pfarrer bereits mit 65 bis 70 Jahren auf ihr Amt verzichten. Der Codex verpflichtet den Diözesanbischof, für den Pfarrer, der resigniert hat oder abgesetzt worden ist, in angemessener Weise Sorge zu tragen (Lebensunterhalt, Wohnung). Bei Erledigung eines Pfarramtes ernennt der zuständige Ordinarius (Bischof) einen Verwalter der Pfarrei (administrator paroecialis) (cc. 539-541).

Der neue Codex führt dann noch einige Bestimmungen für eine durch mehrere Priester, also *kollegial betreute Pfarrei* resp. Pfarrverband auf (cc. 542-544). Diese brauchen hier nicht genannt werden, da im wesentlichen das gleiche wie beim allein verantwortlichen Pfarrer gilt.

Abschließend behandelt der Codex im Abschnitt über den Pfarrer die Rechtsposition des *Kaplans oder Vikars* (vicarius paroecialis), was dessen Abhängigkeit vom Pfarrer unterstreicht (cc. 545-552). Ein Kaplan oder Vikar steht «sub auctoritate» des Pfarrers, ist

[8] Vgl. für die Bundesrepublik die entsprechenden Ordnungen für den Kirchenvorstand.

also an dessen Weisungen gebunden (c. 545). Es kommt demnach sehr stark auf den Pfarrer an, in welchem Umfang ein Kaplan eine selbständige und eigenverantwortliche Seelsorgetätigkeit entfalten kann. Durch die Bestimmungen des neuen Codex sind die engen Bindungen des Kaplans an die Weisungen des Pfarrers gegenüber den früheren Bestimmungen eher noch verschärft worden (der frühere Codex betonte auch rechtssystematisch nicht so stark die Unterordnung des Kaplans unter den Pfarrer, vgl. c. 471 ss. CIC-1917).

Was die Kompetenzen des Kaplans für Bereiche der Seelsorge betrifft, gibt es allerdings im neuen Codex einige positive Veränderungen oder Erweiterungen der bisherigen Bestimmungen. Entsprechend den Auffassungen des II. Vatikanischen Konzils wird die Pfarrei stärker als eine personale denn eine territoriale Einheit gesehen. Darum sieht der Codex verschiedene Möglichkeiten zur Regelung der Kompetenzen eines Kaplans vor: Er kann für die gesamte Pfarrei zuständig und befugt sein, für einen Teil der Pfarrei oder für eine bestimmte Gruppe von Gemeindeangehörigen, er kann aber auch ein Amt für mehrere Pfarreien ausüben. Anders gesagt, der neue Codex trägt den vielfältigen Formen kategorialer Pastoral Rechnung, die es etwa in den deutschsprachigen Bistümern heutzutage gibt.

Das Amt eines Kaplans kann nur ein Priester erhalten. Diese Bestimmung (c. 546) ist neu, war also im bisherigen Codex nicht enthalten. Hiermit reagiert das allgemeine Recht abweisend auf teilkirchliche Entwicklungen, so auch in den deutschsprachigen Ländern, in denen in zunehmendem Maße Pastoralassistenten bzw. Pastoralreferenten Funktionen übernehmen, die früher von Kaplänen wahrgenommen wurden. Es ist auch bezeichnend, daß diese neuen Ämter nicht einmal allgemein im neuen Codex genannt werden.

Was die Rechte und Pflichten des Kaplans betrifft, sind sie weitgehend analog zu jenen des Pfarrers geregelt. Er wird vom Bischof ernannt und auch abberufen; vor der Ernennung kann der Bischof den Pfarrer, die Gemeindeangehörigen und auch den Dekan anhören, wenn ihm dies opportun erscheint.

1.2.7. Übrige Formen des Seelsorgeklerus (cc. 556-572)

Der neue Codex handelt schließlich noch über die Kirchenrektoren (cc. 556-563) und die «Kapläne» (cc. 564-572).
Unter dem Begriff Kirchenrektor versteht das Kirchenrecht einen Priester, dem die pastorale Sorge an einer sogenannten Nebenkirche anvertraut ist (Anstalts-, Wallfahrtskirche u.ä.).
Als capellanus («Kaplan») bezeichnet das allgemeine Kirchenrecht einen Geistlichen in der besonderen Seelsorge, etwa beim Militär oder für andere besondere Gruppen und Gemeinschaften (Auswanderer, Nichtseßhafte u.ä.).
Kirchenrektor wie «Kaplan» arbeiten in direktem Auftrag des Bischofs. Ihre Kompetenzen werden in der Regel gesondert umschrieben, gleichen jedoch in vielen Punkten denen der Ortspfarrer.
Während der neue Codex dem Kirchenrektor und dem «Kaplan» insgesamt immerhin 17 Canones widmet, erwähnt er andere Formen des Dienstes in der (heutigen) Kirche überhaupt nicht. Es wurde bereits darauf hingewiesen, daß sich im neuen Codex keine Bestimmungen über den Dienst der Pastoralreferenten (resp. Pastoralassistenten) befinden. Gleichfalls keine Erwähnung findet das Amt des *ständigen Diakons*, zumindest nicht als ein Amt in der Seelsorge (im Abschnitt über das Weihesakrament – cc. 1008 ss. – sind auch Bestimmungen über den Diakonat enthalten). Das neue kirchliche Recht unterscheidet zwischen Diakonat als Durchgangsstufe zum Priestertum und ständigem Diakonat (diaconatus permanens). Der ständige Diakonat wurde im Jahr 1967 durch das Motuproprio «Sacrum Diaconatus Ordinem» wiederhergestellt. Diese Form des Diakonats soll in besonderer Weise den Dienstcharakter jedes kirchlichen Amtes hervorheben.
Der neue Codex erwähnt dieses Dienstamt nicht, vermutlich deshalb, weil es gemäß den geltenden Bestimmungen Sache der Bischofskonferenzen ist, über die Opportunität der Einführung des ständigen Diakonats zu entscheiden. Bislang haben sich nur wenige Bischofskonferenzen um die Einführung des ständigen Diakonats bemüht, und dort, wo er eingeführt wurde, ist das Interesse dafür relativ begrenzt geblieben.
Dafür dürften die Voraussetzungen verantwortlich sein, die das Kirchenrecht fordert und die die Interessenten abschrecken. So waren und sind auch noch weiterhin die Anforderungen und Erwartungen an die Diakone ähnlich hoch wie die an die Priester.

Allerdings gibt es eine bedeutende Ausnahme: Ständige Diakone können heiraten, richtig gesagt: Auch Verheiratete können ständige Diakone werden. Wer jedoch nicht verheiratet ist und ständiger Diakon werden möchte, muß ebenso wie ein Priesterkandidat vor Empfang der Diakonsweihe das Zölibatsversprechen ablegen (c. 1037). Es kommt erschwerend hinzu, daß Verheiratete, die den ständigen Diakonat anstreben, mindestens 35 Jahre alt sein müssen (das Mindestalter für unverheiratete ständige Diakone ist auf 25 Jahre festgelegt, ebenso für Priester. Vgl. c. 1031 §§ 1.2); gemäß c. 1031 § 3 können die Bischofskonferenzen für Presbyterat und ständigen Diakonat sogar noch höhere Altersgrenzen festlegen.

Schließlich war das Amt des ständigen Diakons bislang wenig anziehend, weil Paul VI. in seinem Motuproprio «Ad pascendum» (1972) folgendes festgelegt hat: «Auch die verheirateten Diakone sind, wenn sie ihre Ehefrau verloren haben, nach der traditionellen Disziplin der Kirche unfähig, eine neue Ehe einzugehen» (VI). Dies alles macht verständlich, daß sich kaum Interessenten für den ständigen Diakonat fanden. Es soll von Rom aus inzwischen die Erlaubnis erteilt worden sein, daß ständige Diakone ein weiteres Mal heiraten können. Was die Pflichten als Kleriker betrifft, nennt der neue Codex bei den Ausnahmeregelungen für ständige Diakone merkwürdigerweise nicht den Zölibat, was der Entwurf des Codex von 1980 wohl tat (vgl. nun c. 288). Was für Kompetenzen aber räumt das kirchliche Recht überhaupt dem ständigen Diakon ein? Will man es kurz definieren, könnte man sagen, er kann fast alles tun, was einem Priester vorbehalten ist, ausgenommen die Feier der Eucharistie, das Spenden des Bußsakramentes und die Leitung einer Gemeinde. Dort, wo ein Priester nicht zu erreichen ist, darf er auch Eheschließungen assistieren. Die Leitung einer Gemeinde darf er nur im Namen eines Pfarrers und des Bischofs in «entfernt liegenden Christengemeinden» übernehmen.

1.2.8 Laien als Mitarbeiter des Pfarrers (cc. 230-231)

Alle bislang genannten Mitarbeiter des Pfarrers und Seelsorger in der kategorialen Pastoral gehören dem Klerikerstand an, zu dem die Diakonsweihe den Zugang eröffnet. Das II. Vatikanische Konzil hat aber die Möglichkeit geschaffen, daß auch Nichtkleriker resp. Laien hauptamtliche Mitarbeiter in der Seelsorge werden können, vornehmlich auf Gemeindebasis. Für die Bistümer in der Bundesrepublik Deutschland hat die Gemeinsame Synode (Würzburg) im Jahr 1975 einen Beschluß unter dem Titel «Die pastoralen Dienste in der Gemeinde» gefaßt, in dem die Mitarbeit der Laien in der Pastoral deutlich und relativ umfassend umschrieben wird.

Der neue Codex geht auf diesen Fragenkomplex kaum ein. Lediglich in zwei Canones (cc. 230-231) räumt er ein, daß auch Laien unter besonderen Umständen Funktionen ausüben dürfen, die eigentlich den Ordinierten vorbehalten sind. Es wird den Bischofskonferenzen überlassen, in derartigen Situationen – natürlich mit Zustimmung Roms – Regelungen zu finden, insbesondere auch was die rechtlichen und wirtschaftlichen Sicherheiten für Laienmitarbeiter betrifft. Da hinsichtlich der Rechtsposition von Klerikern und Laienmitarbeitern ein fundamentaler Unterschied im Kirchenrecht besteht, wird in diesem Buch an anderer Stelle ausführlicher auf die Fragen eingegangen, die sich mit dem «Dienst in der Kirche» verbinden. Hier sei nur soviel gesagt, daß ein Kleriker durch die sogenannte Inkardination (eigentlich: Einbürgerung) enger und auch sicherer mit dem Bistum oder der Ordensgemeinschaft verbunden ist als (bislang) ein Laienmitarbeiter.

Trotz einer relativ kurzen Entwicklungsperiode hat sich auch unter den Laienmitarbeitern inzwischen eine geradezu hierarchische Stufung herausgebildet, jedenfalls in einer Reihe von Teilkirchen, so auch in den deutschsprachigen Ländern.

Der *Pastoralassistent/Pastoralreferent* folgt mit seinen Rechten und Kompetenzen unmittelbar dem ständigen Diakon. Wenn auch seine Aufgaben insbesonders auf dem Gebiet der Glaubensverkündigung liegen, so kann er doch auch auf anderen Gebieten der Seelsorge tätig werden und – falls kein Diakon zur Verfügung steht – sogar die Leitung des sogenannten priesterlosen Gottesdienstes übernehmen. Es fällt auf, daß die Voraussetzungen für den Dienst als Pastoralreferent – insbesondere was seine Ausbildung betrifft – sehr viel umfassender und weitgehender formuliert sind als bei Presbyterat und Diakonat. Neben einem erfolgreich abgeschlossenen Hochschulstudium der Theologie ist nach den bundesdeutschen Statuten ein Zweitstudium erwünscht, «das sich an einem Schwerpunktsachgebiet des Dienstes orientiert». Dabei

wird sogar die Möglichkeit offengelassen, daß ein Zweitstudium durch Regelungen der einzelnen Bistümer verpflichtend vorgeschrieben wird.
In etwa vergleichbar mit der Stellung der Seelsorgehelferin ist der Dienst des *Gemeindeassistenten/Gemeindereferenten.* Er/sie kann Aufgabenbereiche in der Verkündigung, Liturgie und Diakonie (Caritas, Sozialwesen) übernehmen. Ausbildungsvoraussetzung ist ein erfolgreich abgeschlossenes theologisches Fachschul- oder Fachhochschulstudium.
Während die bislang genannten Dienste faktisch in fast allen Bereichen der Pfarrseelsorge eingesetzt werden können, gibt es neben ihnen noch Dienste und Berufe, die in spezieller Weise in der Gemeinde tätig werden: Der Gemeindehelfer/Pfarrhelfer unterstützt den Pfarrer in der Verwaltungsarbeit; Küster/Mesner, Organist und Chorleiter üben gleichfalls ein Kirchenamt im weiteren Sinn aus. Dies zu erwähnen, ist nicht unwesentlich, da deshalb auch für sie die entsprechenden Bestimmungen über die persönlichen Anforderungen der Laien im pastoralen Dienst im Hinblick auf ihre persönliche Lebensführung gelten.
Für den Bereich der «Deutschen Bischofskonferenz» gelten in diesem Zusammenhang die «Rahmenstatuten und -ordnungen für Diakone und Laien im pastoralen Dienst» von 1978/1979[9].

Das Ordensrecht

Das zweite Buch des Codex enthält in seinem dritten Teil die Bestimmungen des allgemeinen Kirchenrechts für die Orden und ordensähnlichen Gemeinschaften. Wegen seines besonderen Charakters wird in dieser Darstellung des Kirchenrechts darauf nicht eingegangen.

2. *Das Lehramt*

In seinem dritten Buch handelt der Codex über das Lehramt (munus docendi) der Kirche (cc. 747–833).
Von besonderer Bedeutung sind die einleitenden neun Canones (cc. 747–755), die aus entsprechenden Bestimmungen des Ent-

[9] In der Reihe «Die deutschen Bischöfe» Nr. 22. Herausgeber: Sekretariat der Deutschen Bischofskonferenz, Kaiserstraße 163, D-5300 Bonn.

wurfs des Codex von 1980, aber auch aus solchen des aufgegebenen Grundgesetzes für die Kirche zusammengestellt worden sind. In diesem einleitenden Abschnitt wird zudem über jene gesprochen, die das kirchliche Lehramt wahrnehmen, während in den übrigen Abschnitten ein Bild von jenen Bereichen entworfen wird, in denen das Lehramt der Kirche tätig wird.

2.1 Einleitung (cc. 747–755)

Zunächst formuliert der Codex, es sei «Pflicht und ursprüngliches Recht» der Kirche, unabhängig von jeder menschlichen Macht den Glauben zu verkündigen und zu verbreiten. Dabei entfaltet der Codex ein Bild von der Kirche, die gleichsam «mater et magistra populorum» (Mutter und Lehrerin der Völker) ist: «Der Kirche steht es zu, immer und überall moralische Prinzipien auch über die soziale Ordnung zu verkündigen und auch über alle menschlichen Angelegenheiten zu urteilen, soweit die Grundrechte der menschlichen Person oder das Heil der Seelen («salus animarum»!) dies erfordern» (c. 747 § 2).

Der Glaube der Kirche wird als etwas durchaus Statisches gesehen: Christus hat der Kirche ein «fidei depositum» (einen Schatz oder ein Vermächtnis des Glaubens) anvertraut, das sie zu bewahren und auszulegen hat. Alle Menschen haben die Pflicht, die Wahrheit im Sinn des Glaubens der Kirche zu suchen und – wenn sie sie erkannt haben – sind sie «kraft göttlichen Gesetzes» verpflichtet, daran festzuhalten. Niemand darf jedoch gezwungen werden, den Glauben der katholischen Kirche anzunehmen (c. 748 § 2).

In diesem einleitenden Abschnitt kommt auch die Frage der Unfehlbarkeit von Papst und Bischöfen zur Sprache. Gemäß der Lehre des I. Vatikanischen Konzils weist der Codex darauf hin, daß der Papst «kraft seines Amtes» unfehlbar ist, «wenn er als oberster Hirte und Lehrer aller Christgläubigen ... eine Glaubens- oder Sittenlehre in einem endgültigen Akt verkündet» (c. 749 § 1). Daran anschließend ist festgelegt, daß «auch das Bischofskollegium» Unfehlbarkeit im Lehramt besitzt (vgl. LG 25).

Hierbei werden jedoch gewisse Voraussetzungen genannt: Es muß sich dabei ebenso wie bei den unfehlbaren Erklärungen des Papstes um Angelegenheiten der Glaubens- oder Sittenlehre handeln. Ferner können die Bischöfe dies nur auf einem Ökumenischen Konzil tun (wozu der Papst einlädt und das er leitet) oder

in Form einer gemeinsamen Erklärung, wobei die «communio» zwischen Papst und Bischöfen gewahrt bleiben muß, soll eine solche Erklärung die Kraft einer unfehlbaren Lehräußerung haben (sog. Briefkonzil). Der schlechte systematische Aufbau des Codex wird auch an dieser Stelle wieder deutlich. Von der gleichen Materie (Konzil und sog. Briefkonzil) wird ja an anderer Stelle gleichfalls gesprochen (c. 337), ohne daß darauf verwiesen ist. Dadurch sind die strukturellen und funktionellen Aussagen über das Ökumenische Konzil auseinandergerissen worden.
«Kraft göttlichen und katholischen Glaubens» (c. 750) ist alles das zu glauben, was durch das geschriebene und überlieferte Wort Gottes feststeht. Die leitende Funktion des kichlichen Lehramtes bei Aus- und Festlegung der Glaubensinhalte wird deutlich festgeschrieben. Entsprechend c. 205 wird sodann genau erklärt, wodurch die «volle Gemeinschaft» mit der katholischen Kirche angetastet wird: Durch Häresie, wenn ein Getaufter eine Glaubenswahrheit ablehnt oder ständig in Zweifel zieht. Durch Apostasie, der völligen Zurückweisung des christlichen Glaubens. Durch Schisma, der Verweigerung, sich dem Papst zu unterwerfen, oder der Verweigerung der «communio» mit den Kirchenangehörigen, die dem Papst untergeben sind (c. 751).
Der Codex macht einen Qualitätsunterschied zwischen den unfehlbaren Erklärungen von Papst und Bischofskollegium und solchen Lehren, welche die Bischöfe in Ausübung ihres «authentischen Lehramtes» gleichfalls in Glaubens- oder Sittenfragen verkünden. So wird erklärt, daß die Bischöfe als einzelne oder auf Bischofskonferenzen oder Partikularkonzilien versammelt zwar keine Unfehlbarkeit im Lehren besitzen, aber doch «authentische Lehrer und Meister des Glaubens» seien. In typisch scholastischer Distinktion wird dementsprechend der feine Unterschied zwischen den Lehren des Papstes und jenen der Bischöfe genannt: Den als unfehlbar definierten Lehren ist «zwar nicht Zustimmung des Glaubens, wohl aber religiöser Gehorsam des Intellekts und des Willens» entgegenzubringen, den Lehren der Bischöfe sollen die Christgläubigen «mit religiösem Gehorsam des Geistes» folgen (cc. 752–753).
Es ist zu begrüßen, wenn in diesem Zusammenhang daran erinnert wird, daß Papst und Bischöfe die Verpflichtung zur Ökumene erkennen und anerkennen (c. 755).

2.2. Wortverkündigung (cc. 756–780)

In den einleitenden Bestimmungen zu diesem Abschnitt wird sehr gut die hierarchische Struktur des kirchlichen Lehramtes dargestellt: Beginnend bei Papst und Bischöfen wird im folgenden die Verantwortung der Priester, Diakone und Ordensleute sowie schließlich jene der Laien dargestellt. Dabei wird in c. 759 herausgestellt, daß Laien «auch berufen werden können, in der Ausübung des Dienstes am Wort mit Bischof und Priestern zusammenzuarbeiten.»
Die Ausübung des kirchlichen Lehramtes ist gemäß der kirchlichen Ordnung Aufgabe von Papst und Bischöfen. Wer sonst noch in der Verkündigung des Glaubens tätig ist oder tätig sein will, bedarf des Auftrages oder der Sendung der Inhaber des kirchlichen Lehramtes. Diese Sendung (traditionell «missio» genannt) kann in zwei Formen erfolgen: Entweder durch die Übertragung eines Amtes, mit dem diese Aufgabe verbunden ist, oder durch eine spezielle Ermächtigung durch den dazu rechtlich Befugten. Es ist zu bedauern, ja unbegreiflich, daß der neue Codex diesen Sachverhalt an dieser Stelle des Gesetzbuches nicht nennt, sondern in nur sehr allgemeinen, unjuridischen Begriffen darüber spricht.
Die verschiedenen Quellen oder Stützen der Verkündigung sind Hl. Schrift, Tradition, Liturgie, Lehramt und auch das Leben der Kirche (c. 760). Unter den vielfältigen Formen der Verkündigung gebührt nach Auffassung des kirchlichen Gesetzbuches der Predigt der Vorrang. In erster Linie sind dazu die Geweihten, also Bischöfe, Priester und Diakone befugt, doch kann es auch Laien erlaubt werden zu predigen. Dies kann jedoch nur in Not- und Ausnahmefällen auf Grund von Bestimmungen der zutändigen Bischofskonferenz geschehen (c. 766). Der neue Codex steht der Laienpredigt, wie sie inzwischen in vielen Teilkirchen zugelassen und praktiziert wird, reserviert gegenüber. So wird etwa ausdrücklich betont, die Homilie (Schriftauslegung) sei den Priestern und Diakonen vorbehalten (c. 767 § 1).
Auch bei der *Katechese* wird grundsätzlich daran festgehalten, daß dazu zunächst die Geweihten, erst in zweiter Linie Laien herangezogen werden (c. 776). Dabei liegt die Hauptverantwortung beim Pfarrer. Auch hier geht das neue kirchliche Gesetzbuch vom Territorialprinzip des traditionellen kirchlichen Organisationsmodells aus, ohne den vielfältigen anderen Formen einer kategorialen Ordnung des kirchlichen Aus- und Fortbildungsangebotes Rechnung zu tragen.

2.3 Mission (cc. 781–792)

Im Gegensatz zum bisherigen Codex enthält das neue Gesetzbuch einen eigenen Abschnitt, welcher der *Missionstätigkeit* gewidmet ist. Obwohl also neu im Gesetzbuch, so wird doch ein völlig überholtes Bild von Ziel und Organisation der kirchlichen Mission entworfen. Danach wird die Missionstätigkeit der Kirche zentral von Rom aus geplant und gesteuert, während die Bischöfe als «sponsores», also wohl in erster Linie als Geldgeber für die Mission gesehen werden (c. 782). Da die katholische Mission im wesentlichen immer noch von Orden und Kongregationen getragen wird, versäumt es der Codex nicht, deren Mitglieder an ihre Verpflichtungen gegenüber der Kirche zu erinnern (c. 783). Die Adressaten der Mission, die «autochthoni», werden als Betreuungsobjekte der Missionare gesehen, deren Ermessen es überlassen ist, ob sie als «catechistae» eingesetzt werden. Zu begrüßen ist, wenn das neue Gesetzbuch die Missionare zu einem aufrichtigen Dialog mit den Nichtgläubigen verpflichtet, eine notwendige Bestimmung angesichts der unermeßlichen Schäden und Verluste, die in der Vergangenheit mit der Missionierung verbunden waren (c. 787 § 1).

2.4. Ausbildungsstätten (cc. 793–821)

Im Abschnitt über die «Katholische Erziehung» handelt der neue Codex zunächst über die schulische Bildung (cc. 796–806). Auch hier werden die traditionellen Wertvorstellungen wiederholt: Die Hauptverantwortung für die Erziehung der Kinder liegt bei deren Eltern. Diese haben gemäß den Vorstellungen der Kirche auch dafür Sorge zu tragen, ihre Kinder möglichst in katholische Schulen zu schicken. Um das auch realisieren zu können, sollen die Bischöfe danach trachten, katholische Bildungseinrichtungen zu gründen und zu fördern, und zwar in der ganzen Skala eines modernen Bildungsangebotes (also etwa auch technische und andere Spezialinstitute, c. 802 § 2). Ähnlich wie bei anderen Bestimmungen des neuen Rechtes, wird auch hier der Anspruch angemeldet, die Bezeichnung «katholisch» dürfe von einer Bildungsanstalt für sich nur dann verwendet werden, wenn die zuständige kirchliche Autorität, also in der Regel der Bischof, dazu sein Einverständnis gegeben hat und aufrechterhält (c. 803 § 3). Die Kompetenz des Bischofs in diesem Bereich wird deutlich akzentuiert: Er besitzt die Aufsicht über alle katholischen Schulen in seinem Bistum, auch über die der Orden und Kongregationen.

Ähnlich wie in der Betätigung im Bereich der äußeren Mission werden auch hier die katholischen Orden und Kongregationen in die zentralistische kirchliche Organisationsstruktur eingebunden. Die Bestimmungen des neuen Codex folgen also in diesem Bereich durchaus traditionellen Vorstellungen, die in der Praxis in zahlreichen Ländern nicht mehr durchgehalten werden können. Nur selten hat man das neue Recht der neuen Rechtswirklichkeit in vielen Teilkirchen angepaßt. So ist etwa die frühere Bestimmung weggefallen, wonach die Erteilung des Religionsunterrichtes Priestern vorbehalten war. Weiterhin liegt es allein im Ermessen des Bischofs, die Erlaubnis zur Erteilung des Religionsunterrichtes zu geben oder bei Verstößen gegen Glaube oder Sitte zu entziehen (c. 805).

Ähnliche Bestimmungen enthält der Abschnitt über die katholischen Universitäten und höheren Lehranstalten (cc. 807–814) sowie jener über die kirchlichen Universitäten und Fakultäten (cc. 815–821), die einen Extrakt der Apostolischen Konstitution «Sapientia Christiana» über die kirchlichen Universitäten und Fakultäten vom Jahre 1979 darstellen. Die Aussagen des Codex betreffen im wesentlichen die rechtliche Sicherstellung der katholischen Signatur dieser höheren kirchlichen Lehranstalten. Dementsprechend wird etwa festgelegt, daß sich die Dozenten an derartigen Einrichtungen außer durch wissenschaftliche und pädagogische Eignung auch durch Integrität hinsichtlich der kirchlichen Lehre und Rechtschaffenheit auszeichnen müssen (z. B. c. 810).

2.5. Medien (cc. 822–832)

Der vorletzte Abschnitt des Buches über das Lehramt ist den Kommunikationsmedien gewidmet. Dabeit geht es besonders um das Buch, immer noch der erste Kommunikationsträger im Bereich des Glaubens und der Theologie. Entsprechend dem Dekret der Glaubenskongregation aus dem Jahr 1975 wurden die früheren Bestimmungen über eine Vorzensur für Bücher theologischen Inhalts fallengelassen, ebenso diejenigen, die sich im alten Codex über das Bücherverbot (Indizierung) fanden. Die «Hirten der Kirche» werden allerdings ganz allgemein aufgefordert, von den Christgläubigen alles fernzuhalten, was durch Bücher oder andere Kommunikationsmittel die Wahrheit des Glaubens und die Reinheit der Sitten bedrohen kann (vgl. c. 823). Grundsätzlich wurde also die Prämisse nicht aufgegeben, wonach die geweihten

Hirten bestimmen, was für das Volk gut oder schädlich sei, eine Vorstellung, die angesichts der faktischen Situation in vielen Teilkirchen recht merkwürdig erscheint.
Ausgaben der Hl.Schrift, Bibelübersetzungen sowie Bücher für den liturgischen Gebrauch bedürfen auch weiterhin der Approbation durch den Apostolischen Stuhl oder die Bischofskonferenzen bzw. durch den zuständigen kirchlichen Ordinarius. Ähnliches gilt für Katechismusausgaben sowie für Textsammlungen kirchenrechtlicher Dokumente. In kirchenfeindlichen oder sittenzersetzenden Zeitschriften sollen Kirchenangehörige nur publizieren, wenn dazu ein gerechter und vernünftiger Grund vorliegt. Kleriker und Ordensangehörige dürfen dies zudem nur mit Erlaubnis ihres Ordensoberen tun. Die Bischofskonferenzen werden verpflichtet, für Kleriker und Ordensangehörige Normen aufzustellen, durch die deren Mitwirkung in Radio und Fernsehen in Fragen des Glaubens und der Sitten geregelt wird.
Im letzten Titel des dritten Buches ist in einem einzigen Canon (c. 833) geregelt, wer vor wem anläßlich einer Amtsübernahme das Glaubensbekenntnis abzulegen hat.

3. Das Heiligungsamt

Menschen von heute, die zu begreifen versuchen, was Kirche bedeutet, was Kirche für sie bedeutet, finden die Antwort(en) in der Regel nicht in Betrachtung und Studium der kirchlichen Rechtsordnung. Die Bedeutung der Kirche zeigt sich auch nicht in erster Linie in ihrer Eigenschaft als mitunter starke gesellschaftliche Kraft oder als moralische Institution. Überzeugend kann Kirche letztendlich nur wirken als lebende und lebendige Gemeinschaft von Menschen, die aus der Botschaft und den Zeichen des christlichen Glaubens Kraft zu einem gemeinsamen Leben schöpfen.
So muß sich eine kirchliche Rechtsordnung, die den Menschen verständlich erscheinen will, an Botschaft und Zeichen dieses Glaubens orientieren, ja von diesem ausgehen. Die Zeichen des Glaubens, die Sakramente, sind in der Tat die eigentlichen Quellen einer kirchlichen Ordnung. Die ältesten Zeugnisse fundamentaler Ordnungsfaktoren in der Kirche hängen denn auch mit der Ord-

nung der Sakramente zusammen, insbesonders mit Taufe und Eucharistie sowie mit dem Sakrament der Versöhnung, der Buße.

Der Codex von 1917 hatte die zentrale Bedeutung der Sakramente für die Rechtsordnung der Kirche ungenügend gesehen. Er behandelte die «Quellen des Lebens» als «Sachen»; das Sakramentenrecht war Teil des Sachenrechts (3. Buch), in dem u. a. auch das Vermögensrecht der Kirche abgehandelt wurde. Der neue Codex hingegen beschreibt die Ordnung der Sakramente in einem eigenen Buch (Buch IV) unter dem Titel «Das Heiligungsamt der Kirche». Es kommt damit nach dem Verfassungsrecht (Buch II) und den Bestimmungen über das Lehramt der Kirche (Buch III) an dritter Stelle der drei munera zu stehen, die das II. Vatikanische Konzil lehrt. Damit wird bedauerlicherweise die Reihenfolge (Priorität) umgekehrt, die das Konzil gesehen hatte. Das Konzil geht nämlich zu Recht davon aus, daß das munus sanctificandi das vornehmste der drei munera ist (LG 21,2).

Zwischen den sieben Sakramenten, welche die katholische Kirche kennt, gibt es Unterschiede, die auch für die Ordnung der Kirche von Bedeutung sind. In den drei folgenden Abschnitten wird dargestellt, inwiefern die Sakramente von Bedeutung sind für

- die Zugehörigkeit zur Kirche (Taufe, Firmung);
- das Leben in und mit der Kirche (Eucharistie, Buße und Krankensalbung);
- den Stand in der Kirche (Weihe, Ehe).

Wie gesagt, behandelt der neue Codex die Sakramente und die sie ordnenden Rechtsbestimmungen im Buch IV resp. in den cc. 834–1253; darin geht er auch noch auf andere Materien wie etwa die Sakramentalien, hl. Stätten (Kirchen usw.) und die Feste der Kirche ein.

3.1. Einleitung (cc. 834–848)

Auch bei der Ordnung dieser Rechtsmaterie folgt der Codex den hierarchischen Strukturgegebenheiten. «Das Heiligungsamt üben vornehmlich die Bischöfe aus» (c. 835 § 1). Ihnen stehen Priester und Diakone helfend zur Seite. Interessant ist jedoch, daß die aktive Teilnahme der Laien «an den liturgischen Feiern, in erster Linie der Eucharistie» (c. 835 § 4) als Teilhabe am Heiligungsamt verstanden wird. Grundlage dieser Auffassung von der Partizipation aller Christgläubigen ist die dogmatische Lehre von der

Kirche als mystischer Leib Christi. Darauf kommt der neue Codex dann auch explizit zu sprechen (c. 834 § 1). Dem entspricht, daß die liturgischen Handlungen nicht Privatsache einzelner sind, sondern Feiern der Kirche, in denen sich ihre Einheit ausdrückt («ein heiliges Volk, geeinigt und geordnet unter den Bischöfen», wie der Codex ausdrücklich betont, c. 837 § 1). Da die Liturgie, bzw. die Feier der Sakramente als die vornehmste Weise der Selbstdarstellung der Kirche und der kirchlichen Einheit betrachtet wird, wird an mehreren Stellen des Gesetzbuches betont, daß die Liturgie allein in den Formen gefeiert werden darf, welche die zuständigen kirchlichen Autoritäten (Apostolischer Stuhl, Bischofskonferenzen, Diözesanbischof) zugelassen haben. Eigeninitiativen des christlichen Volkes («populus christianus», c. 839 § 2) steht der kirchliche Gesetzgeber ablehnend gegenüber.
In c. 840 gibt der neue Codex eine Begriffsbestimmung der Sakramente. Ebeno wie das bislang geltende Recht sagt sie aus, die Sakramente des Neuen Bundes seien von Christus dem Herrn eingesetzt und der Kirche anvertraut worden. Auf die recht schwierigen Fragen, die in der heutigen Sakramentenlehre hinsichtlich der Einsetzung der Sakramente erörtert werden, wird keine Rücksicht genommen. So wäre es etwa gerade auch für die Ordnung der Kirche von Belang, zwischen der institutio durch Christus und der promulgatio durch einen anderen zu unterscheiden, um den heutigen exegetischen und historischen Forschungsergebnissen in etwa gerecht zu werden. Es ist zu bedauern, daß auch größere kirchenrechtliche Lehrbücher auf diese Problematik nicht zu sprechen kommen und den Sakramentenbegriff des Codex als vorgegeben zu akzeptieren scheinen.
Die Sakramente empfangen kann nur ein Kirchenangehöriger, d. h. der Empfang der Taufe ist Voraussetzung, die anderen Sakramente empfangen zu können. Hinzu tritt die Einschränkung, daß – abgesehen von einigen vom Gesetzbuch genannten Ausnahmen – lediglich Katholiken die Sakramente gespendet werden dürfen und diese erlaubterweise (licite) die Sakramente nur von katholischen Geistlichen empfangen können. Die vom Gesetzbuch genannten Ausnahmen betreffen Empfang und Spendung des Bußsakramentes, der Eucharistie und der Krankensalbung. Die genannten Sakramente können in extremen Ausnahmefällen auch Angehörigen anderer Kirchen gespendet werden, welche

diese Sakramente kennen (insbesondere die orientalischen Kirchen); ebenso kann ein Katholik in den genannten Ausnahmefällen in jenen Kirchen diese drei Sakramente empfangen. Es ist festzuhalten, daß drei Sakramente, die ein Merkmal (character, c. 845 § 1) einprägen, von dieser Regelung nicht betroffen sind, nämlich Taufe, Firmung und Weihe; was das Ehesakrament betrifft, gibt es flexiblere Regelungen. Ferner ist festzuhalten, daß die Bestimmungen des Codex für Ausnahmefälle und prinzipiell nur für solche nichtkatholischen Kirchen gelten, die im Sakramentenverständnis mit der katholischen Kirche übereinstimmen. Anders gesagt: Eine sogenannte Interkommunion (Abendmahlsgemeinschaft), wie sie in nicht wenigen Teilkirchen, besonders in Studentengemeinden, immer häufiger praktiziert wird, ist nach den Regelungen des Codex unzulässig.

3.2. Zugehörigkeit zur Kirche (Taufe und Firmung) (cc. 849–896)

Taufe und Firmung werden als Initiationssakramente bezeichnet, durch die ein Mensch in die Kirche aufgenommen und als Angehöriger der Kirche mit allen Rechten und Pflichten anerkannt wird. Sie prägen nach der Lehre der Kirche ein unauslöschliches Merkmal ein. Der Codex nennt die Taufe «Tor zu den Sakramenten» (c. 849). Die Firmung wird unter den Voraussetzungen zum Empfang der «Standessakramente» Weihe und Ehe genannt, jedoch können beide Sakramente auch von Nichtgefirmten gültig empfangen werden.

Der neue Codex nennt drei Wirkungen der Taufe: Befreiung von Sünden, Wiedergeburt zu «Söhnen Gottes» sowie Eingliederung in die Kirche. Dabei wird unterstrichen, die Taufe sei allein gültig, wenn sie durch Wasser (eigentlich lavacrum aquae verae = Bad richtigen Wassers) und in der vorgeschriebenen Form gespendet werde.

Das kirchliche Gesetzbuch unterscheidet zwischen Erwachsenen- und Kindertaufe (im Unterschied zu c. 745 § 2 des früheren Codex nennt der neue Codex in seinem c. 851 die Erwachsenentaufe an erster Stelle). Im Jahr 1972 wurde ein «Ordo initiationis christianae adultorum» promulgiert, dessen Modalitäten die Bischofskonferenzen entsprechend den Umständen anpassen sollen. In einer derartigen Ordnung wird also der gesamte Vorgang der Aufnahme und der Eingliederung eines Erwachsenen in die katholische Kirche geregelt. Im Text des Codex wird der Erwachsene «adultus» genannt, eine Bezeichnung, über die der Codex keine Aussage hinsichtlich des Alters macht. In c. 97 wird lediglich zwischen «persona maior» und «persona minor» unterschieden, zwischen denen die Altersgrenze bei 18 Jahren liegt. Da jedoch c. 97 § 2 eine «persona minor» vor dem vollendeten 7. Lebensjahr Kind nennt, ist davon auszugehen, daß jemand, der das 7. Lebensjahr vollendet hat, ein «adultus» ist. Somit gelten die Bedingungen und Voraussetzungen, die der Codex für die Erwachsenentaufe nennt, für alle, die älter als sieben Jahre sind. Das ist nicht unwichtig, da der Codex Erwachsene nur dann zur Taufe zuläßt, wenn sic ein sogenanntes Katechumenat durchlaufen haben, also eine Vorbereitungszeit mit ausführlicher Unterweisung im Glauben der Kirche.

Die Synode der Bistümer in der Bundesrepublik Deutschland hat sich ausführlich zur Frage der «Eingliederung des Erwachsenen in die Kirche» geäußert[10]. Entsprechend den Bestimmungen des Codex spricht die Synode von verschiedenen Schritten, die schließlich zur Aufnahme eines Erwachsenen in die katholische Kirche führen.

Für den Fall der Kindertaufe unterstreicht der neue Codex die Verantwortung der Eltern und der Paten, aber auch die des zuständigen Pfarrers. In einem in den deutschsprachigen Gebieten seit längerem praktizierten Taufgespräch soll der Pfarrer klären, ob die Eltern überhaupt «bereit und fähig sind, die Verantwortung für die christliche Erziehung ihres Kindes zu übernehmen»[11]. Zudem legen der neue Codex wie auch die Synode in ihrem Beschluß Wert darauf, die Taufe als eine Aufnahme in die Ortsgemeinde zu sehen.

Die Taufe ist also nicht nur das «Tor zu den Sakramenten», sondern auch das Tor zur Kirche. Die Bedeutung der Taufe ist dementsprechend nicht nur im Kontext der Sakramente, der Heilsmittel der Kirche zu erkennen, sie ist auch fundamental für die Verfassung und damit für das Verfassungsrecht der Kirche. Es ist deshalb folgerichtig, wenn am Beginn des Verfassungsrechtes des Codex von dieser Bedeutung der Taufe gesprochen wird. Wir

[10] Beschluß «Schwerpunkte heutiger Sakramentenpastoral» vom 20.–24. November 1974, B 2.

[11] Ebd. B 3.1.2.

haben uns freilich entschieden, die Fragen der Zugehörigkeit zur Kirche, die mit der Taufe begründet wird, im Kontext des Sakramentenrechtes zu erörtern, um damit den sakramentalen Ursprung der kirchlichen Ordnung zu verdeutlichen.

3.2.1. Die ekklesiologische Bedeutung der Taufe

Im Codex von 1917 findet sich in c. 87 eine geradezu klassische Definition der Zugehörigkeit zur Kirche. Der neue Codex schließt sich daran mit *zwei* Definitionen an. Wegen ihrer großen Bedeutung für die Ordnung der Kirche sollen beide hier im Wortlaut wiedergegeben werden:

C. 96: «Durch die Taufe wird ein Mensch der Kirche Christi eingegliedert und wird in ihr zu einer Person mit den Pflichten und Rechten, die Christen unter Berücksichtigung ihres Standes eigen sind, soweit sie in der kirchlichen Gemeinschaft stehen und sofern nicht eine rechtmäßig verhängte Strafe entgegensteht.»
C. 204 § 1: «Christgläubige sind jene, die – durch die Taufe Christus eingegliedert – zum Volk Gottes berufen sind und dadurch auf ihre Weise teilhaben am priesterlichen, prophetischen und königlichen Amt (munus) Christi; gemäß ihrem jeweiligen Stand sind sie berufen, die Sendung auszuüben, die Gott der Kirche anvertraut hat, um sie in der Welt zu erfüllen.»

Diese komplizierten Schachtelsätze entstehen nicht nur durch die Übersetzung aus dem Lateinischen. Auch die lateinischen Originaltexte sind schwierig komponiert, um eine Reihe rechtlich relevanter Bestandteile miteinander zu verbinden. C. 96 schließt am stärksten an die Definition von c. 87 an. Wir müssen dabei zwischen zwei – auch rechtlich betrachtet – sehr unterschiedlichen Komponenten unterscheiden. Wie bereits gesagt, wird durch die Taufe etwas Unverlierbares gegeben (character indelebilis). Durch sie wird der Getaufte zu einem Angehörigen der Kirche mit allen Rechten und Pflichten.
Was aber die Rechte und Pflichten betrifft, kann es zwischen den Kirchenangehörigen Unterschiede geben, für die sie letztlich auf Grund ihrer eigenen Entscheidung verantwortlich sind: Sie können verschiedenen Ständen angehören (Kleriker oder Laien), sie können sich aus der kirchlichen Gemeinschaft zurückziehen (in letzter Konsequenz bis zum «Kirchenaustritt») und sie können

wegen eines strafwürdigen Vergehens gewissser Rechte verlustig gehen.

K. Mörsdorf hat für diese beiden Komponenten der Kirchenzugehörigkeit eine treffende Formel gefunden: Die erste, die unverlierbare und auch unaufgebbare Komponente nennt er «konstitutionelle Gliedschaft», die zweite Komponente heißt bei ihm «tätige Gliedschaft», da der Getaufte auf sie in eigener Entscheidung einwirken kann.

Hierbei muß noch eines unterstrichen werden: Die Wirkung der Taufe ist nicht rückgängig zu machen, d. h. nach katholischer Lehre ist ein Austritt aus der Kirche nicht möglich («Semel christianus semper christianus»). In der Definition von c. 96 heißt es, ein Mensch werde durch die Taufe der «Kirche Christi» eingegliedert; es wird also nicht von «katholischer Kirche» gesprochen. Der frühere Codex setzte jedoch durch die Bestimmung von c. 12 Kirche = katholische Kirche, da danach alle Getauften an die Gesetze der katholischen Kirche gebunden waren bzw. ihnen unterworfen werden sollten. Der neue Codex hat – den Aussagen des II. Vatikanischen Konzils folgend – in dieser Frage eine (vorsichtige) Revision vollzogen: Gemäß c. 11 des neuen Codex sind lediglich die in der katholischen Kirche Getauften oder die in die katholische Kirche Aufgenommenen an die kirchlichen Gesetze gebunden.

Zu den Definitionen der Zugehörigkeit zur Kirche, wie sie c. 96 sowie c. 204 § 1 bieten und die der des c. 87 des bisherigen Codex weitgehend entsprechen, gab und gibt es auch weiterhin eine Definition der «vollen» Zugehörigkeit zur katholischen Kirche, wie sie von der Apologetik mit Hilfe einer Definition entwickelt worden ist, die ursprünglich von Kardinal Bellarmin (gest. 1621) stammt. Sie findet sich nun wieder im neuen Gesetzbuch der Kirche. C. 205 lautet:

«Voll in der Gemeinschaft der katholischen Kirche hier auf Erden stehen jene Getauften, die in ihrem sichtbaren Gefüge mit Christus verbunden sind, nämlich durch die Bande des Glaubens, der Sakramente und der kirchlichen Leitung».

Gemäß dieser Definition sind für die Zugehörigkeit zur katholischen Kirche also drei Elemente kennzeichnend und unverzichtbar: Das Bekenntnis des Glaubens, wie es die Kirche lehrt, die Gemeinschaft der Sakramente und die Anerkennung der kirchlichen Leitung.

Fehlt eines der drei genannten Elemente, dann besteht keine volle Gemeinschaft mit der katholischen Kirche. Die Art der Entfernung von der vollen Gemeinschaft wird gleichfalls von alters her seitens der Kirche sehr sorgfältig definiert: Getaufte, die im Bekenntnis des Glaubens und in der Anerkennung der Sakramente mit der katholischen Kirche übereinstimmen, jedoch nicht die Leitung durch Papst und Bischöfe anerkennen, werden als Schismatiker bezeichnet. Ein Getaufter, der Teile der kirchlichen Lehre nicht annimmt oder ablehnt, wird Häretiker genannt. Ein Getaufter schließlich, der den christlichen Glauben überhaupt preisgibt, wird als Apostat bezeichnet. Der frühere Codex verwendete diese Kategoriebezeichnungen im Strafrecht (cc. 2314 ss.). Das neue Recht spricht darüber im Buch über das Lehramt der Kirche (vgl. oben und c. 751) sowie im Strafrecht (c. 1364 § 1).

Es kann deshalb festgestellt werden, daß die katholische Kirche auch nach dem II. Vatikanischen Konzil weiterhin den Anspruch erhebt, *die* Kirche Christi zu sein. Gemäß c. 748 § 1 sind alle Menschen zur Kirche berufen und «gehalten, ... die Wahrheit in dem zu suchen, was Gott und seine Kirche betrifft.»

Gesondert muß noch auf die Frage des *Kirchenaustritts* eingegangen werden. Es wurde bereits weiter oben darauf hingewiesen, daß ein Austritt aus der Kirche mit der katholischen Lehrauffassung von der Taufe und deren Wirkungen unvereinbar ist. Da es jedoch im staatlichen Rechtsbereich die Möglichkeit des Kirchenaustrittes gibt, in der Bundesrepublik gestützt auf die Garantie der sogenannten negativen Religionsfreiheit gemäß Art. 4 Abs. 1 GG, müßten sich die Kirche und insonderheit ihr Recht mit diesem Phänomen befassen. Der Kirchenaustritt «mit bürgerlicher Wirkung» hat nämlich durchaus Auswirkungen auf den kirchenrechtlichen Status des Austrittswilligen bzw. dessen, der den Austritt erklärt. Es ist nun auffallend, daß selbst ausführliche ekklesiologische und kirchenrechtliche Abhandlungen über die Zugehörigkeit zur katholischen Kirche auf diese Frage überhaupt nicht oder lediglich im Zusammenhang mit der Kirchensteuerfrage eingehen. Denn gerade der Kirchenaustritt, der erklärt wird, um sich der Zahlung der Kirchensteuer zu entziehen, wirft die

Frage nach seinen ekklesiologischen und kirchenrechtlichen Konsequenzen auf.
Die Motive für einen Austritt aus der Kirche können recht unterschiedlicher Natur sein. Nicht selten spielen dabei Fragen des Glaubens keine oder eine untergeordnete Rolle, so etwa bei der Austrittserklärung aus Gründen der Kirchensteuer oder der politischen Pression. Das kirchliche Recht, also auch der neue Codex (vgl. c. 1364 § 1), kennt jedoch allein die traditionellen Deliktsformen der Apostasie, der Häresie und des Schismas, beschränkt sich also auf Weisen der Trennung von der Kirche und von dem durch sie verkündeten Glauben. In diesen Fällen tritt die Exkommunikation ein, also der Ausschluß aus der Sakramentengemeinschaft (nicht aus der Kirche). Dabei bestimmt aber direkt oder unausgesprochen die Kirche, wer unter welchen Voraussetzungen exkommuniziert wird oder exkommuniziert ist. Dem katholischen Kirchenverständnis ist also die Auffassung fremd, daß ein Kirchenangehöriger aus eigenen Stücken und friedfertig die Verbindung mit der Kirche löst.
Darum ist es für die Interpreten des Kirchenrechts schwierig, Gründen des Kirchenaustritts, die nichts mit dem Glauben und der Verfassung der Kirche zu tun haben, in das traditionelle Deliktschema einzuordnen. Einige moderne Autoren vertreten die Meinung, jede öffentliche Austrittserklärung (also auch die vor der dazu zuständigen staatlichen Behörde) stelle eine Trennung von der kirchlichen Einheit (Schisma) dar. Wegen der diesbezüglichen Lücke im allgemeinen Recht haben zwei deutsche Bistümer, nämlich Köln und Trier, den Kirchenaustritt, der gegenüber den staatlichen Stellen erklärt wird, mit der Exkommunikation bedroht, deren Lossprechung dem Bischof vorbehalten ist.
Auf diese kirchenoffizielle Beurteilung des Kirchenaustritts haben in den letzten Jahren Austrittswillige mit sogenannten modifizierten Kirchenaustrittserklärungen reagiert. In ihnen wurde erklärt, man wolle lediglich aus der Kirche bzw. aus dem entsprechenden Bistum als Körperschaft des öffentlichen Rechtes oder als Steuerverband austreten, der Kirche als Glaubensgemeinschaft wolle man jedoch weiterhin angehören. Zahlreiche staatliche Obergerichte haben in den vergangenen Jahren derartige Erklärungen akzeptiert, das Bundesverwaltungsgericht entschied jedoch im Jahr 1979, daß eine gesetzliche Regelung des Kirchenaustrittsver-

fahrens den Kirchenaustritt davon abhängig machen darf, daß die Erklärung keinerlei Zusätze enthält.

3.2.2. Die Spendung der Taufe (cc. 850–878)

Außer in Notfällen muß die Taufe in der von den liturgischen Büchern vorgeschriebenen Weise gespendet werden, wobei ausschließlich (in der Osternacht) geweihtes Taufwasser zu verwenden ist. Es wird den Bischofskonferenzen überlassen festzulegen, ob die Taufe in ihrem Bereich durch Untertauchen des Täuflings (besonders in den orientalischen Kirchen gebräuchlich) oder durch Begießung gespendet wird. Mit der Taufe erhält der Täufling einen Namen, wobei darauf geachtet werden soll, daß es sich um einen christlichen handelt. Die Taufe kann jederzeit gespendet werden, doch empfiehlt die Kirche die Spendung der Taufe an einem Sonntag und wenn möglich in der Osternacht.
Außer in Notfällen ist die Taufe in der Kirche oder in einer Kapelle zu spenden und zwar im Regelfall in der Pfarrkirche des Täuflings. Mit diesen Bestimmungen betont das Recht der Kirche die ekklesiologische Bedeutung der Taufe: Es handelt sich bei der Taufe nicht zunächst um ein privates oder individuelles Geschehen, sondern um die Aufnahme in den «Leib Christi», an dem die Angehörigen der Kirche teilnehmen und teilhaben sollen. Anders gesagt: Die Taufe ist ein öffentliches Geschehen.
Das verdeutlicht auch die Bestimmung des Codex (c. 858 § 1), wonach in jeder Pfarrkirche ein Taufstein zu stehen hat. In der Regel soll dann dort in der Taufe die Aufnahme in die Ortsgemeinde und damit in die Kirche erfolgen. So darf auch – wieder außer in Notfällen – die Taufe nicht in Privathäusern gespendet werden, es sei denn, der zuständige Ortsobere (also in der Regel der Bischof) hat dies erlaubt (c. 860 § 1). Auch der bis in die Gegenwart hinein weithin geübten Taufe in den Entbindungsheimen steht der neue Codex ablehnend gegenüber.
Spender der Taufe sind in der Regel allein die Geweihten (Bischof, Priester und Diakon werden als die ordentlichen Spender der Taufe vom Codex genannt, c. 861 § 1). Die rechtliche Zuständigkeit zur Spendung der Taufe liegt zunächst beim Pfarrer, der auch das Taufregister zu führen hat. Um die Spendung der Taufe auch bei Abwesenheit eines ordentlichen Spenders sicherzustellen, sieht das kirchliche Recht vor, daß in Fällen der Abwesenheit oder Behinderung der ordentlichen Spender auch ein Katechet oder ein

anderer, der dazu vom Ortsoberen berufe worden ist, die Taufe spenden darf. Ja, in Notfällen kann jedermann, also selbst ein Nichtchrist (!), die Taufe spenden, sofern er die entsprechende Absicht hat. Ausgenommen Fälle der Not ist jedoch die Taufspendung streng an die territoriale Zuständigkeit gebunden. So darf ein Pfarrer oder ein Bischof nicht ohne Erlaubnis des zuständigen Ordinarius außerhalb seines Gebietes taufen, auch nicht Bewohner des eigenen Gebietes. Die Taufe von Bewerbern, die älter als vierzehn Jahre sind, soll dem Bischof angetragen und möglichst auch durch ihn gespendet werden.

Ein erwachsener Taufbewerber muß aus freien Stücken um den Empfang der Taufe bitten, er muß ausreichend in den Glaubenswahrheiten und christlichen Pflichten unterrichtet sein sowie durch das vorbereitende Katechumenat bewiesen haben, daß er es versteht, als Christ zu leben. Zudem ist er vor Empfang der Taufe zur Reue seiner Sünden zu ermahnen (c. 865 § 1). Der Erwachsenentaufe sollten sich Firmung und erste Kommunion unmittelbar anschließen.

Was die Kindertaufe anbelangt, schreibt der Codex vor, daß die Eltern verpflichtet sind, ihr Kind innerhalb der ersten Wochen nach der Geburt taufen zu lassen. In Todesgefahr ist ein Kind unverzüglich zu taufen. Der Codex nennt gewisse Voraussetzungen, die erfüllt sein müssen, soll die Taufe eines Kindes erlaubt gespendet werden: Die Eltern, wenigstens jedoch ein Elternteil, oder wer diese rechtmäßig vertritt (Vormund), müssen ihre Zustimmung geben. Es muß ferner Hoffnung bestehen, daß die Erziehung im katholischen Glauben erfolgen wird. Wenn dies nicht gewährleistet ist, ist die Taufe gemäß den Vorschriften des entsprechenden Teilkirchenrechts zu verschieben; die Eltern sind darüber zu belehren. Ferner sieht das Recht vor, daß sowohl Kinder katholischer als auch nichtkatholischer (!) Eltern in Lebensgefahr getauft werden dürfen. Dies kann sogar gegen den Willen der Eltern geschehen (c. 868 § 2).

Bestehen trotz sorgfältiger Nachforschungen Zweifel, ob jemand überhaupt oder gültig getauft worden ist, ist die Taufe bedingungsweise (sub condicione) zu spenden. Derartige Nachforschungen sind besonders im Fall von Ausnahmegesuchen nichtkatholischer Christen in die katholische Kirche durchzuführen. Dabei ist festzustellen, ob die Taufe in der entsprechenden christlichen Gemeinschaft nach Form und Materie gemäß den Auffassungen und Bestimmungen der katholischen Kirche gespendet wird (also Taufe mit Wasser und Taufe auf den Namen des dreieinigen Gottes).

Bereits die bis hierhin genannten Bestimmungen des katholischen Kirchenrechts über die Spendung der Taufe lassen erkennen, mit welcher Akribie sie aufgestellt sind. Dahinter steht die Auffassung der Kirche, daß Rettung und Erlösung des Menschen durch die Taufe den höchsten Wert darstellen, dem andere Werte unterzuordnen sind, so etwa u. U. das Recht der Eltern, mitzubestimmen ob ihr Kind getauft wird. Der neue Codex enthält freilich nicht mehr Bestimmungen des früheren Rechtes, die sorgfältige Fragen der Taufe von Kindern im Mutterleib oder von Mißgeburten regelten. Der neue Codex regelt lediglich noch zwei Grenzfälle, und dies zudem recht lapidar: Findelkinder sollen getauft werden, sofern sorgfältige Nachforschungen ergeben haben, daß sie noch nicht getauft sind. Frühgeburten (fetus abortivi) sollen getauft werden, «sofern dies geschehen kann».

Gemäß altem kirchlichem Brauch soll jeder Täufling einen Paten haben, der gleichsam dafür verbürgt, daß der Getaufte in Übereinstimmung mit den Verpflichtungen der Taufe ein christliches Leben führt. Jeder Täufling soll nur einen Paten haben, genauerhin einen Paten oder eine Patin, doch ist auch die Beiziehung eines Paten und einer Patin für denselben Täufling erlaubt und weithin gebräuchlich.

Patenschaft gilt als kirchlicher Ehrendienst. Darum sieht das Recht gewisse Voraussetzungen vor, die ein Pate besitzen muß: Er muß vom Täufling oder dessen Eltern bzw. Erziehungsberechtigten vorgeschlagen werden, falls es letztere nicht gibt, vom Pfarrer oder vom Spender der Taufe. Der Pate muß zu seiner Aufgabe geeignet sein und die Absicht haben, sie zu übernehmen. Sofern teilkirchlich nichts anderes festgelegt ist, muß er mindestens sechzehn Jahre alt sein. Er muß Katholik sein, die Firmung sowie die Erste Kommunion empfangen haben und in Übereinstimmung mit dem Glauben leben. Es darf sich nicht um jemanden handeln, dem durch Urteilsspruch eine kirchliche Strafe auferlegt worden ist. Die Eltern des Täuflings können nicht Paten ihres Kindes sein.

Gerade in konfessionsverschiedenen Ehen taucht gelegentlich die

Frage auf, ob ein Nichtkatholik als Pate benannt werden kann. Dazu sagt der neue Codex (c. 874 § 2), daß es sich auf jeden Fall um einen Getauften handeln muß, der jedoch bei einer katholischen Taufe lediglich als Taufzeuge fungieren darf. In einem solchen Fall muß zudem ein Katholik als Taufpate noch hinzugezogen werden.

Die Spendung der Taufe ohne Anwesenheit eines Paten ist ungebräuchlich, aber nicht unerlaubt. Es soll jedoch zumindest ein Zeuge die Spendung der Taufe bestätigen können. Sofern niemandem ein Nachteil daraus erwachsen kann, genügt denn auch die Erklärung eines einwandfreien Zeugen, daß die Taufe gespendet worden ist. Hat jemand sie als Erwachsener empfangen, genügt eine eidesstattliche Erklärung.

Als eine der wichtigsten Aufgaben des Pfarrers betrachtet die katholische Kirche und damit auch ihr Recht die sorgfältige Führung des Taufbuches oder -registers. Im Taufbuch der Pfarrei, in der bzw. auf deren Territorium die Taufe gespendet wurde, muß der Pfarrer die Namen der Getauften eintragen unter Erwähnung des Taufspenders, der Eltern, der Paten bzw. der Taufzeugen; ferner sind Ort und Zeit der Taufspendung zu nennen sowie Ort und Zeit der Geburt. Bei der Taufe unehelicher Kinder ist der Name der Mutter einzutragen, wenn ihre Mutterschaft öffentlich feststeht oder wenn sie aus eigenem Antrieb schriftlich oder vor zwei Zeugen darum nachsucht. Ebenso ist der Name des Vaters einzutragen, wenn dessen Vaterschaft durch eine öffentliche Urkunde oder durch seine Erklärung vor dem Pfarrer und zwei Zeugen nachgewiesen wird. In allen übrigen Fällen kann ein Täufling auch ohne Angaben über seinen Vater oder seine Eltern ins Taufregister eingetragen werden. Bei Adoptivkindern sind die Namen der Adoptiveltern einzutragen, gegebenenfalls auch die der natürlichen Eltern, sofern dies am Taufort auch bei zivilen Registern so vorgeschrieben ist. Wird die Taufe nicht vom Pfarrer oder seinem Stellvertreter gespendet oder wird die Taufe außerhalb der Pfarrei gespendet, zu der der Täufling gehört, muß die Taufe an den zuständigen Pfarrer gemeldet werden, der diese Taufen dann in das Taufregister der Pfarrei einzutragen hat.

3.2.3. Die Spendung der Firmung (cc. 879–896)

Das zweite Initiationssakrament ist die Firmung. Sie verleiht ebenso wie die Taufe einen «character» (c. 879), also ein Merkmal, das für immer gegeben und nicht genommen werden kann. Die Kirche lehrt, daß der Gefirmte mit der «Gabe des Hl. Geistes» bereichert wird und durch dieses Sakrament vollkommener mit der Kirche verbunden wird. Die Firmung wird erteilt durch Handauflegung und Salbung der Stirn mit Chrisam (ein vom Bischof am Gründonnerstag geweihtes Olivenöl mit Balsam).

Ordentlicher Spender der Firmung ist der Bischof, doch können dazu auch Priester durch das allgemeine wie das partikulare Recht befugt sein. Nach dem allgemeinen Recht (also dem Codex) besitzen dieses Recht alle jene, die eine dem Diözesanbischof vergleichbare rechtliche Stellung einnehmen (z. B. Ordinarien im Missionsbereich). Ferner kann ein Priester auf Grund seiner amtlichen Stellung (etwa Pfarrer) oder kraft Auftrags durch den Bischof firmen, wenn er einen Minderjährigen (untere Altersgrenze 7 Jahre) tauft oder einen bereits Getauften in die katholische Kirche aufnimmt. Nach dem neuen Codex kann in Todesgefahr der Pfarrer, ja sogar jeder Priester firmen (c. 883 n. 3). Alle katholisch Getauften sind verpflichtet, das Sakrament der Firmung zu empfangen. Die Bischofskonferenzen sollen festlegen, in welchem Alter die Firmung zu empfangen ist. Ebenso wie bei der Taufe sieht das kirchliche Recht vor, daß ein Firmpate bei der Spendung des Sakramentes anwesend ist. Allerdings gelten die gleichen Voraussetzungen wie bei der Taufpatenschaft. Im Gegensatz zum früheren Codex empfiehlt das neue Recht, daß der Firmpate derselbe ist wie der Taufpate. In jeder Diözesankurie ist ein Firmregister zu führen, in dem alle Firmungen unter Nennung des Empfängers und Spenders, der Eltern und Paten des Firmlings sowie Ort und Datum der Firmung einzutragen sind. Der zuständige Pfarrer hat die Firmung in ein besonderes Firmungsbuch einzutragen, wobei auch der Spender, die Namen der Eltern und der Paten sowie Ort und Tag der Spendung zu nennen sind.

Im neuen Recht ist nicht mehr die Bestimmung enthalten, wonach durch die Patenschaft bei Taufe oder Firmung eine sogenannte geistliche Verwandtschaft entsteht. Nach dem früheren Recht stellte die geistliche Verwandtschaft, die durch die Patenschaft bei der Taufe entstand, ein trennendes Ehehindernis dar.

3.3. Das Leben in und mit der Kirche (Eucharistie, Buße und Krankensalbung, cc. 897–1007)

Taufe und Firmung begründen und festigen die Zugehörigkeit zur Kirche. Das Leben in und mit der Kirche erfordert jedoch nach traditioneller Auffassung der Kirche Hilfe und Stärkung, welche die Kirche als der fortlebende Christus ihren Angehörigen schenken kann. Ja, die Kirche ist verpflichtet, ihren Angehörigen jene Kraft zu geben, die sie im Auf und Ab des Lebens und der Glaubenserfahrung benötigen. So kann man die drei Sakramente der Eucharistie, der Buße und Krankensalbung als Sakramente des Lebens bezeichnen, da durch sie gewährleistet wird, daß die Getauften lebendige Glieder der Kirche bleiben.

3.3.1. Die Eucharistie (cc. 897–958)

Der neue Codex nennt die Eucharistie das ehrwürdigste (oder erhabenste) Sakrament («Augustissimum Sacramentum», c. 897). In ihr ist gemäß der Lehre der katholischen Kirche Christus der Herr enthalten, in ihr opfert er sich und in ihr wird er empfangen. Ferner betont die Definition des Codex, daß durch die Eucharistie die Kirche «ohne Unterbrechung» (continuo) lebt und wächst. Das eucharistische Opfer – so weiter der Codex – ist das Gedenken an Tod und Auferweckung des Herrn, in dem das Opfer am Kreuz die Jahrhunderte hindurch fortdauert. Schließlich wird noch einmal die Bedeutung der Eucharistie für die Kirche unterstrichen: Sie ist Gipfel und Quelle des Gottesdienstes (cultus) und des christlichen Lebens, durch die die Einheit des Gottesvolkes deutlich und bewirkt wird. Der Aufbau des Leibes Christi werde durch dieses Sakrament vollendet. Ferner betont der Codex, daß alle übrigen Sakramente und alle Werke des kirchlichen Apostolats mit der Eucharistie zusammenhängen und auf sie hingeordnet sind. Zusammenfassend läßt sich also sagen, daß die Definition des Codex die Eucharistie als den fortlebenden Christus und als Zentrum der Kirche lehrt. Dementsprechend verlangt das Gesetzbuch von den Angehörigen der Kirche eine geziemende Verehrung dieses zentralen Sakramentes und empfiehlt dessen häufigen Empfang dringend an.

Die beiden eben genannten Komponenten der Eucharistie werden kurz und treffend in c. 899 § 1 genannt: «Eucharistica celebratio actio est ipsius Christi et Ecclesiae». Derselbe Canon nennt auch die beiden Gestalten von Brot und Wein, unter denen Christus der Herr anwesend ist. Ferner unterstreicht er, daß die Feier der Eucharistie der Mitwirkung des Priesters bedarf.

Bei der Feier der Eucharistie (eucharistica Synaxis, c. 899 § 2) findet sich das Volk Gottes zusammen und zwar unter Vorsitz des Bischofs oder – in dessen Auftrag – eines Priesters. Hierbei wird also die Erinnerung an die frühchristliche Gemeinde wachgehalten, für die diese Form der Eucharistie das Zeichen der Einheit zwischen Christus und seiner Gemeinde, zwischen Bischof und Gemeinde dargestellt hat.

a) Spender der Eucharistie (cc. 900–911)

Gemäß dem Recht der katholischen Kirche kann allein der gültig geweihte Priester das Sakrament der Eucharistie feiern (eigentlich: conficere = zubereiten oder durchführen, c. 900 § 1). Erlaubt tut dies nur ein Priester, der auf Grund der gesetzlichen Bestimmungen der Kirche daran nicht gehindert ist und die entsprechenden Vorschriften der Kirche beachtet. Diese und eine größere Anzahl weiterer Vorschriften verpflichten die Bischöfe und Priester, die Eucharistie gemäß den von der Kirche vorgeschriebenen Riten und Texten zu feiern und dabei nicht eigene oder von der Kirchenleitung nicht gutgeheißene Formen und Texte zu verwenden.
Der neue Codex empfiehlt die Konzelebration, wenn mehrere Priester bei einer Eucharistiefeier anwesend sind, doch billigt er es zugleich, daß jeder Priester für sich die Eucharistie feiert. Allerdings darf letzteres nicht geschehen, während in derselben Kirche gerade andere Priester konzelebrieren. Fremde Priester dürfen vom für die jeweiligen Verantwortlichen (Kirchenrektor = rector ecclesiae) zur Zelebration nur zugelassen werden, wenn sie ein Empfehlungsschreiben ihres Ordinarius vorlegen, das nicht älter als ein Jahr sein darf.
In den wesentlichen theologischen Linien verharrt der neue Codex in seiner Auffassung von Eucharistie in den alten Vorstellungen. So empfiehlt er den Priestern die tägliche Zelebration selbst dann, wenn nicht mit der Anwesenheit von Gläubigen gerechnet werden kann (c. 904). Andererseits erlaubt der Codex, daß ein Priester aus pastoralen Gründen (Priestermangel) zweimal täglich, an Sonn- und Feiertagen sogar dreimal zelebrieren darf, allerdings mit ausdrücklicher Zustimmung des Ordinarius. Ansonsten darf ein Priester nur einmal täglich zelebrieren, ausgenommen gewisse Tage des Kirchenjahres (Weihnachten, Allerseelen). Um dem (früheren) Mißbrauch sogenannter Winkelmessen zu begegnen, ist allerdings

vorgeschrieben, daß wenigstens ein Gläubiger bei einer Zelebration anwesend sein muß.
C. 907 unterstreicht, daß es Diakonen und Laien nicht erlaubt ist, Gebete – insbesondere das eucharistische Hochgebet – zu sprechen und Handlungen zu vollziehen, die allein dem Priester vorbehalten sind. Damit wird auch das gemeinsame Sprechen der Wandlungsworte (eucharistischer Einsetzungsbericht) durch Priester und Gläubige untersagt, wie es sich mancherorts eingebürgert hat. Ferner wird es katholischen Priestern verboten, mit Priestern oder Geistlichen anderer Kirchen und kirchlichen Gemeinschaften, die keine Gemeinschaft mit der katholischen Kirche haben, zu konzelebrieren.
Die Kommunion darf normalerweise nur von Geweihten ausgeteilt werden. Allein in Ausnahmefällen darf dies ein Akolyth tun sowie ein Gläubiger, der dazu gemäß den Vorschriften des Rechtes bestellt ist. Auch die Krankenkommunion darf im Normalfall nur vom Pfarrer, Kaplan oder vom Krankenhausseelsorger ausgeteilt werden.

b) Teilnahme an der Eucharistie (cc. 912–923)

Jeder Getaufte, der durch das Recht daran nicht gehindert ist, kann und muß zur Kommunion zugelassen werden (c. 912). Das kirchliche Recht schreibt von alters vor, daß Kindern die Kommunion erst gespendet werden darf, wenn sie zum Vernunftgebrauch gelangt sind und auf den Empfang der (ersten) Kommunion sorgfältig vorbereitet wurden. Letzteres bedeutet, daß sie entsprechend ihrem Begriffsvermögen das Geheimnis Christi begreifen und den Leib Christi mit Glauben und in Verehrung empfangen können. Ähnlich wie bei den kirchenrechtlichen Bestimmungen über den Empfang der Taufe sind jene über den Empfang der ersten Kommunion von der Sorge getragen, daß der Mensch bzw. der Getaufte die Heilsgüter der Kirche erhalten kann. So heißt es auch hierbei, daß in Todesgefahr Ausnahmen gelten: Kindern, für die eine solche besteht, kann die Eucharistie gespendet werden, wenn sie den Leib Christi von gewöhnlicher Speise unterscheiden und die Kommunion ehrfürchtig empfangen können. Die Eltern bzw. die Erziehungsberechtigten sowie die Pfarrer werden angehalten, daß die Kinder entsprechend auf den Empfang der ersten Kommunion vorbereitet werden und sie so früh wie möglich empfangen. Die Pfarrer haben darauf zu achten, daß keine Kinder zur Kommunion zugelassen werden, die den Vernunftgebrauch nicht erlangt haben oder nicht ausreichend vorbereitet sind.

Zur Kommunion dürfen nach (öffentlich bekannter) Verhängung oder Feststellung der Strafe Exkommunizierte und Interdizierte ebensowenig zugelassen werden wie solche, die offenkundig in schwerer Sünde hartnäckig verharren (c. 915). Ebenso soll niemand zelebrieren oder die Kommunion empfangen, der sich einer schweren Sünde bewußt ist und vorher nicht gebeichtet hat, sofern nicht ein schwerwiegender Grund vorliegt und die Möglichkeit zur Beichte nicht besteht. Im letztgenannten Fall soll sich der Betroffene daran erinnern, daß er einen Akt vollkommener Reue zu erwecken hat, der den Vorsatz zu baldiger Beichte einschließt.

Der neue Codex empfiehlt dringend, daß die Kommunion im Regelfall während einer Eucharistiefeier empfangen wird. Vor dem Empfang soll wenigstens eine Stunde lang Abstinenz von jeder Speise und jedem Trank beachtet werden; ausgenommen sind das Trinken von Wasser und die Einnahme von Medizin. Alte und Kranke sind von der Abstinenz befreit.

Auch vom neuen Codex wird die traditionelle Vorschrift der Kirche eingeschärft, wonach der Kirchenangehörige verpflichtet ist, wenigstens einmal im Jahr die Kommunion zu empfangen, möglichst in der Osterzeit (c. 920). In Todesgefahr soll der Gläubige die Eucharistie als Wegzehrung (viaticum) empfangen.

c) Ritus, Zeit und Ort der Eucharistie (cc. 924–933)

Die Eucharistie darf nur unter Verwendung von Brot und Wein, letzterer vermischt mit ein wenig Wasser, gefeiert werden. Das Brot muß zudem aus ungesäuertem Weizen und darf nicht alt sein. Der Wein muß aus Weintrauben gewonnener Naturwein und darf nicht verdorben sein. Anderssortige Weine oder auch Natursäfte, wie sie gelegentlich in anderen christlichen Gemeinschaften bei der Abendmahlfeier verwendet werden, sind also ausgeschlossen. Normalerweise wird die Kommunion in der Lateinischen Kirche nur in der Gestalt des Brotes an die Gläubigen ausgeteilt, jedoch lassen die neueren liturgischen Vorschriften auch Austeilung und Empfang unter beiden Gestalten zu (etwa für Brautleute oder bei der Meßfeier kleiner Gruppen). Die alleinige Austeilung der Eucharistie unter der Gestalt des Weines ist lediglich in Notfällen gestattet. Ausgenommen extreme Notfälle ist es streng untersagt, nur eine der beiden Gestalten oder beide Gestalten außerhalb einer Eucharistiefeier zu konsekrieren (c. 927).

Zur Feier der Eucharistie darf nur der lateinische oder ein anderssprachiger Text verwendet werden, der von der Kirchenleitung approbiert ist. Während der Feier haben Priester und Diakone die vorgeschriebene liturgische Kleidung zu tragen.

Alle diese Bestimmungen des neuen Codex, die teilweise gegenüber dem bisherigen Recht neu sind, nehmen Bezug auf Entwicklungen und Tendenzen, die in einigen Teilkirchen bei der Gestaltung der Eucharistiefeier zu verzeichnen sind und in den Augen des kirchlichen Gesetzgebers Abweichungen von einer würdigen Feier der Eucharistie darstellen.

Feier und Austeilung der Eucharistie können nach dem Codex jederzeit erfolgen, ausgenommen jene Zeiten, die davon durch liturgische Normen ausgeschlossen sind (so gibt es etwa für die Kartage gewisse Einschränkungen). Normalerweise soll die Eucharistie an einem geweihten Ort (Kirche, Kapelle) gefeiert werden; in anderen Fällen muß zumindest ein würdiger Platz dafür ausgesucht werden. Es ist ferner vorgeschrieben, daß die Eucharistie auf einem geweihten oder benedizierten (gesegneten) Altar gefeiert wird. Ist dies nicht der Fall, kann auch ein dazu geeigneter Tisch verwendet werden, der jedoch mit Altartuch und Korporale bedeckt sein muß. Aus gerechtem Grund und sofern Ärgernis ausgeschlossen ist, kann mit ausdrücklicher Erlaubnis des zuständigen Ordinarius die Eucharistie auch in der Kirche einer mit Rom nicht verbundenen Kirche oder kirchlichen Gemeinschaft gefeiert werden.

d) Aufbewahrung und Verehrung der Eucharistie (cc. 934–944)

In den katholischen Kirchen wird die Eucharistie in der Gestalt des Brotes aufbewahrt, und dies aus drei Gründen: Für den Fall der Wegzehrung, für die Spendung des Sakramentes an solche, die nicht an der Eucharistiefeier teilnehmen können, sowie zur Anbetung. Nach katholischem Kirchenrecht ist die ständige Aufbewahrung für gewisse Kirchen vorgeschrieben, für andere ist sie erlaubt. So muß gemäß c. 934 die Eucharistie in der Bischofskirche, in jeder Pfarrkirche und in Kirchen oder Kapellen von Ordenshäusern aufbewahrt werden, in anderen Kirchen und Kapellen darf sie mit Erlaubnis des Ortsordinarius aufbewahrt werden.

Private Aufbewahrung oder Mitführung der Eucharistie auf Reisen ist untersagt, es sei denn, daß ein pastoraler Grund besteht. Sofern nicht ein schwerwiegender Grund dagegenspricht, sind Kirchen, in denen die Eucharistie aufbewahrt wird, täglich wenigstens für einige Stunden offen zu halten, um den Gläubigen Gelegenheit zur Verehrung der Eucharistie zu geben.

Der neue Codex gibt darüberhinaus ausführlich an, wie die Eucharistie in den Kirchen oder Kapellen aufzubewahren ist: Der gewöhnliche Aufbewahrungsort ist der Tabernakel, der sich an einem besonderen, in die Augen fallenden Platz der Kirche befinden soll. Dieser soll zudem geschmückt sein, und es soll eine zum Gebet geeignete Stelle der Kirche sein. Der Tabernakel muß ferner fest eingebaut sein, er muß aus gediegenem und undurchsichtigem Material (Stein, Stahl) hergestellt und so abzuschließen sein, daß keine Gefahr der Profanierung besteht.

Gemäß altem Brauch der Kirche soll vor oder in der Nähe des Tabernakels ein sogenanntes ewiges Licht brennen, das die Anwesenheit Christi anzeigt. Wenigstens einmal im Jahr soll die Eucharistie in besonderer Weise von den Gläubigen verehrt werden (sogenannte ewige Anbetung). Eine weitere Form katholischer Eucharistieverehrung ist die alljährliche Fronleichnamsprozession, die überall dort durchgeführt werden soll, wo dies nach Meinung des Ortsordinarius geschehen kann (c. 944).

e) Das Meßstipendium (cc. 945–958)

Recht ausführlich geht der neue Codex auch auf das Meßstipendium ein, dessen Bedeutung und Wertschätzung in vielen Teilkirchen deutlich im Abnehmen sind. Das kirchliche Recht hat es sich mit dem Meßstipendium nie leicht gemacht. So merkte der frühere Codex vorsichtig und vorsorglich zu Beginn seiner Ausführungen über das Meßstipendium an, daß es sich dabei um einen gebilligten und erprobten Brauch der Kirche und um eine Einrichtung (institutum) handele. Die Kirche hat sich jedoch dazu offiziell nie geäußert, und der neue Codex spricht nun auch nur noch recht vorsichtig von einem gebilligten Brauch in der Kirche. Das Meßstipendium ist heute in der Regel ein Geldbetrag, der einem Priester gegeben wird, um eine Messe in der Meinung (Intention) des Gebers darzubringen. Der neue Codex legt aber den Priestern nahe, besonders für die Armen die Messe ohne Stipendium zu zelebrieren.

In vielen Teilkirchen stellen die Einnahmen aus den Meßstipendien immer noch die wichtigste Stütze des kirchlichen Haushaltes dar. Daran muß in den Teilkirchen erinnert werden, die auf Grund regelmäßiger und in der Regel hoher Einnahmen aus Kirchensteuer u. ä. dieser Finanzquelle weniger bedürfen. Der Codex weist deshalb auch darauf hin, daß die Einnahmen aus den Stipendien dazu dienen, den Lebensunterhalt der Geistlichen sowie die Aufrechterhaltung kirchlicher Aktivitäten zu gewährleisten. Da nun das Meßstipendium in anderen Teilkirchen immer noch eine geradezu unverzichtbare Rolle spielt, trifft das kirchliche Recht gegen Mißbrauch des Meßstipendiums Vorsorge. Zelebriert etwa ein Priester (aus seelsorglichen Gründen) mehrmals an einem Tag, darf er nur ein Meßstipendium für sich selbst annehmen. Die anderen muß er Zwecken zuführen, die der zuständige Ordinarius bestimmt (in der Bundesrepublik werden sie z. B. für die Seelsorge in der Diaspora verwendet). Der Codex unterstreicht, daß beim Meßstipendium auch nur ein Anschein von Geschäft oder Handel zu vermeiden sei (c. 947). So ist es etwa nicht erlaubt, eine Messe in mehreren Intentionen zu zelebrieren, für die Stipendien gegeben wurden. Damit soll sichergestellt werden, daß auch die kleinen Gaben der Armen als Stipendien für ihre Intention angenommen werden. Anders gesagt: Es sind so viele Messen zu zelebrieren, als Stipendien gegeben wurden.

In den Teilkirchen gibt es gewisse Richtsätze für die Höhe der Stipendien. Wenn etwa ein Geldbetrag für unbestimmt viele Stipendien gegeben wird, kann nach diesem Richtsatz die Anzahl der Messen festgesetzt werden. Der Richtsatz bedeutet jedoch nicht, daß ein geringerer Betrag als Stipendium vom Priester zurückgewiesen werden dürfte. Der Richtsatz soll zudem verhindern, daß Priester eigenmächtig höhere Beträge fordern. An diese Sätze müssen sich auch Ordensleute halten. Es ist jedoch jedem Priester zugestanden, einen höheren oder niedrigeren Betrag entgegenzunehmen. Obwohl das Recht festlegt, daß ein Priester nicht mehr Stipendien annehmen darf, als er innerhalb eines Jahres erfüllen kann, kommt es doch gelegentlich vor, daß die Zahl der Stipendien höher ist als die Gelegenheit zur Persolvierung. Für derartige Fälle sieht der Codex in allen Einzelheiten Möglichkeiten der Übertragung bzw. Weitergabe von Meßstipendien vor.

Um Mißbräuche bei den Stipendien auszuschließen, sind die Pfarrer und Kirchenrektoren verpflichtet, ein Buch zu führen, in dem genau die Zahl der Messen, deren Intention, die Höhe der Stipendien und der Zeitpunkt der Zelebration einzutragen sind. Zudem muß jeder Priester über Empfang und Persolvierung seiner Meßstipendien Buch führen.

3.3.2 Das Bußsakrament (cc. 959–997)

Buße und Krankensalbung werden als die Sakramente der Rekonziliation, also der Aussöhnung bezeichnet. Durch sie soll der Getaufte wieder jene Fülle des Lebens mit Christus erhalten, die er durch eigene Schuld gefährdet oder verloren hat. Beide Sakramente versöhnen mit Gott und mit der Gemeinde. Die Definition des Bußsakramentes, wie sie der neue Codex gibt (c. 959), nennt diese beiden Komponenten: Die Verzeihung Gottes und die Versöhnung mit der Kirche.

a) Feier des Bußsakramentes (cc. 960–964)

Wohl keines der sieben Sakramente hat in den letzten Jahren eine derartige Veränderung der Wertschätzung durch die Gläubigen erfahren wie das Bußsakrament. Man kann getrost davon sprechen, daß es sich heute in einer Krise befindet. In einigen Teilen der Kirche ist der individuelle Empfang des Bußsakramentes (sog. Ohrenbeichte) fast völlig aus der Übung gekommen. Aber auch die Möglichkeit sogenannter Bußgottesdienste, die nach dem II. Vatikanischen Konzil geschaffen worden ist, wird kaum noch wahrgenommen. Im Gegensatz zum früheren Codex und auch zu den Darstellungen der anderen Sakramente im neuen Gesetzbuch der Kirche spricht der neue Codex deshalb zunächst in einem eigenen Abschnitt über die Arten und Weisen des Empfangs dieses Sakramentes.

Dabei betont der Codex gleich eingangs, daß das persönliche und vollständige Bekenntnis und die darauf folgende Lossprechung allein die ordentliche (oder normale) Form des Bußsakramentes sind, sofern nicht ein physischer oder moralischer Hinderungsgrund besteht, das Sakrament auf diese Weise zu empfangen. Es ist nicht einfach zu definieren, was eine moralische Unmöglichkeit ist (moralis bedeutet im kirchlichen Recht auch «rechtlich» oder «juristisch» und wird – wie auch in dieser Formulierung von c. 960 – als Gegensatz zu physicus verwendet).

Als weitere Form der sakramentalen Lossprechung nennt der neue Codex die sogenannte Generalabsolution. Sie kann mehreren

Gläubigen zugleich ohne vorangehendes persönliches Sündenbekenntnis gespendet werden, allerdings nur in zwei Situationen: In Todesgefahr sowie in einer schwerwiegenden Notlage, wenn es unmöglich ist, allen, die darum bitten, nach persönlicher Beichte die Lossprechung zu erteilen. Im letzteren Fall muß es sich um eine echte Notlage handeln; der Codex erwähnt ausdrücklich, daß organisatorische Probleme, die bei Festen oder Wallfahrten auftreten können, nicht dazu zählen. Die vom Codex gemeinte Notlage kann aber durchaus in Gebieten entstehen oder bestehen, wo nicht genügend Priester zur Verfügung stehen. Das Gesetzbuch bestimmt deshalb (c. 961 § 2), daß die Bischöfe nach Beratung mit den übrigen Mitgliedern der zuständigen Bischofskonferenz festlegen können, ob die vom Recht angezielte Notsituation in ihrem Gebiet besteht. Da diese Regelungen des neuen Codex Richtlinien der Glaubenskongregation vom Jahr 1972 wiederholen, ist anzumerken, daß die Deutsche Bischofskonferenz noch im gleichen Jahr erklärt hat, daß der beschriebene «schwerwiegende Notfall» in der Bundesrepublik nicht vorliege.

Daß die Generalabsolution als Ausnahmefall betrachtet wird, erhellt auch die Bestimmung, wonach ein jeder, der durch sie die wirksame (gültige) Lossprechung empfangen hat, dennoch persönlich sobald wie möglich das Sakrament empfangen muß, wenn er sich einer schweren Sünde bewußt ist. Bei der Generalabsolution handelt es sich also um eine Regelung für extreme Ausnahmefälle. Sie darf nicht dazu mißbraucht werden, den einzelnen von seiner Verpflichtung zur Einzelbeichte zu befreien.

Auch der neue Codex macht Angaben über den Ort der Beichte. Danach ist der gewöhnliche Ort für die Beichte eine Kirche oder Kapelle. An einer einsehbaren Stelle soll dort ein Beichtstuhl aufgestellt sein, der ein Gitter haben muß, durch das Priester und Gläubiger getrennt sind. Beichten außerhalb des Beichtstuhls sind nur bei Vorliegen eines angemessenen Grundes erlaubt (c. 964 § 3).

b) Spender des Bußsakramentes (cc. 965–986)

C. 965 sagt lapidar, daß allein ein Priester Spender des Bußsakramentes ist, doch liegen – wie auch die darauf folgenden Vorschriften zeigen – die Kompetenzen und Zuständigkeiten für die gültige Spendung des Bußsakramentes komplizierter. Zu seiner gültigen Spendung ist nämlich nicht allein priesterliche Weihegewalt, sondern auch Hirtengewalt erforderlich. Der frühere Codex hat das in seinem c. 872 vortrefflich ausgedrückt. Im neuen Codex (c. 966 § 1) wird unter Berücksichtigung von Aussagen des II. Vatikanischen Konzils gefordert, der Priester müsse sich einer Vollmacht (facultas) erfreuen, um seine durch die Weihe empfangene Gewalt auch den Gläubigen gegenüber ausüben zu können. Diese Vollmacht erhält der Priester entweder durch das Recht selbst (etwa auf Grund von Bestimmungen für Notfälle) oder durch spezialen Auftrag «der zuständigen Autorität». Im Vergleich zum früheren Recht erweitert der neue Codex den Kreis der Träger der Beichtvollmacht:

Überall können der Papst und die Kardinäle das Bußsakrament spenden, ebenso die Bischöfe, jedoch kann ihnen durch den zuständigen Ordinarius die Erlaubtheit der Spendung abgelehnt werden. Ebenso kann nunmehr jeder Priester, der von Amts wegen oder auf Grund eines speziellen Auftrags die Beichtvollmacht besitzt, überall das Bußsakrament spenden, sofern der zuständige Ortsordinarius dies nicht verweigert. Hierbei ist zu betonen, daß in einem derartigen Fall die Spendung des Bußsakramentes nicht nur erlaubt, sondern auch ungültig wäre. Ähnliche Bestimmungen gelten für die Ordenspriester.

Das kirchliche Recht unterscheidet – wie bereits erwähnt – zwischen solchen, welche die Beichtvollmacht kraft ihres Amtes besitzen, und Bevollmächtigten auf Grund eines Auftrages. Kraft des Amtes besitzen die Vollmacht die Ortsordinarien, der Bußkanoniker (an der Kathedralkirche), die Pfarrer und jene, die ein dem Pfarrer vergleichbares Amt innehaben. Die genannten Amtsträger haben diese Vollmacht zunächst lediglich für ihren Amtsbereich, jedoch reicht sie in der oben genannten Weise darüber hinaus. Auch hierbei gelten für die Orden analoge Bestimmungen, d. h. daß die Oberen auf Grund ihres Amtes Beichtvollmacht besitzen.

Das Recht, die Beichtvollmacht Priestern zu erteilen, haben allein die Ortsordinarien (also im wesentlichen die Bischöfe) sowie die Ordensoberen für die Priester ihrer Orden und Gemeinschaften. Die Vollmacht darf nur an Priester erteilt werden, die durch eine Prüfung nachgewiesen haben, daß sie geeignet sind, das Bußsakrament zu spenden; von der Prüfung kann gegebenenfalls abgesehen werden, doch muß dann auf andere Weise die Eignung nachgewiesen werden. Eine ganze Reihe weiterer Bestimmungen des Codex will sicherstellen, daß nur geeignete Priester die Beichtvollmacht erhalten. Sie wird befristet oder auch unbefristet erteilt, und zwar möglichst schriftlich. Nur aus schwerwiegendem Grund soll sie einem Priester entzogen werden, da eine solche Maßnahme das Ansehen eines Priesters empfindlich antastet. Wird einem Priester die Beichtvollmacht vom eigenen Ordinarius entzogen, besitzt er auch in anderen Bereichen der Kirche keine Vollmacht mehr. Entzieht ihm jedoch ein anderer Ordinarius die Beichtvollmacht für den Bereich seines Gebietes (oder seiner Gemeinschaft), verliert er sie nur für diesen Bereich (c. 974 § 2). Im letzteren Fall soll der Ordinarius jedoch den für den Priester zuständigen Ordinarius über die Gründe des Entzugs der Vollmacht unterrichten. Auch bei Amtsverlust, Exkardination oder Wohnsitzwechsel erlischt eine Beichtvollmacht. Wie bereits angedeutet worden ist, sieht das Recht für Notfälle Ausnahmen vor: So kann jeder Priester (erlaubt und gültig) in Todesgefahr das Bußsakrament spenden, und zwar kann er von allen Strafen und Sünden lossprechen. Diese Vorschrift folgt aus dem obersten Prinzip des kirchlichen Rechts «Salus animarum suprema lex» (das Heil der Seelen ist das oberste Gesetz). Deshalb ersetzt auch die Kirche in Fällen des Irrtums oder des Zweifels die Beichtvollmacht (c. 144 § 1 «supplet Ecclesia». Dort taucht der allgemeiner formulierte c. 209 CIC – 1917 wieder auf!)

Im neuen Codex sind auch wieder Bestimmungen enthalten, die sicherstellen sollen, daß das Bußsakrament nicht im Bereich sexueller Verfehlungen mißbraucht wird. So ist die Lossprechung des Mitschuldigen – ausgenommen wieder in Todesgefahr – ungültig (sog. absolutio complicis). Wer fälschlicherweise einen Beichtvater bei den kirchlichen Behörden denunziert, von ihm (in der Beichte) zur Unkeuschheit verführt worden zu sein, erhält die Lossprechung erst, wenn er die falsche Beschuldigung förmlich zurückgezogen und möglicherweise entstandene Schäden wiedergutgemacht hat.

Der Priester resp. Beichtvater wird ebenso wie im früheren Codex daran erinnert, daß er in gleicher Weise Richter und Arzt und zugleich Diener göttlicher Gerechtigkeit und Barmherzigkeit ist und daher sowohl für die Ehre Gottes als auch für das Heil der Seelen einzustehen hat (c. 978 § 1). Mörsdorf hat in diesem Fall «iudex» nicht mit «Richter», sondern mit «Träger hoheitlicher

Kirchengewalt» übersetzt, um deutlich zu machen, daß der Beichtvater kein (kirchlicher) Richter ist und das Geschehen im Bußsakrament nicht mit dem der (kirchlichen) Rechtsprechung verwechselt werden darf.

Neu ist die Bestimmung, wonach der Beichtvater bei der Spendung des Sakramentes getreu (fideliter) der Lehre des kirchlichen Lehramtes und den von der zuständigen Autorität erlassenen Normen zu folgen hat (c. 978 § 2). Bei der Befragung des Beichtenden soll er mit Klugheit und Diskretion vorgehen. Besteht kein Zweifel, daß der Beichtende sich gut vorbereitet hat und um die Lossprechung bittet, dann darf diese weder verweigert noch hinausgezögert werden. Je nach Art und Zahl der Sünden hat der Priester dem Beichtenden eine Buße aufzuerlegen, die heilsam und angemessen ist. Dabei soll er auch auf die persönliche Situation des Beichtenden Rücksicht nehmen. Der Beichtende (eigentlich: der Büßer, das Beichtkind) ist verpflichtet, selbst die Buße zu erfüllen.

Ferner nennt der Codex das Beichtgeheimnis. Der Beichtvater ist streng verpflichtet, weder durch mündliche Äußerungen noch auf andere Weise irgendwie den Beichtenden zu verraten. Das Beichtgeheimnis wird vom kirchlichen Gesetzbuch als unverletzlich bezeichnet. Auch ein eventuell herbeigezogener Dolmetscher oder Zeugen der Beichte sind zur Wahrung des Geheimnisses verpflichtet. Selbst dann, wenn eine Gefahr der Verletzung des Beichtgeheimnisses ausgeschlossen ist, darf ein Priester das in der Beichte erworbene Wissen nicht in einer für den Beichtenden lästigen Weise gebrauchen. Auch darf das in der Beichte erworbene Wissen in keiner Weise für die Leitung im äußeren Bereich verwendet werden. Die Eigenart des kirchlichen Rechtes läßt es angebracht erscheinen, durch Bestimmungen u. ä. zu gewährleisten, daß äußerer und innerer Bereich (vgl. o. forum externum-forum internum) nicht miteinander verquickt werden. So sollen etwa Novizenmeister und deren Stellvertreter sowie Rektoren von Seminarien und anderer Erziehungsanstalten nicht die Beichte ihrer Alumnen sowie anderer Hausgenossen hören, wenn diese selbst nicht darum bitten.

Schließlich weist der Codex darauf hin, daß die Seelsorger streng verpflichtet sind, den ihnen anvertrauten Gläubigen die Möglichkeit zum Beichten anzubieten (c. 986).

c) Empfänger des Bußsakramentes (cc. 987–991)

Nach Auffassung der Kirche ist der Empfang des Sakramentes der Buße dann heilbringend (salutifer), wenn der Beichtende eine bestimmte Disposition hat: Er muß seine Sünden ablehnen und den Willen zur Besserung haben.

Die Gläubigen sind verpflichtet, nach Zahl und Art alle schweren Sünden zu beichten, die sie nach Empfang der Taufe begangen haben und noch nicht «durch die Schlüsselgewalt der Kirche» (c. 988 § 1) direkt nachgelassen wurden. Die Beichte ist individuell abzulegen, wobei sich der Beichtende aller Sünden anzuklagen hat, die er nach sorgsamer Gewissenserforschung erkannt hat. Den Gläubigen soll aber auch empfohlen werden, die sogenannten läßlichen Sünden zu beichten.

Auch der neue Codex schreibt vor, daß jeder Gläubige, der zum Gebrauch der Vernunft gelangt ist (eigentlich: der in die Jahre der Unterscheidung gelangt ist!), verpflichtet ist, wenigstens einmal im Jahr seine schweren Sünden gewissenhaft zu bekennen (c. 989).

d) Der Ablaß (cc. 992–997)

Auch im neuen Codex ist ein Abschnitt dem Ablaß gewidmet, der entsprechend der traditionellen Anordnung der Rechtsmaterie im Titel über das Bußsakrament untergebracht worden ist; allerdings ist er knapper ausgefallen als im bisherigen Rechtsbuch.

Die neuen Bestimmungen schließen an die neue Ordnung des Ablaßwesens aus dem Jahr 1967 an. Eingangs wird eine Begriffsbestimmung des Ablasses gegeben: «Der Ablaß ist Nachlaß einer zeitlichen Strafe vor Gott für Sünden, deren Schuld bereits getilgt ist. Diesen Nachlaß erlangt ein Gläubiger, der dazu in geeigneter Weise disponiert ist, unter bestimmten, genau festgelegten Bedingungen. Vermittler des Ablasses ist die Kirche, die den Ablaß aus dem Schatz der Sühne Christi und der Heiligen spendet, den sie in autoritativer Weise verwaltet und anwendet.»

Beim Ablaß wird zwischen einem Teilablaß und einem vollkommenen Ablaß unterschieden, je nachdem er alle oder nur einen Teil der zeitlichen Strafen nachläßt. Die Ablässe kann jeder Gläubige für sich gewinnen oder sie fürbittweise Verstorbenen zuwenden.

Außer dem Papst können nur jene Ablässe gewähren, die diese Gewalt rechtens besitzen oder denen sie vom Papst gewährt worden ist. Ohne Erlaubnis des Papstes darf auch niemand anderen das Recht zur Gewährung von Ablässen erteilen.

Wie bereits gesagt, kann prinzipiell jeder Getaufte einen Ablaß gewinnen, jedoch sieht das kirchliche Recht vor, daß dazu eine gewisse persönliche Disposition erforderlich ist: Der Getaufte darf nicht exkommuniziert und muß im Stand der Gnade sein. Zudem muß er die Absicht haben, den Ablaß zu gewinnen und die damit verbundenen Werke zu verrichten (gewisse Gebete oder Handlungen).

Die Neuordnung des Ablaßwesens im Jahr 1967 zielte u. a. eine Überwindung der «Ablaßkrise» an. Dieses Ziel wurde bis heute nicht erreicht, da modernen Menschen Sinn und Wesen des Ablasses weitgehend fremd sind.

3.3.3 Die Krankensalbung (cc. 998–1007)

Seit alters her kennt die Kirche Gebete und Handlungen (besonders Salbungen mit hl. Öl), die sie den schwerkranken Angehörigen zuwendet, um sie zu stärken. Definiert wurde die Lehre von einem Sakrament der Krankensalbung jedoch erst auf dem Trienter Konzil.

Wie c. 998 einleitend definiert, empfiehlt die Kirche durch die Krankensalbung die gefährlich erkrankten Gläubigen dem leidenden und verherrlichten Herrn an, damit er sie aufrichte und heile. Die Krankensalbung wird gespendet durch Salbungen mit hl. Öl und durch Gebete, die von der Kirche festgelegt worden sind. In Notfällen kann die Spendung des Sakramentes auf eine Salbung, und zwar möglichst auf die Stirn des Kranken, und auf eine kurze Formel reduziert werden.

Allein ein Priester kann die Krankensalbung gültig spenden. Da wegen des Priestermangels heute in vielen Teilkirchen die Kranken (besonders in den Krankenhäusern) von Nichtpriestern betreut werden, ist zu bedauern, daß der neue Codex an dieser Bestimmung festhält.

Das Sakrament kann jeder Gläubige empfangen, der zum Gebrauch der Vernunft gelangt ist, wenn er wegen (schwerer) Krankheit oder aus Altersschwäche in Lebensgefahr ist. Der Empfang des Sakramentes ist wiederholbar, wenn der Kranke nach Besserung oder Heilung erneut schwer erkrankt oder sich sein Zustand verschlimmert. Aus Sorge um das Seelenheil erlaubt die Kirche sogar eine bedingungsweise Spendung des Sakramentes etwa in Zweifelsfällen, ob der Kranke den Vernunftgebrauch erlangt hat, ob er lebensgefährlich erkrankt oder schon gestorben ist (c. 1005). Bewußtlosen darf das Sakrament gespendet werden, wenn vermutet werden kann, daß sie selbst bei Bewußtsein darum bitten würden. Es darf nicht jenen gespendet werden, die offenkundig in schwerer Sünde verharren.

3.4 Stand in der Kirche (Weihe und Ehe, cc. 1008–1253)

Die beiden Sakramente der Weihe und Ehe begründen einen gewissen Stand in der Kirche. Die drei verschiedenen Stufen des Weihesakramentes können nur einmal empfangen, das Sakrament der Ehe kann öfters empfangen werden; auch kann dieselbe Person prinzipiell beide Standessakramente empfangen (verheirateter Diakon oder Priester).

3.4.1 Die Weihe oder der ordo (cc. 1008–1054)

Der einleitende Canon c. 1008 liefert eine Begriffsbestimmung des ordo, die im wesentlichen zwei tragende Elemente beinhaltet: Das Sakrament der Weihe ist göttlicher Einsetzung und verleiht einen unauslöschlichen Charakter. Da aber der genannte Canon weitere wichtige Aussagen macht, soll er hier im Wortlaut zitiert werden:

> «Durch das Sakrament der Weihe werden kraft göttlicher Einsetzung unter den Christgläubigen die heiligen Diener bestimmt, die dadurch mit einem unauslöschlichen Charakter (Merkmal) gezeichnet sind. Sie werden geweiht und sind berufen, entsprechend ihrem Weihegrad das Volk Gottes zu weiden, indem sie in der Person Christi, des Hauptes, die Dienste (munera) des Lehrens, Heiligens und Regierens versehen».

Löst man diese fremdartigen Schachtelsätze in ihre Einzelteile auf, begegnen uns im wesentlichen bereits bekannte Grundaussagen der kirchlichen Rechtsordnung:

– das Weihesakrament begründet einen Unterschied zwischen den gewöhnlichen Christgläubigen und «den heiligen Dienern». In etwas abgeschwächter, leicht blumiger Sprache wird also genau dasselbe wie in c. 948 des früheren CIC gesagt, daß nämlich der ordo die Kleriker von den Laien unterscheidet.

– das Weihesakrament ist göttlicher Einsetzung. Die recht komplizierte Geschichte der Entwicklung gerade im Bereich der Weihe wird dabei außer acht gelassen. Die einzelnen Stufen des Weihesakramentes, die die Kirche heute kennt und anerkennt, haben durchaus unterschiedliche Entwicklungsstränge.

– das Weihesakrament verleiht je nach der Weihestufe eine Teilhabe an der Hauptfunktion Christi (Christus, das Haupt der Kirche), also daran, was traditionell Hierarchie genannt wird. Die

Hierarchen oder hl. Hirten «weiden» das ihnen anvertraute Volk Gottes.
– das Weihesakrament gibt in besonderer Weise die Fähigkeit, die drei munera auszuüben. Hier erscheinen sie in der Reihenfolge Lehramt, Heiligungsamt und Leitungsamt.
Die drei Stufen des Weihesakramentes sind gemäß c. 1009 § 1 Episkopat, Presbyterat und Diakonat. Durch die nachkonziliare Gesetzgebung wurde gerade im Bereich des Weiherechtes eine neue Ordnung eingeführt. Dabei wurden die Tonsur, die sogenannten niederen Weihen und auch der Subdiakonat abgeschafft. Entsprechend den Beschlüssen des II. Vatikanischen Konzils ist hingegen der Diakonat aufgewertet worden, der früher lediglich eine Durchgangsstufe zum Presbyterat darstellte. Lektorat und Akolythat heißen nun nicht mehr ordines, sondern werden als ministeria bezeichnet.
Seit 1973 bilden nur noch die drei oben genannten Stufen des ordo den Klerus. Der liturgische Ritus, in dem sie übertragen werden, wird im neuen Codex der Tradition entsprechend als ordinatio bezeichnet. Die Übertragung erfolgt durch Handauflegung (die sogenannte Materie) und einem jeder Weihestufe entsprechenden Gebet (die sogenannte Form) (vgl. c. 1009 § 2).

a) Spendung (cc. 1010–1023)

Die Weihen sollen während einer Meßfeier und zwar möglichst an Sonn- und Feiertagen gespendet werden. Ferner ist gewünscht, daß die Weihen in der Kathedralkirche erteilt werden. Dazu sollen Klerus und Volk eingeladen werden, damit möglichst viele Gläubigen daran teilnehmen.
Spender des Weihesakramentes, also aller drei Stufen des ordo, ist der geweihte Bischof. Die erlaubte (nicht die gültige!) Spendung der Bischofsweihe ist allerdings an den entsprechenden Auftrag des Papstes gebunden. Falls vom Apostolischen Stuhl davon nicht dispensiert worden ist, muß ein Bischof zur Erteilung der Bischofsweihe wenigstens noch zwei andere Bischöfe beiziehen. Sind weitere Bischöfe bei einer Bischofsweihe anwesend, sollen auch sie zusammen mit dem Hauptkonsekrator die Weihe spenden.
Ein Bischof, der ohne Auftrag des Papstes jemandem die Bischofsweihe erteilt, zieht sich ebenso wie der Empfänger der Weihe automatisch die Strafe der Exkommunikation zu, deren Lossprechung dem Apostolischen Stuhl vorbehalten ist (c. 1382).

Die rechtliche Bestimmung, wonach eine Bischofsweihe nur mit Erlaubnis des Papstes erteilt werden darf, besteht seit etwa 1300. Daß die Bischofsweihe der Akt der Aufnahme in das Kollegium der Bischöfe bedeutet, wird durch die Aussage des II. Vaticanum verdeutlicht, wonach «mehrere Bischöfe zur Teilnahme an der Erhebung eines Neuerwählten zum höchsten priesterlichen Dienst beizuziehen» sind (LG 22,1). Dieser Aussage des Konzils entspricht cc. 1014.

Auch die Priester- und die Diakonsweihe erteilt allein der Bischof, und zwar der Diözesanbischof des Bistums, zu dem der Weihebewerber gehört (der CIC spricht von «Episcopus proprius», c. 1015 § 1). Ein nicht für die Erteilung der Weihe zuständiger Bischof darf eine Weihe nur mit Erlaubnis des zuständigen Bischofs spenden; dazu sind die sogenannten Entlassungsschreiben erforderlich, die der zuständige Bischof ausstellt und der Weihebewerber dem Bischof vorzulegen hat, der die Weihe erteilen soll.[12] Grundsätzlich ist es so, daß alle zur Ausstellung der Entlassungsschreiben Berechtigten auch selbst die betreffenden Weihen erteilen können, wenn sie die Bischofsweihe besitzen. So kann etwa ein Bistumsverwalter, der selbst die Bischofsweihe besitzt (Weihbischof), die Priester- und Diakonsweihe spenden, da er die dazu notwendige Weihe- *und* Hirtengewalt besitzt.

Näher erklärt werden muß noch, was das kirchliche Recht unter «Episcopus proprius» versteht. Der eigene (oder zuständige) Bischof ist der jenes Bistums, in dem der Weihebewerber seinen ordentlichen Wohnsitz hat. Ein Weihebewerber kann sich aber auch frei für den Dienst in einer anderen Diözese entscheiden. Diese Entscheidung ist vor der Diakonsweihe zu treffen.

Die Diakonsweihe begründet nämlich ein Rechtsverhältnis zwischen dem Weihebewerber und dem Bischof bzw. dem Bistum. Durch sie wird man in den Klerikerstand aufgenommen, und zwar immer konkret in den Klerus eines bestimmten Bistums (bzgl. Aufnahme in einen Ordensverband vgl. weiter unten!). Dieses Rechtsband, das durch die Diakonsweihe entsteht, nennt das kirchliche Recht Inkardination (= Einbürgerung). In dem Wort incardinatio steckt das Wort cardo = Türzapfen. Dementspre-

[12] Ein Bischof, der gegen diese Bestimmung verstößt und einen Weihebewerber, der ihm nicht untersteht, ohne Entlaßschreiben weiht, darf ein Jahr lang keine Weihen mehr erteilen. Der Geweihte ist ipso facto suspendiert (c. 1383).

chend ist für die Erteilung der Priesterweihe der Bischof jener Diözese zuständig, in die der Weihekandidat durch die Diakonsweihe inkardiniert worden ist.

Außerhalb seiner eigenen Diözese darf ein Bischof ohne Erlaubnis des zuständigen Ordinarius keine Weihen erteilen. Ausführlich beschreibt das kirchliche Gesetzbuch die Kompetenz zur Ausstellung der oben bereits genannten Entlassungsschreiben:

Bei Diözesan- oder Weltpriestern sind dazu der (eigene oder zuständige) Bischof, der Apostolische Administrator oder der Bistumsverwalter befugt, letzterer allerdings nur mit Zustimmung des Beraterkollegs. Die Verwalter von Bistümern oder bistumsähnlichen Gebieten in Zeiten der Sedisvakanz (Bistumsverwalter, Provikare und Propräfekten) dürfen keine Entlassungsschreiben für Personen ausstellen, denen vom Bischof, vom Apostolischen Vikar oder Präfekten die Erteilung der Weihe(n) verweigert worden ist. Die höheren Ordensoberen von klösterlichen Priesterverbänden sowie von anderen priesterlichen Gesellschaften päpstlichen Rechtes haben das Recht, ihren Untergebenen Entlassungsschreiben für den Empfang der Diakons- und der Priesterweihe auszustellen. Die Ordination aller anderen Alumnen von religiösen Instituten oder Gesellschaften ist so wie für Weltgeistliche geregelt. Die zuständigen Oberen sind gehalten, diese Entlassungsschreiben erst dann auszustellen, wenn durch die vom Recht vorgeschriebenen Zeugnisse die Eignung des Kandidaten belegt ist. Prinzipiell können die Entlassungsschreiben an jeden Bischof ausgestellt werden, der sich in Gemeinschaft mit dem Apostolischen Stuhl befindet. Handelt es sich um den Bischof eines anderen Ritus, ist allerdings eine Bewilligung des Papstes erforderlich. Vor Erteilung der Weihe ist der Bischof, an den die Entlassungsschreiben adressiert sind, verpflichtet, deren Echtheit zu überprüfen. Entlassungsschreiben können sowohl vom Aussteller wie auch von dessen Nachfolger eingeschränkt oder widerrufen werden, jedoch erlöschen einmal ausgestellte Schreiben nicht durch das Ausscheiden des Ausstellers aus seinem Amt.

b) Empfang (cc. 1024–1052)

Der erste Canon dieses Abschnittes des kirchlichen Rechtsbuches lautet lapidar: «Die hl. Weihe empfängt gültig allein der getaufte Mann».

Hierbei fällt auf, daß im Gegensatz zu anderen fundamentalen

Aussagen der kirchlichen Lehre und auch des Kirchenrechts ein Hinweis darauf fehlt, diese Bestimmung gründe auf göttlicher Anordnung. Dennoch bleibt festzuhalten, daß die in diesem Satz zum Ausdruck kommende Auffassung als so unverrückbar und selbstverständlich angesehen wurde, daß sich dazu im alten Codex, der diese Bestimmung natürlich gleichfalls enthielt (c. 968 § 1), keinerlei quellenmäßige Begründung befindet. Auch die Lehrbücher zum früheren Codex kommentieren diesen Satz kaum einmal; deren Autoren sahen offensichtlich keinen Anlaß, für sie Selbstverständliches auch noch zu begründen.

Inzwischen hat sich die Situation gründlich verändert. Da die Aussage des kirchlichen Rechtes über den Empfang der Weihe relativ offen formuliert ist, wird immer häufiger der Empfang der Weihe durch Frauen diskutiert und gefordert, wobei besonders die Zulassung der Frau zum Diakonat theologisch legitimiert und historisch begründet wird. Die Gemeinsame Synode der bundesdeutschen Bistümer hat deshalb auch im Jahr 1975 in einem Votum (227 Ja-Stimmen, 13 Nein-Stimmen, 6 Enthaltungen) den Papst gebeten, «die Frage des Diakonats der Frau entsprechend den heutigen theologischen Erkenntnissen zu prüfen und angesichts der gegenwärtigen pastoralen Situation womöglich Frauen zur Diakonatsweihe zuzulassen». Ein Jahr später gab die römische Glaubenskongregation die Erklärung «Inter insigniores» heraus, in der Forderungen nach Zulassung der Frau zum Priesteramt mit Berufung auf die Tradition der Kirche, das Verhalten Christi, die Handlungsweise der Apostel und die bleibende Bedeutung dieser Praxis negativ beantwortet wurden. Die Frage der Zulassung der Frau zum Diakonat wurde also nicht erwähnt, womit die Möglichkeit einer solchen Zulassung für die Zukunft prinzipiell weiterhin gegeben ist. Andererseits bleibt zu bedenken, daß die theologisch anfechtbare Argumentation der Glaubenskongregation gegen die Zulassung der Frau zum Priesteramt inoffiziell auch gegen den Diakonat der Frau Verwendung findet. Oder anders gesagt: Würde der Diakonat der Frau zugelassen, erführen manche der schwachen Argumente gegen das Priesteramt der Frau einen Stoß, der wahrscheinlich zum Zusammenbruch der gesamten Argumentationskette führen würde. Nicht zuletzt aus diesem Grund hat der Apostolische Stuhl auf das Votum der Gemeinsamen Synode abweisend reagiert.

Wer ist nun geeignet, die hl. Weihen zu empfangen? In der katholischen Kirche wird zu Recht seit alters her betont, es müsse dazu eine Berufung bestehen. Was dies beinhaltet, ist schwer zu umschreiben und unterliegt teilweise wohl auch zeitlich gebundenen Veränderungen. Das Gesetzbuch der Kirche macht deshalb nur recht allgemeine Aussagen über die Eignung von Weihekandidaten und beschränkt sich auf die Nennung von nachprüfbaren und formalen Voraussetzungen. Mehr sollte auch nicht in einem Gesetzbuch genannt werden, obwohl dies gelegentlich aus durchaus anerkennenswerten Motiven gefordert wird.

Es sei in diesem Zusammenhang darauf hingewiesen, daß die deutschen Bischöfe im Jahr 1978 in einer «Rahmenordnung für die Priesterbildung»[13] ihre Vorstellungen «zur Beurteilung der Eignung für den Priesterberuf» dargelegt haben. Hier kann nicht der gesamte, recht umfangreiche Katalog dieser Kriterien wiedergegeben werden, doch sollen die wesentlichen Punkte genannt sein. Die Bischöfe erwarten vom Priester Eignung und Fähigkeiten auf vier Ebenen: Im Bereich menschlicher Qualitäten wird u. a. leibliche und seelische Gesundheit sowie geistige Reife erwartet, zudem sittliche und affektive Reife (u. a. «integrierte Geschlechtlichkeit mit geordneter sexueller Triebhaftigkeit und gefestigter Keuschheit»). Ferner werden «christliche Grundhaltungen» gefordert: Gläubige Sicht des eigenen Lebens, gefestigte Frömmigkeit, Entschlossenheit zur Nachfolge Christi, Verbundenheit mit der Kirche und zudem Solidarität mit den gesellschaftlichen Randgruppen. Schließlich werden zahlreiche Fähigkeiten für die Seelsorge und insonderheit für den priesterlichen Dienst genannt (Gesprächsbereitschaft, missionarischer Eifer, Urteilsvermögen, Bejahung des Amts- und Weiheverständnisses der Kirche, «gläubige Einsicht in den Sinn der Ehelosigkeit» usw.).

Kaum ein Weihebewerber dürfte diesem Idealbild des Priesters entsprechen. Der Codex ist diesbezüglich nüchterner und beschränkt sich zunächst darauf, zwei Voraussetzungen in recht allgemeiner Form zu formulieren: Zum erlaubten Empfang der Weihen sei Voraussetzung, daß jemand mit den vorgeschriebenen Eigenschaften ausgestattet und für den Dienst in der Kirche

[13] Rahmenordnung für die Priesterbildung, in der Reihe: Die deutschen Bischöfe, Nr. 15, vom 1. Mai 1978, S. 37–39.

geeignet sei. Beiden Formulierungen ist überdies beigefügt, daß die verantwortlichen Oberen (Bischof, Ordensoberer) darüber zu entscheiden haben (vgl. c. 1025 §§ 1 u. 2).

Der Codex nennt eine Reihe von Anforderungen (requisita), die erfüllt sein müssen, soll und will jemand die Weihen empfangen. Dabei handelt es sich im wesentlichen um nachprüfbare bzw. beweisbare Fakten, doch zeigt bereits die erste Bestimmung, daß es sich dabei auch um recht sensible Faktoren handelt. So wird in c. 1026 vorgeschrieben, ein Weihebewerber müsse sich «der erforderlichen Freiheit erfreuen». Mit einer recht starken Formel der Rechtssprache («nefas est») verbietet das kirchliche Recht, jemanden – aus welchem Grund auch – zum Empfang der Weihen zu zwingen. Ebenso ist es untersagt, einen gemäß den Anforderungen des kanonischen Rechtes Geeigneten vom Empfang der Weihen abzuhalten. Nach dem früheren Recht verfiel derjenige dem Kirchenbann, der jemanden zum Empfang von Weihen gezwungen hatte (c. 2352 CIC – 1917).

Etwas genauer, aber doch noch immer in recht allgemeinen Formulierungen nennt der Codex dann Voraussetzungen, die Weihebewerber zu erfüllen haben (c. 1029: Sie müssen gläubig sein und die richtige Einstellung (recta intentio) haben, das erforderliche Wissen besitzen, sich eines guten Rufes erfreuen, sittlich untadelig sein und über Tugenden (probati virtutes) sowie andere physische wie psychische Qualitäten verfügen, die sie zum Empfang der Weihe geeignet machen). Dies alles zu prüfen und zu beurteilen, ist – wie bereits gesagt – Sache des zuständigen Bischofs oder Ordensoberen.

Die Priesterweihe darf erst erteilt werden, wenn jemand das 25. Lebensjahr vollendet hat und die nötige Reife besitzt. Die letztere Voraussetzung ist neu. Sie ist sicherlich zu begrüßen, doch müßte sichergestellt werden, daß diese interpretationsbedürftige Voraussetzung objektiv überprüft wird. Zwischen dem Empfang der Diakonsweihe – als Durchgangsstufe zum Priestertum – und der Priesterweihe muß ein Mindestzeitraum von einem halben Jahr liegen;[14] zudem darf diese Weihe frühestens nach Vollendung

[14] Ein Bischof oder Ordensoberer kann einem Diakon nur in Ausnahmefällen die Erteilung der Priesterweihe verweigern (vgl. c. 1030).

des 23. Lebensjahres empfangen werden. Gegenüber dem früheren Recht wurde die Altersgrenze jeweils um ein Jahr erhöht. Zum ständigen Diakon kann ein Unverheirateter erst mit Vollendung des 25. Lebensjahres geweiht werden, ein Verheirateter sogar erst nach Vollendung des 35. Lebensjahres und zwar nur mit Zustimmung der Gattin.

Die Bischofskonferenzen können die vom allgemeinen Recht vorgeschriebenen Mindestalter für den Empfang der Priesterweihe sowie für den ständigen Diakonat sogar noch erhöhen. Von den vorgeschriebenen Mindestaltersgrenzen können die zuständigen Ordinarien bis zu einem Jahr dispensieren, was darüber hinausgeht, bedarf der Dispens durch den Apostolischen Stuhl.

Ein Priesterkandidat darf zur Diakonsweihe erst zugelassen werden, wenn er ein fünfjähriges Studium der Philosophie und Theologie (erfolgreich) abgeschlossen hat. Nach Studium und Empfang der Diakonsweihe sollen die Priesterkandidaten eine angemessene Zeit lang, deren Dauer die zuständigen Ordinarien festlegen, in der Seelsorge arbeiten.

Selbstverständlich wird jemand auch zum ständigen Diakonat erst zugelassen, wenn er eine entsprechende Ausbildung erhalten hat. Der neue Codex macht jedoch über die Dauer dieser Ausbildung (formatio) keinerlei Angaben. Dies ist von den Teilkirchen zu regeln; in der Tatsache, daß der Codex darüber schweigt, mag man zu Recht eine gewisse Reserve Roms gegenüber dem ständigen Diakon erblicken. Was die Bundesrepublik betrifft, gilt für die Ausbildung der ständigen Diakone eine Rahmenordnung aus dem Jahr 1979.[15]

Außer Mindestalter und Ausbildungsvoraussetzungen nennt der Codex weitere Bedingungen: So darf eine Weihe erlaubt nur gespendet werden, wenn der Weihebewerber gefirmt ist. Ferner sieht das neue Gesetzbuch vor, daß vor dem Empfang der Weihen ein feierlicher, liturgischer Akt erfolgt, durch den der Weihebewerber in den Klerus eines Bistums aufgenommen wird. Dieser Akt entfällt bei Religiosen (Ordensleuten), wenn sie sich durch Gelübde an ihre Gemeinschaft gebunden haben.

[15] Rahmenordnung für Ständige Diakone in den Bistümern der Bundesrepublik Deutschland, in: Die deutschen Bischöfe, Nr. 22, S. 17–33.

Vor diesem Akt der Inkardinierung muß der Weihebewerber eine angemessene Zeit lang die Dienste (ministeria) eines Lektors und eines Akolythen ausgeübt haben. Zwischen der Übernahme des Akolythendienstes und dem Empfang der Diakonsweihe muß mindestens ein halbes Jahr liegen. Dies gilt sowohl für den Diakonat als Durchgangsstufe zum Priestertum als auch für den ständigen Diakonat. Wie der Name sagt, übernimmt der Lektor Funktionen im Wortgottesdienst, hat jedoch nicht das Recht zu predigen; Aufgabe des Akolythen hingegen ist es, «den Altar und die liturgischen Gefäße zu bereiten sowie als außerordentlicher Spender den Gläubigen die Eucharistie zu reichen».
Ferner hat ein Weihebewerber vor dem Empfang der Weihe seinem Ordinarius schriftlich zu versichern, daß er aus freien Stücken die Weihe empfangen will und sich für immer dem Dienst in der Kirche widmen möchte. In Verbindung mit dieser Erklärung bittet er um die Spendung der Weihe.
Schließlich müssen Weihebewerber für den ständigen Diakonat, die nicht verheiratet sind, sowie solche für das Priesteramt vor Empfang der Diakonsweihe in einem öffentlichen Akt (ritus) gegenüber Gott und der Kirche die Zölibatspflicht auf sich nehmen.
Sollte ein Diakon sich weigern, die Priesterweihe zu empfangen, dann kann er prinzipiell nicht an der Ausübung der Diakonsweihe gehindert werden, es sei denn, daß ein kirchenrechtliches (kanonisches) Hindernis vorliegt oder ein anderer schwerwiegender Grund. Über letzteres zu urteilen, ist Sache des zuständigen Ordinarius.
Im Vorangegangenen wurden die sogenannten positiven Voraussetzungen genannt, die nach kirchlichem Recht ein Weihebewerber besitzen bzw. erbringen muß, will er zum Empfang der Weihe(n) zugelassen werden. Das kirchliche Recht kennt und nennt jedoch zudem eine Reihe von Behinderungen und Hindernissen, die dem Empfang der Weihe(n) entgegenstehen können. Darauf soll nun noch eingegangen werden:
Dabei unterscheidet das Kirchenrecht zwischen dauernden Hindernissen, die Irregularitäten genannt werden, und einfachen Hindernissen (resp. Weihehindernissen). Zunächst die Irregularitäten (c. 1041). Dauernde Weihebehinderungen sind:
– Jede Form von Geisteskrankheit oder einer anderen psychi-

schen Erkrankung, die nach dem Urteil von Fachleuten jemanden zur Erfüllung des Dienstes ungeeignet erscheinen läßt.

– Wenn sich jemand der Delikte der Apostasie, Häresie oder des Schismas schuldig gemacht hat.

– Wenn jemand eine Ehe, und sei es auch nur eine Zivilehe, schließen wollte und daran durch ein Eheband oder durch die Weihe oder ein lebenslanges öffentliches Gelübde der Keuschheit gehindert war; ebenso wer mit einer Frau die Eheschließung versucht, die durch eine gültige Ehe oder ein Gelübde der genannten Art gebunden war.

– Wer vorsätzlich einen Menschen getötet oder mit Erfolg eine Abtreibung vorgenommen hat. Dies gilt auch für Mithelfer.

– Wer sich selbst oder andere schwer und böswillig verstümmelt hat oder wer einen Selbstmordversuch unternommen hat.

– Wer einen Akt der Weihegewalt vorgenommen hat, der Bischöfen und Priestern vorbehalten ist, selbst aber diese Gewalt nicht besitzt, sowie jemand, der an der Ausübung der Weihegewalt durch eine kanonische Strafe gehindert ist.

Einfache Weihehindernisse sind (c. 1042):

– das Eheband. Ist ein Mann verheiratet, kann er die Weihe nicht empfangen, es sei denn, er ist vorschriftsmäßig zum ständigen Diakonat zugelassen.

– eine standesfremde Tätigkeit. Wer ein Amt bekleidet oder Beschäftigungen nachgeht, die Klerikern untersagt sind (vgl. cc. 285. 286) und mit denen die Pflicht zur Rechenschaftsablage verbunden ist, müssen zunächst ihr Amt niederlegen oder die Beschäftigung einstellen, um von diesen Verpflichtungen frei zu werden.

– Neugetaufte dürfen erst zur Weihe zugelassen werden, wenn sie sich dazu nach dem Urteil des zuständigen Ordinarius bewährt haben.

Soweit die Hindernisse. Das Gesetzbuch der Kirche verpflichtet die Kirchenangehörigen, den zuständigen Ordinarius oder ihren Pfarrer über ihnen bekannte Weihehindernisse eines Weihebewerbers zu informieren (c. 1043).

Der neue Codex spricht auch von Irregularitäten und einfachen Hindernissen, welche die Ausübung der Weihe verhindern (c. 1044). So sind diejenigen irregulär, die trotz einer bestehenden Irregularität eine Weihe empfangen haben; der Empfang einer Weihe unter dieser Voraussetzung wird als rechtswidrig (il-

legitime) bezeichnet. Ferner wird irregulär, wer sich nach Empfang der Weihe den Delikten der Apostasie, Häresie oder des Schismas öffentlich schuldig macht. Das gleiche gilt für den Eintritt der anderen Tatbestände, die eine Irregularität begründen.
Wer trotz eines Weihehindernisses eine Weihe empfängt, empfängt sie rechtswidrig. Er darf die in der Weihe empfangene Weihegewalt nicht ausüben. Dies gilt auch für Geweihte, die geisteskrank werden oder sonstwie psychisch erkranken. Ihnen muß der zuständige Ordinarius ausdrücklich die Ausübung der Weihegewalt erlauben, und zwar nach Konsultation eines Sachverständigen.
Unkenntnis der Irregularitäten oder einfachen Hindernissen befreit nicht davon! Wenn derselbe, ein bestimmtes Weihehindernis bewirkende Tatbestand mehrfach vorliegt, tritt keine Vervielfältigung des Hindernisses ein. Davon ausgenommen sind Mord und – eine Verschärfung gegenüber dem bisherigen Recht – auch für Abtreibung, die mit Erfolg betrieben worden ist.
Das kirchliche Gesetzbuch beschreibt dann ziemlich ausführlich, wie für eine Befreiung von den genannten Weihehindernissen die Zuständigkeiten verteilt sind. Grundsätzlich kann von allen Weihehindernissen – natürlich mit Ausnahme der Geisteskrankheit – befreit werden. Faktisch wird jedoch nicht von allen Hindernissen befreit, so etwa nicht im Fall eines öffentlich bekanntgewordenen Mordes. Die Kompetenzen für die Befreiungen sind folgendermaßen verteilt:
Dem Apostolischen Stuhl sind alle Befreiungen (Dispensen) von allen Irregularitäten vorbehalten, sofern die Angelegenheit gerichtsanhängig geworden ist. In jedem Fall – ob also bei Gericht anhängig oder nicht – sind folgende Irregularitäten und Hindernisse zur Befreiung dem Apostolischen Stuhl vorbehalten: Die Delikte des Glaubensabfalls, der versuchten Eheschließung, sofern sie öffentlich bekannt sind, des Mordes und der Abtreibung, auch wenn diese öffentlich nicht bekannt sind, sowie das Hindernis des Ehebandes. Ferner behält sich der Apostolische Stuhl die Dispens vor, wenn sich jemand nach Empfang einer Weihe durch den Versuch einer Eheschließung eine Irregularität zugezogen hat und dies öffentlich bekannt ist; das gleiche gilt für Mord und Abtreibung, allerdings auch für den nicht bekanntgewordenen Fall.

Für Dispensen im äußeren Bereich (forum externum) ist beim Apostolischen Stuhl die Sakramentenkongregation zuständig, in vielen Fällen aber auch die Glaubenskongregation, besonders in Fragen des Glaubens und solchen, die irgendwie mit dem Zölibatsgesetz zu tun haben. Für Dispensen im inneren Bereich sind heute weitgehend die Bischöfe befugt. Lediglich bei gewissen geheimen Irregularitäten (versuchte Eheschließung sowie Mord und Abtreibung gemäß c. 1041) ist – wie gesagt – der Apostolische Stuhl zuständig, und zwar die Apostolische Pönitentiarie.
Für die Befreiung von *geheimen* Irregularitäten und Hindernissen räumt das kirchliche Gesetzbuch gewisse Erleichterungen «in dringenden Fällen» ein, d. h. wenn der Bischof nicht angegangen werden kann oder die Sache an die Pönitentiarie geleitet werden muß. Wenn in solchen Zwangslagen «die Gefahr eines schweren Schadens oder des Ehrverlustes» droht, kann der Betroffene erlaubt die Weihegewalt ausüben. Er bleibt jedoch streng verpflichtet, sobald wie möglich den Ordinarius oder die Pönitentiarie anzugehen, und zwar mit verdecktem Namen und durch seinen Beichtvater. Diese Ausnahme gilt nicht für eine den Weiheempfang hindernde Irregularität!
In einem Befreiungsgesuch sind alle Irregularitäten und einfachen Weihehindernisse anzugeben. Eine allgemeine Dispens umfaßt auch alle gutgläubig verschwiegenen Irregularitäten und Hindernisse, wieder ausgenommen Mord und Abtreibung. Solche, die bereits bei Gericht anhängig sind oder böswillig verschwiegen worden sind, sind gleichfalls davon ausgenommen. In Anträgen auf Dispens von Mord und Abtreibung muß auch die Zahl der Fälle angegeben werden. Eine allgemein für den Empfang der Weihen erteilte Befreiung gilt für alle Weihen, also auch – im Gegensatz zum bisherigen Recht – für den Empfang der Bischofsweihe.
Am Ende des Abschnittes über die Weihe faßt der Codex zusammen, welche Dokumente ein Weihebewerber beibringen muß:
– das Abschlußzeugnis seines Studiums;
– vor Empfang der Priesterweihe das Weihezeugnis der Diakonatsweihe;
– vor Empfang der Diakonatsweihe ein Tauf- und Firmzeugnis sowie eine Bestätigung der Einführung in die Ämter des Lektorates und des Akolythates. Ferner ist die Erklärung vorzulegen,

in der zum Ausdruck kommt, daß der Weihebewerber die Weihe aus freien Stücken empfängt. Ein verheirateter Weihebewerber für den ständigen Diakonat muß zudem ein Heiratszeugnis sowie die Einwilligungserklärung seiner Gattin vorlegen.
Soweit die Zeugnisse und Bescheinigungen, die der Weihebewerber selbst beibringen muß und beibringen kann. Zudem schreibt der Codex eine Reihe von Nachforschungen vor, die über die Person eines Weihebewerbers seitens des zulassenden Ordinarius durchzuführen sind. Diese Prozedur wird vom Kirchenrecht «scrutinium» genannt (c. 1051). Dazu zählt an erster Stelle die Einholung eines Führungszeugnisses des Weihebewerbers beim Seminarregens oder beim Rektor der entsprechenden Bildungsanstalt. Dieses Zeugnis muß Aussagen über «den rechten Glauben», die «echte Frömmigkeit», die «guten Sitten» und die Eignung zum Dienst in der Kirche machen. Ferner ist ein Gesundheitszeugnis einzuholen, das sich auf die physische und psychische Konstitution bezieht. Zudem kann der Ordinarius weitere Informationen einholen, die ihm zweckdienlich erscheinen. So kann er weitere Zeugnisse verlangen oder Veröffentlichungen des Weihebewerbers überprüfen.
Schließlich müssen Weihebewerber, die nicht vom eigenen Ordinarius geweiht werden sollen, die bereits oben genannten Entlaßschreiben vorlegen.
Ein letzter Abschnitt des Weiherechtes (cc. 1053. 1054) befaßt sich mit der Registrierung der Weihe. Bei der Kurie (Ordinariat) jedes weiheberechtigten Ordinarius wird eine sogenannte Weihematrikel geführt, in der alle Daten über die Spendung von Weihen eingetragen werden (Namen der Geweihten und des Weihespenders, Ort und Tag). Zudem sind beim Weiheregister alle für die Weihe erforderlichen Dokumente aufzubewahren. Die Geweihten erhalten eine Urkunde über den Empfang der Weihe. Wer auf Grund eines Entlaßschreibens von einem fremden Bischof geweiht worden ist, hat seine Weiheurkunde dem zuständigen Ordinarius zum Zwecke der Eintragung in eine Sondermatrikel vorzulegen. Schließlich haben die Ordinarien die Taufpfarrämter der Geweihten von der Spendung der Weihe zu verständigen. Dort werden die Weihen im Taufregister eingetragen (vgl. c. 535 § 2).

c) Rechtsstellung der Kleriker (cc. 232–293)

Die rechtliche Stellung der Geweihten, also der Kleriker, wird im zweiten Buch des Codex behandelt. Da Grundlage der besonderen Rechte und Pflichten der Kleriker jedoch die Weihe ist, sollen diese in diesem Kontext dargestellt und erläutert werden.

Ausbildung (cc. 232–264)

Einleitend wird hervorgehoben, daß es das alleinige Recht der Kirche ist, jene auszubilden, die für die heiligen Ämter berufen werden (c. 232). Im weiteren wird in appelativem Ton daran erinnert, daß es Aufgabe der gesamten christlichen (!) Gemeinschaft sei, Berufungen für das geistliche Amt zu fördern; dies ist insbesondere Aufgabe der christlichen Familien, Erzieher und besonders der Priester und Pfarrer sowie der Bischöfe. Gesondert wird daran erinnert, sogenannte Spätberufe («Männer reiferen Alters») für den geistlichen Beruf zu gewinnen (c. 233). Was derartige Bestimmungen in einem Gesetzbuch zu suchen haben, ist wohl eine berechtigte Frage.

Der neue Codex folgt in seinen Regelungen für die Ausbildung des Klerus durchaus traditionellen Vorstellungen. Er empfiehlt die Einrichtung sogenannter kleiner Seminarien, also von Schulen und/oder Internaten unter kirchlicher Leitung, in denen geistliche Berufe geweckt werden sollen. Die eigentliche theologische Ausbildung hat in Priesterseminarien (sog. Große Seminarien) zu erfolgen, und zwar möglichst während der gesamten Ausbildungszeit, wenigstens aber vier Jahre lang. Eine Ausbildung für den geistlichen Beruf außerhalb eines Seminars bedarf der Erlaubnis des zuständigen Bischofs; zudem muß in einem solchen Fall vom Bischof ein «frommer und geeigneter Priester» angewiesen werden, der die Lebensweise des Studenten überwacht (c. 235 § 2).

Für die Ausbildung zum ständigen Diakon sieht der Codex besondere Regelungen vor. Ihre Ausbildungszeit wird auf drei Jahre begrenzt; für ständige Diakone sind in der Regel von den Priesterseminaren getrennte Häuser vorgesehen (c. 236).

Trotz der heutigen Krise der geistlichen Berufe und Berufungen wünscht das kirchliche Gesetzbuch, daß möglichst in jedem Bistum ein Priesterseminar errichtet wird. Seminare für mehrere Bistümer (Interdiözesane Seminare) können von den beteiligten Bischöfen resp. einer Bischofskonferenz nur mit Zustimmung des Hl. Stuhls errichtet werden.

Die Leitung des Priesterseminars liegt in Händen eines Rektors, dem ein Vizerektor zur Seite stehen kann (in den deutschsprachigen Ländern werden sie meistens Regens und Subregens genannt). Ferner sieht das Recht vor, daß jedes Seminar einen Ökonom, einen Spiritual und Lehrer (magistri) für die verschiedenen Studienfächer hat.
Die Ausbildung hat gemäß einer Ordnung zu erfolgen, die die zuständige Bischofskonferenz unter Beachtung der allgemeinkirchenrechtlichen Bestimmungen aufgestellt hat. Eine derartige Ausbildungsordnung bedarf der Approbation durch den Hl. Stuhl! Die Ordnung soll auf die seelsorglichen Notwendigkeiten des entsprechenden Gebietes Rücksicht nehmen (c. 242 § 1). Die Richtschnur des allgemeinen Kirchenrechts, auf die der neue Codex gelegentlich hinweist, ist derzeit die «Ratio Fundamentalis Institutionis Sacerdotalis» aus dem Jahr 1970, also eine Grundordnung für die Priesterbildung. Sie ist allerdings später noch allgemein- wie auch teilkirchenrechtlich ergänzt worden. Für den Bereich der Deutschen Bischofskonferenz ist heute die «Rahmenordnung für die Priesterbildung» maßgebend, die diese Konferenz am 1. Mai 1978 herausgegeben hat.[15]
Die Seminarien sollen eine geistlich-intellektuelle Ausbildung der Alumnen – wie die Kandidaten für das geistliche Amt genannt werden – sicher stellen. Dabei sind einige Hauptakzente zu setzen, die der Codex nennt. So sollen die Alumnen mit Liebe zur Kirche erfüllt und so geformt werden, daß sie «in treuer und kindlicher Liebe dem Papst, dem Nachfolger Petri, verbunden» sind. Ferner soll «die brüderliche Einheit mit der Priesterschaft des Bistums» gefördert werden. Auch die Erziehung zum zölibatären Leben zählt natürlich zu den wesentlichen Erziehungszielen des Priesterseminars. Dazu erließ die Kongregation für das katholische Unterrichtswesen im Jahr 1974 besondere «Leitgedanken für die Erziehung zum priesterlichen Zölibat».
Der Förderung und Erreichung dieser und einiger anderer Ziele, die der Codex in diesem Zusammenhang (cc. 244–245, 247) nennt, sollen die tägliche Feier der Eucharistie, das Stundengebet der Kirche, Marienverehrung, besonders das Rosenkranzgebet, der

[16] Heft 15 der Reihe «Die deutschen Bischöfe», 1. Mai 1978.

häufige Empfang des Bußsakramentes sowie jährliche Teilnahme an Exerzitien dienen (c. 246).

Was die intellektuelle, insbesondere die theologische Ausbildung der Kleriker betrifft, folgt der Codex in vielen, wenn auch nicht allen Punkten der Apostolischen Konstitution «Sapientia Christiana» aus dem Jahre 1979, die den Lehrbetrieb an kirchlichen Universitäten und Fakultäten neu geregelt hat. Darüberhinaus gibt der Codex Anweisungen seminarspezifischer Art. Zu begrüßen ist, daß c. 248 betont, die Ausbildung solle zusammen mit einer Allgemeinbildung erfolgen, die den zeitlichen und örtlichen Bedürfnissen angemessen ist. Ferner wird die Beherrschung mehrerer Sprachen verlangt, die der Muttersprache, des Lateins sowie anderer fremder Sprachen, die für die Ausbildung von Bedeutung sind.

Nach dem Codex dauert das Studium der zukünftigen Kleriker insgesamt sechs Jahre, wovon zwei dem Studium der Philosophie und vier dem der Theologie gewidmet sind. Während für das Philosophiestudium eine gewisse zeitgemäße Anpassung zugestanden wird, ist der theologische Unterricht «im Licht des Glaubens, unter Leitung des Lehramtes (sub Magisterii ductu)» zu erteilen. Was den theologischen Unterricht betrifft, wird wieder auf die Bedeutung des hl. Thomas von Aquin hingewiesen, nicht jedoch bei den Bestimmungen über den philosophischen Unterricht, wie es noch im früheren Codex der Fall war (vgl. cc. 251. 252 § 3 und c. 1366 § 2 CIC – 1917).

Die Lehrer an den Seminarien bedürfen natürlich des Auftrags des oder der zuständigen Bischofs/Bischöfe; sie sollen ihre Ausbildung an durch den Hl. Stuhl anerkannten Einrichtungen erhalten haben.

Weitere Bestimmungen lassen erkennen, daß der Hauptakzent der Seminarausbildung darauf liegt, die Alumnen besonders in ihren Fähigkeiten für die seelsorgliche Praxis zu entwickeln und entsprechende Fertigkeiten zu vermitteln.

Inkardination
(cc. 265–272)

Jeder Kleriker muß zu einem sogenannten geistlichen Heimatverband gehören. Das ist in der Regel ein Bistum oder eine klerikale Ordensgemeinschaft, kann aber auch eine Personalprälatur sein. Die Kirche und ihr Recht stehen ungebundenen Klerikern absolut abweisend gegenüber. «Kopflose» Kleriker (acephali seu vagi) sind unerwünscht (c. 265).

Die Zugehörigkeit zum Klerikerstand wird gemäß der Tradition als Inkardination bezeichnet; in diesem Begriff steckt das lateinische Wort cardo, was Türzapfen oder auch Pol bedeutet.

Die Inkardination erfolgt bei den sogenannten Weltgeistlichen durch den Empfang der Diakonatsweihe, bei Mitgliedern von Orden oder ordensähnlichen Gemeinschaften durch Gelübde. Für Mitglieder sogenannter Säkularinstitute gelten jeweils besondere Regelungen, auf die in diesem Zusammenhang nicht weiter eingegangen werden kann.

Bei der Inkardination handelt es sich um eine rechtliche Bindung zwischen einem Kleriker und seinem geistlichen Heimatverband, die beiden Seiten Rechte und Pflichten zuteilt. Der Kleriker ist zum Dienst in seinem Heimatverband verpflichtet, hat aber Rechte oder Anrechte auf eine standesgemäße Versorgung durch seinen Verband; der Heimatverband bzw. der Bischof oder der Ordensobere können verlangen, daß der Kleriker im Rahmen seines Verbandes arbeitet, zugleich sind diese kirchlichen Oberen aber auch verpflichtet, für den Kleriker zu sorgen.

Die Inkardination stellt in der Regel ein sehr stabiles, ein Leben lang währendes Verhältnis dar. Anders als das frühere Recht räumt der neue Codex nun eher die Möglichkeit zur Auflösung eines derartigen Verhältnisses ein und sieht vor, unter welchen Voraussetzungen eine sogenannte Exkardination möglich ist.

Pflichten und Rechte der Kleriker (cc. 273–289)

Die Kleriker unterliegen der besonderen Pflicht, dem Papst und ihrem direkten Oberen (Ordinarius) Ehrfurcht und Gehorsam zu erweisen (c. 273). Diese Pflicht zusammen mit jener, ein vom Ordinarius übertragenes Amt zu übernehmen und treu auszuüben, ist gleichsam die Hauptpflicht eines jeden Klerikers. Sein erstes Recht besteht darin, daß allein ein Kleriker Ämter übernehmen kann, zu dessen Ausübung Weihegewalt erforderlich ist. Aber auch die Übernahme von Ämtern, zu deren Ausübung Hirtengewalt erforderlich ist, ist allein Klerikern möglich (cc. 129 § 1. 274 § 1).

Es gehört zu den grundlegenden Pflichten der Kleriker, ihre seelsorglichen Funktionen gut zu erfüllen und nach einem vollkommenen geistlichen Leben zu streben. Als Hilfsmittel dafür nennt der Codex (c. 276 § 2) Schriftlesung und möglichst tägliche Eucharistiefeier, Breviergebet, Teilnahme an Exerzitien, häufigen Empfang des Bußsakramentes und Verehrung der Mutter Gottes.

Zu den Pflichten der Kleriker zählt ferner der Zölibat. Die Zölibatspflicht beinhaltet zweierlei: Vollkommene und lebenslange geschlechtliche Enthaltsamkeit und Heiratsverbot (c. 277).

Es ist zu begrüßen, wenn auch der neue Codex die Kleriker wiederum dringend verpflichtet, für ihre theologische Fortbildung zu sorgen (c. 279).

Die übrigen Bestimmungen des Codex über die Pflichten und Rechte der Kleriker ist eine rechtssystematisch schlecht zusammengestellte Anreihung weiterer Verpflichtungen, gewisser Rechte und Empfehlungen. So werden die Kleriker verpflichtet oder aufgefordert, ein einfaches Leben zu führen, eine geistliche (eigentlich: kirchliche) Kleidung zu tragen und keinen Handel zu treiben. Andere Bestimmungen verbieten die Übernahme öffentlicher Ämter oder von Bürgschaften sowie die Ausstellung von Wechseln. Insbesondere der politischen Betätigung des Klerus steht der neue Codex noch ablehnender als das frühere Gesetzbuch gegenüber (c. 287 § 2). Für den Bereich der Deutschen Bischofskonferenz gilt diesbezüglich weiterhin die «Erklärung der Deutschen Bischofskonferenz zur parteipolitischen Tätigkeit der Priester» vom September 1973. Obwohl im Titel nur von Priestern gesprochen wird, betrifft diese Erklärung auch «Laien, die im Dienst der Kirche stehen oder eine besondere Stellung in der Kirche einnehmen». Auch die gewerkschaftliche Tätigkeit von Klerikern wird im neuen Codex abgelehnt, wenn dies nicht nach dem Urteil der zuständigen kirchlichen Autorität dazu dient, die Rechte der Kirche zu schützen oder das allgemeine Wohl zu fördern. Ohne Erlaubnis des Ordinarius sollen sich Kleriker oder solche, die sich auf den geistlichen Stand vorbereiten, nicht freiwillig zum Militärdienst melden. Auf Grund besonderer Regelungen sind Theologiestudenten und Kleriker in der Bundesrepublik und in manchen anderen Ländern von der Wehrpflicht befreit (in der Bundesrepublik nach dem Wehrpflichtgesetz § 11 I Ziff. 1–3). Ähnlich wie auch die Bischöfe sind alle anderen Kleriker verpflichtet, die sogenannte Residenzpflicht zu beachten,

d. h. am Ort oder zumindest in Nähe des Ortes, wo sie ihr Amt ausüben, auch zu wohnen. Es ist teilkirchlich festzulegen, wie lange ein Kleriker ohne Erlaubnis seines Ordinarius von seinem Wohn- und Arbeitsplatz abwesend sein darf.
Sehr allgemein steckt der Codex einen Rahmen hinsichtlich des wirtschaftlichen Unterhalts und der sozialen Versorgung der Kleriker ab (c. 281). Er empfiehlt den Klerikern Zusammenschlüsse zu gemeinsamem Leben (c. 280)

Der Verlust des klerikalen Standes (cc. 290–293)

Der Empfang der Weihe verleiht – wie gesagt – ein unauslöschliches Merkmal (character indelebilis). Für die Ordnung der Kirche bestand und besteht jedoch das Problem, daß Kleriker freiwillig auf den Stand als Kleriker verzichten wollen, um von den mit diesem verbundenen Pflichten frei zu kommen, oder daß die kirchlichen Hoheitsträger zwangs- oder strafweise einem Kleriker Rechte entziehen. Für derartige Fälle trifft auch das neue Recht nur in recht allgemeiner und damit ungenügender Weise Vorsorge, obwohl in den letzten Jahrzehnten mehr und mehr Kleriker aus ihrem Stand austreten wollten und Anträge auf die sogenannte Laisierung gestellt haben.
Der neue Codex behandelt zudem Fälle oder denkbare Möglichkeiten, die in diesem Zusammenhang relativ selten vorkommen: Die Möglichkeit, daß eine Weihe ungültig gespendet wurde, sowie den Fall eines strafweisen Ausschlusses aus dem Klerikerstand. Erst an dritter Stelle (c. 290 n. 3) wird die Möglichkeit genannt, daß durch Bescheid des Apostolischen Stuhles Diakonen aus schwerwiegenden Gründen und Priestern sogar nur bei Vorliegen sehr schwerwiegender Gründe eine Entlassung aus dem Klerikerstand gewährt werden kann. Zudem wird auch noch betont, daß außer im Fall der Ungültigkeit der Weihe mit der Entlassung aus dem Klerikerstand nicht eine Befreiung von der Zölibatspflicht gegeben ist, «die nur vom Papst allein erteilt wird» (c. 291).
Genau darum aber geht es in der Regel jenen Klerikern, die ihren Stand aufgeben möchten. Alle Regelungen und Bestimmungen, die heute für die Laisierung von Priestern und anderen Klerikern in der Kirche gelten, finden sich nicht im Codex. Vielmehr stehen sie in einem im Jahr 1980 geheim verbreiteten Rundschreiben der Glaubenskongregation (vom 14. Oktober 1980). Durch dieses Rundschreiben wurde die bis dahin bestehende Laisierungspraxis

empfindlich eingeengt, ja man wird davon sprechen müssen, daß damit die frühere Laisierungspraxis zum Erliegen gekommen ist. Rein juristisch beurteilt, wird man dies nicht allein als Rückschritt, sondern auch als eine bedenkliche Entwicklung bezeichnen müssen. Der Gesetzgeber muß auch für jene Lebensrealitäten Vorsorge treffen, die er selbst nicht billigen mag. Und er muß die Grundrechte jedes Menschen beachten, besonders jener, die sich einmal für den kirchlichen Dienst entschlossen haben.

3.4.2 Die Ehe (cc. 1055–1165)

Allein die Anzahl der Canones, die dem Sakrament der Ehe gewidmet sind, läßt Rückschlüsse auf die Bedeutung zu, die das katholische Kirchenrecht diesem Sakrament beimißt. Auch ist die Menge der Bestimmungen gegenüber dem bisherigen Codex kaum vermindert worden.

a) Grundlegende Bestimmungen (cc. 1055–1062)

Was die Sicht und Einschätzung der Ehe anbelangt, sind einige Veränderungen gegenüber dem bisherigen Recht festzustellen, die auch bereits im ersten Canon zum Ausdruck kommen. Ganz allgemein und sehr verkürzt kann man sagen, daß nunmehr die Ehe eher als Lebens- denn als Leibesgemeinschaft gesehen wird, während es beim früheren Codex genau umgekehrt war. Wegen seiner grundsätzlichen Bedeutung soll der einleitende Canon im Wortlaut wiedergegeben werden:

«c. 1055 – § 1. Der eheliche Bund, durch den Mann und Frau miteinander eine tiefe Gemeinschaft für das ganze Leben eingehen und der seiner Natur nach auf das Wohl der Ehegatten sowie auf Zeugung und Erziehung von Nachkommenschaft gerichtet ist, wurde von Christus, dem Herrn, unter Getauften zur Würde eines Sakramentes erhoben.
§ 2. Deshalb kann zwischen Getauften ein ehelicher Vertrag gültig nicht bestehen, ohne daß er auch ein Sakrament ist.»

In dieser Gesetzesdefinition der Ehe sind verschiedene Aussagen und Elemente unterschiedlicher Qualität miteinander verbunden. Der Deutlichkeit wegen sollen sie noch einmal in der Reihenfolge, in der sie in c. 1055 stehen, genannt werden:
– Die Ehe ist eine Gemeinschaft von Mann und Frau. Gleichgeschlechtliche Verbindungen, seien sie auch für Dauer geschlossen, sind nach Auffassung der katholischen Kirche keine Ehen.
– Die Ehe wird «für das ganze Leben» eingegangen, ist also –

was noch zur Sprache kommen wird – zu Lebzeiten beider Partner unauflösbar.

– Die Ehe ist in erster Linie «auf das Wohl der Ehegatten» gerichtet. Entsprechend den Lehren des II. Vatikanischen Konzils wird also der Charakter der Ehe als personale Lebensgemeinschaft unterstrichen.

– Die Ehe ist auf Zeugung und Erziehung von Nachkommenschaft gerichtet. Während der frühere Codex dies als den ersten Zweck (finis primarius) der Ehe bezeichnet hat (c. 1013 § 1 CIC – 1917) wird es nunmehr nicht nur an zweiter Stelle genannt, es wird vielmehr auch davon gesprochen, die Ehe sei «ihrer Natur nach» darauf gerichtet. Anders gesagt: Auch die Ehe, der Kinder versagt bleiben, ist eine gültige Ehe (sofern nicht Zeugung und Empfang von Kindern von vornherein und grundsätzlich ausgeschlossen werden).

– Die Ehe von Getauften wird als Sakrament betrachtet, das Christus eingesetzt hat. «Getauft» bedeutet: jeder Christ, nicht nur die in der katholischen Kirche Getauften! Deshalb sind nach Auffassung der katholischen Kirche auch die Ehen nichtkatholischer Christen unauflöslich, selbst wenn deren Kirchen oder Gemeinschaften die Möglichkeit einer Scheidung kennen oder anerkennen.

– Die Ehe ist ein Vertrag (contractus).

Hierzu müssen noch einige Erklärungen gegeben werden. Der frühere Codex sprach nur von «matrimonialis contractus», also Ehevertrag. Der neue Codex, geleitet von Aussagen des II. Vatikanischen Konzils, spricht an erster Stelle von «matrimoniale foedus», also ehelicher Bund oder Ehebund. Das Konzil wollte vermeiden, die Ehe (nur) als Vertrag zu sehen; vielmehr wollte es hervorheben, daß Ehe mehr als ein Rechtsverhältnis ist. Dennoch wird, wenn nunmehr auch an zweiter Stelle, davon gesprochen, sie sei ein Vertrag, wenn auch ein Vertrag besonderer Art.

Der Vertragscharakter der Ehe war und ist ein Problem, das sich sowohl für die Kirchenrechtler und Theologen als auch für die Betroffenen, also Eheleute, stellt. Das Eheverständnis der katholischen Kirche gründet auf der Auffassung, die Ehe sei ein Konsensualvertrag. Diese Auffassung wiederum ist aus dem Römischen Recht übernommen, das wiederum viel menschliche Erfahrung beinhaltet. Eine dieser grundlegenden Einsichten ist in diesem

Satz zusammengefaßt: Nuptias non concubitus, sed consensus facit (Ehen stiftet nicht der Beischlaf, sondern der Konsens, also die Willenserklärung, die Ehe einzugehen). Der Ehevertrag ist ein zweiseitiges Rechtsgeschäft, das durch die Willenserklärung beider Partner geschlossen wird. Das Eigene des Ehevertrages, wie ihn das katholische Kirchenrecht versteht, ist es, daß er nach der Konsenserklärung nicht mehr aufgelöst werden kann, also dann etwa, wenn einer oder beide Partner den Konsens nicht mehr aufrechterhalten möchten (dies ist der wesentliche Unterschied zur römisch-rechtlichen Auffassung vom Ehevertrag). So spricht c. 1096 § 1 davon, die Ehe sei ein «consortium permanens inter virum et mulierem». Dadurch ist den Ehepartnern die ansonsten Vertragspartnern zukommende Freiheit genommen, einen aus freien Stücken geschlossenen Vertrag aufzulösen. Auch die Tatsache, daß ein Ehevertrag jeweils nur mit einem Partner geschlossen werden kann, könnte als Einschränkung der Vertragsschließungsfreiheit betrachtet werden. Weitere Eigenheiten des Ehevertrages (das damit verbundene Recht auf «cooperatio sexualis», c. 1096 § 1; kein Recht auf eigene Gestaltung des Vertrages) haben Kirchenrechtler dazu veranlaßt, den Vertragscharakter der Ehe in Frage zu stellen oder zu bestreiten. Sie argumentierten, daß die Ehe nach kirchlichem Verständnis eine vorgegebene Institution sei. Diese Auseinandersetzung zwischen Vertrags- und Institutionstheorie wird vermutlich so schnell kein Ende finden, da für beide Theorien überzeugende Argumente beigebracht werden können. Es will den Anschein haben, daß im Gegensatz zu vielen Kirchenrechtlern Theologen heute eher die Vertragstheorie unterstützen.

Auf Grund der geltenden Rechtsbestimmungen muß jedoch gesagt werden, daß die Ehe Vertrag und Institution zugleich ist. Einerseits kommt sie durch die Willenserklärung, also den Vertrag der beiden Partner zustande, andererseits wird vom Gesetz der Kirche die *aktive* Mitwirkung der Kirche bei der Eheschließung verlangt: Gemäß c. 1108 hängt die Gültigkeit einer Eheschließung davon ab, daß sie in Gegenwart eines von der Kirche dazu Beauftragten und Befugten erfolgt.

In einem weiteren Canon (c. 1056) ist festgelegt, welche die wesentlichen Eigenschaften der Ehe gemäß katholischer Auffassung sind: Einheit und Unauflöslichkeit. Dabei wird betont, daß diese Wesenseigenschaften in der *christlichen* Ehe wegen des Sakraments eine besondere Festigkeit besitzen. Einheit bedeutet Einpaarigkeit. «Unauflöslichkeit» ist absolut zu verstehen, d. h. eine sakramental geschlossene und vollzogene Ehe kann nach katholischer Auffassung weder von den Ehepartnern noch von außen aufgelöst werden. Die Möglichkeit der Ehescheidung besteht im Rechtssystem der katholischen Kirche nicht. «Matrimonium ratum et consummatum nulla humana potestate nullaque causa, praeterquam morte, dissolvi potest» (c. 1141: Die kirchlich anerkannte ‹in der Regel = sakramental geschlossene› und vollzogene Ehe kann durch keine menschliche Gewalt und aus keinem Grund – ausgenommen den Tod – aufgelöst werden). Da dieser Grundsatz zu Beginn eines Abschnittes des Eherechtes steht, der der Auflösung des Ehebandes gewidmet ist, wird es interessant sein zu untersuchen, ob er in dieser Unbedingtheit gilt (vgl. weiter unten).

Unter den grundlegenden Bestimmungen steht im neuen Codex nun auch die Aussage über die Art des Konsenses, also der ehelichen Willenseinigung (c. 1057). Hier treffen wir auf die schlichte Formulierung: «Matrimonium facit partium consensus», also: Der Konsens der Partner bringt die Ehe zustande. Die Partner müssen dazu nach dem Recht fähig sein und den Konsens in rechtmäßiger Weise manifestieren. Die in der vorgeschriebenen Weise erfolgte Konsenserklärung kann durch keine menschliche Macht ersetzt werden, betont c. 1057.

Des weiteren wird der Konsens als Willensakt gekennzeichnet, «durch den Mann und Frau sich in einem unwiderruflichen und gegenseitigen Bund (foedus) zu einer Ehe anvertrauen und annehmen» (c. 1057 § 2).

Die katholische Kirche erhebt den Anspruch, daß ihr Eherecht für alle Ehen gilt, in denen wenigstens ein Partner Katholik ist. Die neue Regelung (c. 1059) stellt einen Fortschritt dar, da bislang dieser Anspruch für Ehen aller Getauften erhoben wurde (c. 1016 CIC – 1917). C. 1059 ergibt sich konsequenterweise aus c. 11.

Rechtsverhältnisse, die von großer Bedeutung sind, genießen einen besonderen Rechtsschutz. Dazu zählt im Kirchenrecht die Ehe: Sie genießt die Gunst des Rechtes (favor iuris, c. 1060). Das bedeutet, daß in Zweifelsfällen die Gültigkeit der Ehe solange vermutet wird, bis das Gegenteil bewiesen werden kann.

Schließlich gibt der Codex in den grundlegenden Bestimmungen einige Legaldefinitionen von Arten oder Einteilungen der Ehe: «Matrimonium ratum» wird eine gültige Ehe von Getauften genannt, die noch nicht vollzogen worden ist.
«Matrimonium ratum et consummatum» wird eine gültige Ehe von Getauften genannt, «wenn die Eheleute miteinander in menschlicher Weise einen ehelichen Akt vollzogen haben, der zur Zeugung von Nachkommenschaft geeignet ist – worauf die Ehe ja ihrer Natur nach gerichtet ist – und durch den die Ehegatten ein Fleisch werden» (c. 1061 § 1). Diese Definition ist im Wortlaut wiedergegeben, da sie verdeutlicht, für wie wesentlich die katholische Kirche die Bereitschaft zu Zeugung und Empfängnis von Kindern hält. Sie macht davon die Unauflöslichkeit einer Ehe abhängig. Wenn die Ehegatten nach der Eheschließung zusammen gewohnt haben, wird der Vollzug der Ehe von Rechts wegen solange vermutet, bis das Gegenteil bewiesen ist (hier haben wir es also mit einem «favor iuris» zu tun!).
«Matrimonium invalidum» wird eine vermeintliche oder Scheinehe (m. putativum) genannt. Sie liegt vor, wenn eine Ehe wenigstens von einem Partner guten Glaubens geschlossen worden ist, und sie bleibt es solange, bis beiden Partnern ihre Ungültigkeit zur Gewißheit geworden ist.
Schließlich ist eine der einleitenden Bestimmungen noch der Verlobung gewidmet (matrimonii promissio).

b) Vorbereitung der Ehe (cc. 1063–1072)

Während der frühere Codex sich darauf beschränkte, die rein juridischen Präliminarien einer kirchlichen Eheschließung zu beschreiben, enthält das neue Gesetzbuch einige Bestimmungen, die der allgemeinen Sorge der Seelsorger für das Institut der Ehe gewidmet sind. So sollen sie durch Predigt, Katechese und die Medien ihre Gemeinden über die Bedeutung der christlichen Ehe aufklären. Ferner haben sie dafür Sorge zu tragen, daß Brautleute in besonderer Weise auf die Ehe vorbereitet werden.
Da sich gezeigt hat, daß die einzelnen Seelsorger häufig nicht in der Lage sind, Brautleute in geeigneter Weise auf die Ehe im Sinn der Kirche vorzubereiten, gibt es seit einigen Jahrzehnten in den Bistümern des deutschen Sprachraums entsprechende Angebote der Diözesen (Ehevorbereitungsseminare), die in der Regel bei

den zukünftigen Brautleuten ein positives Echo finden. Zu diesen Seminaren werden auch nichttheologische Fachleute beigezogen, z. B. Mediziner, Psychologen usw.
Der neue Codex kommt dann aber wieder auf rechtliche Voraussetzungen für eine kirchliche Eheschließung zu sprechen. So schreibt das Gesetzbuch vor, Katholiken sollten gefirmt sein, bevor sie eine Ehe schließen. Sind sie nicht gefirmt, sollte dies noch geschehen, sofern es nicht mit großen Schwierigkeiten verbunden ist (c. 1065). Ferner rät der Codex dringend an, Brautleute sollten vor der Trauung die Sakramente der Buße und der Eucharistie empfangen.
Soweit die Empfehlungen und Sollbestimmungen. Dann aber folgt eine wichtige, zwingende Anordnung des Gesetzes (c. 1066): Vor einer Eheschließung muß in einer Untersuchung festgestellt werden, ob nichts einer gültigen und erlaubten Trauung entgegensteht. Es wird in die Zuständigkeit der Bischofskonferenzen gestellt, entsprechende Normen für dieses Verfahren zu erlassen. Dieses Ermittlungsverfahren wird im deutschen Sprachraum Brautexamen genannt. Wesentlicher Inhalt ist die Überprüfung der Brautleute nach Ehehindernissen bzw. nach Eheverboten sowie nach ihrem Ehewillen.
Lediglich in Todesgefahr darf von diesem Verfahren abgesehen werden. Dann genügt die Versicherung der Brautleute, gegebenenfalls unter Eid, daß sie getauft sind und kein Hindernis entgegensteht.
Alle Gläubigen sind gehalten, Hindernisse, die ihnen bekannt sind, dem Pfarrer oder Ortsordinarius mitzuteilen. Führt jemand anders als der Traupriester das Brautexamen durch, muß er den Priester, der trauen soll, über die Ergebnisse des Brautexamens in Kenntnis setzen.
In gewissen Fällen ist es Pfarrern untersagt, ohne Erlaubnis des Bischofs eine Trauung vorzunehmen. Der neue Codex nennt folgende *Trauungsverbote:*
– Wohnsitzlose dürfen nicht ohne diese Erlaubnis getraut werden.
– Wenn eine Ehe gemäß den staatlichen Gesetzen nicht anerkannt oder nicht geschlossen werden kann, darf kirchlich nicht ohne weiteres getraut werden.
– Ferner dürfen ohne Erlaubnis Personen nicht getraut werden,

die aus einer früheren Verbindung Verpflichtungen gegenüber einem Partner oder Kindern haben.
– Personen, die sich offen (in öffentlich bekannter Weise) vom katholischen Glauben gelöst haben, dürfen nicht ohne Erlaubnis getraut werden.
– Personen, die mit einer kirchlichen Strafe belegt sind, dürfen gleichfalls nicht ohne diese Erlaubnis getraut werden.
– Schließlich bedürfen Minderjährige, die die Ehe ohne Kenntnis oder gegen den Willen ihrer Eltern schließen wollen, sowie Brautleute, die die Ehe durch einen Stellvertreter schließen, der Erlaubnis des Ortsordinarius.
Erteilt dieser einem, der sich öffentlich vom katholischen Glauben abgewendet hat, die Erlaubnis, sind für die Form der Eheschließung die gleichen Bestimmungen anzuwenden, die für sogenannte gemischte Ehen bestehen (vgl. weiter unten). Minderjährigen sollen die Seelsorger von einer Eheschließung vor Erreichung des landesüblichen Eheschließungsalters abraten.

c) Ehehindernisse (Allgemeines) (cc. 1073-1082)

Im vorangegangenen Abschnitt war von Trauungsverboten die Rede. Sie richten sich in erster Linie an den die Trauung assistierenden Priester und betreffen nur indirekt die Brautleute. Wird eine Eheschließung trotz eines Trauungsverbotes vorgenommen, ist sie unerlaubt erfolgt, die Ehe ist jedoch gültig.
Anders liegt es bei den Ehehindernissen, jedenfalls denen des neuen Codex. Es sei nämlich daran erinnert, daß der frühere Codex zwei Kategorien von Ehehindernissen kannte: Verbietende oder aufschiebende und trennende Ehehindernisse. Eine trotz eines verbietenden Hindernisses geschlossene Ehe war gleichfalls unerlaubt, aber nicht ungültig. Liegt jedoch ein trennendes Hindernis vor, kann eine Ehe überhaupt nicht oder nur – so dies möglich ist – mit Erlaubnis (Dispens) der Kirche gültig geschlossen werden.
Grundsätzlich hat jeder Mensch das Recht, die Ehe einzugehen. Aber Gesellschaft bzw. der Staat und die Kirchen resp. Religionen kennen und nennen in ihren jeweiligen Vorschriften eine Reihe von Sachverhalten, die einem Menschen die Ehe verbieten oder unmöglich machen.
Auch das Eherecht der katholischen Kirche kennt eine Anzahl derartiger Sachverhalte, also Ehehindernisse. Sie sind von durch-

aus unterschiedlicher Qualität. Diese Beschränkungen der Eheschließungsfreiheit beruhen nämlich zum Teil auf göttlichem, zum (größeren) Teil jedoch auf menschlichem, hier also auf kirchlichem Recht. Ein Ehehindernis haftet einer Person an, und zwar entweder in absoluter oder in relativer Weise. Ein absolutes Hindernis gilt für jede Eheschließung, ein relatives hingegen nur gegenüber einem bestimmten Partner (Beispiel: Blutsverwandtschaft).

Hinzu kommen weitere Unterschiede. So wird zwischen öffentlichen und geheimen Hindernissen unterschieden, was für den Fall der Dispens von Bedeutung sein kann. Ein Hindernis wird als öffentlich betrachtet, wenn es im äußeren Bereich (forum externum!) bewiesen werden kann, und zwar in der Regel anhand amtlicher Urkunden.

Gemäß c. 1075 § 1 steht es allein dem Papst (er wird hier wieder «Suprema Ecclesiae auctoritas» genannt) zu, authentisch zu erklären, in welchen Fällen das göttliche Recht eine Ehe(-schließung) verbietet oder verhindert. Auch das Recht, andere Hindernisse aufzustellen, ist allein dem Papst vorbehalten. Interessant in diesem Zusammenhang ist, daß Gewohnheiten, die ein neues Hindernis einführen oder gegen bestehende Hindernisse gerichtet sind, ausdrücklich verworfen werden. Das bedeutet also, daß sich in diesem Segment kirchlichen Rechtes keine Gewohnheiten bilden können, auf die die bereits genannten Schutzregeln für Gewohnheiten Anwendung finden (c. 1076).

Die Ortsordinarien haben das Recht, Eheverbote aufzustellen, allerdings nur in einem gewissen Rahmen. Zunächst können sie dies lediglich gegenüber ihren Untergebenen (subditi) sowie jenen, die sich in ihrem Gebiet aufhalten. Ferner ist dieses Recht auf Sonderfälle beschränkt, und ein solches Eheverbot darf nur zeitlich begrenzt aus schwerwiegendem Grund ausgesprochen werden. Soll einem Eheverbot eine eheirritierende Klausel beigefügt werden, kann auch dies allein durch den Papst geschehen.

Befreiung von Ehehindernissen

Die Ortsordinarien können ihre Untergebenen, wo sie sich auch aufhalten, sowie jene, die sich in ihrem Gebiet aufhalten, von allen Hindernissen des kirchlichen Rechtes dispensieren, ausgenommen jenen, deren Dispens dem Apostolischen Stuhl vorbehalten ist. Die Zahl dieser Reservationen ist im neuen Recht stark reduziert worden, und zwar auf zwei. Dem Apostolischen Stuhl sind gemäß c. 1078 § 2 zur Dispens reserviert:

– das Hindernis der Weihe sowie das des Ewigen Gelübdes der Keuschheit in einem Religioseninstitut päpstlichen Rechts.

– das Hindernis des Verbrechens bei Gattenmord gemäß c. 1090.

Nie wird eine Dispens erteilt vom Hindernis der Blutsverwandtschaft in gerader Linie oder in der Seitenlinie bis zum zweiten Grad.

Auch hinsichtlich der Dispensen von Ehehindernissen gibt es gemäß dem Grundsatz «Salus animarum suprema lex» für den Fall der Todesgefahr weitreichende Befugnisse für die Ortsoberhirten und selbst für Pfarrer und trauberechtigte Priester sowie für Beichtväter, soweit es das forum internum betrifft. In Todesgefahr kann der Ortsordinarius von der Eheschließungsform und von allen Ehehindernissen kirchlichen Rechtes mit Ausnahme des Hindernisses, das durch die Priesterweihe entstanden ist, befreien, einerlei ob sie öffentlich oder geheim sind. Diese Befugnis besitzen auch die Pfarrer sowie Priester und Diakone (mit und notfalls auch ohne Traugewalt), sofern der Ortsordinarius weder telegraphisch noch telefonisch angegangen werden kann.

Außer in Todesgefahr gelten ähnliche Ausnahmeregelungen für sogenannte Verlegenheitsfälle (im Falle des «casus perplexus»; geradezu klassisch ist jene Formulierung, die sich nun auch wieder in c. 1080 § 1 findet: «omnia sunt parata ad nuptias».) Wenn also ein Hindernis erst entdeckt wird, nachdem bereits alles zur Hochzeit vorbereitet ist und die Trauung ohne Gefahr eines wahrscheinlich schweren Übels nicht so lange aufgeschoben werden kann, bis die Befreiung resp. Dispens von dem zuständigen kirchlichen Oberen erteilt ist, darf in der oben beschriebenen Weise verfahren werden. Dabei gibt es allerdings zwei Ausnahmen: Von den Hindernissen der Weihe und der ewigen Profeß können dann die Ortsordinarien nicht befreien. Die Priester und Diakone dürfen in den Verlegenheitsfällen ohnehin nur dispensieren, wenn der Ortsordinarius nicht erreicht werden kann und es sich zudem um geheime Hindernisse handelt.

Diese Vollmacht (potestas) gilt übrigens auch für den Fall der Gültigmachung einer Ehe, wenn dieselbe Gefahr in Verzug und keine Zeit ist, den Apostolischen Stuhl oder den dispensationsberechtigten Ordinarius anzugehen.

Von jeder Befreiung, die ein Pfarrer oder ein Priester oder Diakon ohne Traugewalt im äußeren Bereich ausgesprochen hat, ist der Ortsordinarius unverzüglich in Kenntnis zu setzen. Zudem ist die Befreiung im Trauregister einzutragen. Hingegen werden Dispensen, die die römische Pönitentiarie für den inneren nichtsakramentalen Bereich erteilt, in der Regel in ein Register eingetragen, das im bischöflichen Geheimarchiv aufbewahrt wird. Wird dann später ein solches Hindernis öffentlich bekannt, gilt die Dispens auch für den äußeren Bereich.

d) Die einzelnen Ehehindernisse (cc. 1083–1094)

1. *Eheunmündigkeit* (c. 1083): Nach dem allgemeinen Kirchenrecht können Männer nicht vor dem vollendeten 16., Frauen nicht vor dem vollendeten 14. Lebensjahr eine gültige Ehe schließen. Die Bischofskonferenzen haben die Befugnis, diese Altersgrenze heraufzusetzen, jedoch berührt deren Nichtbeachtung lediglich die Erlaubtheit einer Eheschließung.

2. *Geschlechtliches Unvermögen* (c. 1084): Die Unfähigkeit, den Beischlaf zu vollziehen, verhindert die Gültigkeit der Ehe, und zwar dann, wenn dies bereits vor der Eheschließung der Fall war und in der Ehe fortdauert. Dabei ist es gleichgültig, ob es sich um ein absolutes oder relatives (d.h. nur gegenüber dem Ehepartner) Unvermögen handelt. Das Hindernis bezieht sich auf Mann und Frau.

Im früheren Codex wurde lediglich von «impotentia» gesprochen (also nicht «impotentia coeundi», wie nun c. 1084 § 1 sagt). Dies führte zu langen und ausgebreiteten Diskussionen in der kirchenrechtlichen Fachliteratur und Auseinandersetzungen zwischen Rechtswissenschaft und Rechtsprechung (Beischlaftheorie, Zeugungstheorie, gemischte Theorie). Das neue Recht legt nun fest, daß allein die Beischlafsunfähigkeit eine gültige Ehe nicht zustandekommen läßt. Sterilität hingegen verhindert die Gültigkeit einer Ehe nicht, es sei denn, dies würde vorsätzlich vor der Eheschließung dem Partner gegenüber verschwiegen.

Bei Zweifel, ob Impotenz besteht, darf die Ehe(-schließung) nicht verhindert werden. Auch hier findet sich ein Zusatz im neuen Recht: Eine bereits bestehende Ehe darf wegen des gleichen Zweifels nicht für nichtig erklärt werden.

Da das Hindernis der Beischlafsunfähigkeit naturrechtlicher Art ist, kann von ihm natürlich nicht dispensiert werden. Das zivile deutsche Eherecht kennt dieses Hindernis nicht.

3. *Bestehendes Eheband* (c. 1085): Wer durch eine frühere Ehe gebunden ist, kann eine Ehe nicht gültig schließen. Dies gilt auch für den Fall, daß diese Ehe nicht vollzogen worden ist. Auch wenn die frühere Ehe nichtig war oder aus irgendeinem Grund aufgelöst worden ist, ist es nicht erlaubt, eine andere Ehe zu schließen, bevor die Nichtigkeit festgestellt und die Auflösung der früheren Ehe rechtmäßig erfolgt ist oder sicher feststeht (auf Grund eines rechtskräftigen kirchlichen Ehenichtigkeitsurteils, von amtlichen Dokumenten u.ä.). Der Versuch einer Eheschließung während des Bestehens einer von der Kirche als rechtmäßig anerkannten Ehe hat Folgen für die Rechtsstellung in der Kirche. Im neuen Codex ist allerdings die ohnehin recht begrenzte Strafandrohung des früheren Codex (c. 2356. Danach wurde der Tatbestand der Doppelehe mit der Strafe des Ehrverlustes bedroht) fallengelassen worden. Doppelehe – so der Tatbestand öffentlich bekannt ist – hat jedoch die Zurückweisung vom Empfang der Eucharistie zur Folge.

Dieses Hindernis spielt in der Rechtswirklichkeit der heutigen Kirche wohl die wichtigste Rolle. Aus ihm resultieren große pastorale Probleme. Es ist zu bedauern, daß auch das neue Recht völlig unzureichende rechtliche Möglichkeiten zur Lösung dieser Frage anbietet.

Da die katholische Kirche am Prinzip der absoluten Unauflöslichkeit der Ehe festhält, ist das Hindernis des bestehenden Ehebandes indispensabel. Der neue Codex bringt dabei eine interessante Änderung: Während im früheren Recht (c. 1069 § 1 CIC-1917) die Ausnahme des «privilegium fidei» (vgl. unten) genannt wurde, ist diese nun weggefallen. Bedeutet das, daß nunmehr eine nichtsakramentale Ehe nicht mehr durch päpstliche Dispens gelöst werden kann, um eine sakramentale Ehe schließen zu können? Auf dieses Problem kommen wir weiter unten noch zurück.

4. *Religionsverschiedenheit* (c. 1086): Ein Katholik und ein Nichtgetaufter können ohne Dispens der Kirche eine Ehe nicht gültig schließen. Auch bezüglich dieses Hindernisses gibt es eine Änderung im neuen Recht: Katholiken, die durch «einen formalen Akt» die katholische Kirche verlassen haben (eigentlich: von ihr abgefallen sind), sind von diesem Hindernis nicht mehr betroffen.

In solchen Fällen kommen jedoch die für Mischehen geltenden (neuen) Dispensvorschriften in Anwendung (c. 1125).

5. *Weihe* (c. 1087): Ein Geweihter kann eine Ehe gültig nicht schließen. Auch Diakone, die als Verheiratete die Weihe empfangen haben, sind von diesem Hindernis nicht ausgenommen (eine Veränderung des Codexentwurfes von 1980!)

Von dem Hindernis kann – da ja kirchlichen Rechts – Dispens gewährt werden, doch bleibt dies weiterhin dem Apostolischen Stuhl vorbehalten. Seit Beginn des Pontifikates Johannes' Pauls II. werden – wie gesagt – kaum noch Dispensen erteilt!

6. *Gelübde* (c. 1088): Wer durch ein öffentliches (feierliches) Gelübde lebenslanger Keuschheit gebunden ist, kann gleichfalls ohne Dispens keine gültige Ehe schließen. Auch dabei ist die Dispenserteilung dem Apostolischen Stuhl vorbehalten.

7. *Entführung* (c. 1089): Zwischen einem Entführer und der mit dem Ziel der Eheschließung entführten Frau kann eine Ehe nicht gültig geschlossen werden, solange die Frau sich nicht frei entscheiden kann.

8. *Verbrechen* (c. 1090): Wer mit dem Ziel der Eheschließung den eigenen Gatten oder den Gatten des in Aussicht genommenen Partners tötet, kann mit jenem Partner die Ehe gültig nicht schließen. Das Gleiche gilt für den Fall, daß durch gemeinsame Anstrengungen physischer oder psychischer Art der Heiratswilligen der Tod des einen Gatten herbeigeführt wird.

Obwohl kirchlichen Rechtes, wird von diesem Hindernis nicht dispensiert, wenn das Verbrechen des Gattenmordes bekannt geworden ist. Blieb es geheim, kann der Apostolische Stuhl davon dispensieren.

9. *Blutsverwandtschaft* (c. 1091): Eine Ehe zwischen allen Verwandten in der geraden Linie – sei es auf- oder absteigend – ist nichtig (irritum). Dies gilt für rechtmäßig wie für «natürlich» Verwandte der geraden Linie!

Ebenso ist eine Ehe zwischen Personen, die bis zum vierten Grad der Seitenlinie einschließlich blutsverwandt sind, nichtig.

Beim Hindernis der Blutsverwandtschaft gibt es zwei Neuerungen gegenüber dem bisherigen Recht: Bislang rechnete das katholische Recht bei der Blutsverwandtschaft nach germanischem Recht, nunmehr ist die römische Zählweise (gemäß dem alten römischen Recht) eingeführt worden, die übrigens auch im Eherecht der unierten Ostkirchen sowie im deutschen bürgerlichen Recht Anwendung findet. Diese römische Zählweise rechnet nach dem Grundsatz «tot gradus quot generationes». Die Verwandtschaftsgrade richten sich nach der Zahl der die Verwandtschaft vermittelnden Geburten (Beispiele: Eltern und Kinder sind im ersten Grad in gerader Linie verwandt, Onkel und Neffe im dritten Grad in der Seitenlinie).

Die andere Änderung des bisherigen Rechtes ist der Wegfall des Hindernisses der mehrfachen Verwandtschaft. Bislang vervielfältigte sich das Hindernis, wenn verwandte Personen mehrere gemeinsame Stämme hatten (c. 1076 § 2 CIC-1917).

Vom Hindernis der Blutsverwandtschaft kann und wird nur in begrenztem Umfang dispensiert: Vom Hindernis in der geraden Linie wird überhaupt nicht dispensiert, in der Seitenlinie bis einschließlich des zweiten Grades gleichfalls nicht, auch nicht bei Zweifel über das Bestehen einer solchen Verwandtschaft.

10. *Schwägerschaft* (c. 1092): Schwägerschaft in allen Graden der direkten Linie ist ein weiteres trennendes Ehehindernis. (Früher galt dies auch für Schwägerschaft bis zum zweiten Grad der Seitenlinie.) Von diesem Hindernis kann dispensiert werden; bislang war dies jedoch allein dem Apostolischen Stuhl vorbehalten.

11. *Öffentliche Ehrbarkeit* (c. 1093): Dieses Hindernis entsteht aus einer ungültigen Ehe, wenn die Partner zusammengelebt haben, oder aus einem öffentlichen Konkubinat. Es gilt für beide Partner und deren Blutsverwandte im ersten Grad der geraden Linie. Dieses Hindernis wird gelegentlich als nachgebildete Schwägerschaft bezeichnet. Von ihm kann der Bischof dispensieren.

12. *Gesetzliche Verwandtschaft* (c. 1094): Personen, die auf Grund einer Adoption gesetzlich miteinander verwandt sind, können nicht heiraten. Das Hindernis gilt für die direkte Linie und bis zum zweiten Grad der Seitenlinie. Der Hinweis auf die Regelung der entsprechenden staatlichen Gesetzgebung, der sich im früheren Codex fand, ist im neuen Gesetzbuch weggefallen.

e) Ehekonsens (cc. 1095–1107) Erkenntnis- und Willensmängel

Wie bereits oben dargelegt wurde, findet sich die grundlegende Definition des Ehekonsenses nunmehr bei den das Eherecht einleitenden Bestimmungen (c. 1057). Im früheren Recht stand sie – wenn auch in etwas anderer Formulierung – am Beginn dieses Abschnittes. Um diesen Teil des Eherechtes gut zu verstehen, ist es also nützlich, sich die Formulierung von c. 1057 in Erinnerung zu bringen. Dabei heißt es zu Beginn von c. 1057 § 2: «Consensus matrimonialis est actus voluntatis». Zur Leistung eines (gültigen) Konsenses ist naturgemäß Erkennen erforderlich, zudem aber auch – wie der Codex sagt – ein Wollen. Beides – Erkennen und Wollen – kann Mängel aufweisen, also bei der Leistung des Konsenses beeinträchtigt sein. Deshalb unterscheidet das Recht zwischen Erkenntnis- und Willensmängeln, die bei einer Konsensleistung auftreten können. Zunächst die *Erkenntnismängel:* Hierbei hat sich der neue Codex im Vergleich zum früheren Recht um eine genauere Definition bemüht. Gemäß c. 1095 sind unfähig zur Eheschließung Personen, die des ausreichenden Vernunftgebrauchs entbehren und darum keinen Ehekonsens leisten können. Ferner Personen, die einen schweren Mangel des Urteilsvermögens hinsichtlich der Leistung bzw. Annahme der ehelichen Rechte und Pflichten aufweisen. Schließlich ist zur Eheschließung unfähig, wer aus Gründen psychischer Natur die wesentlichen Pflichten der Ehe nicht übernehmen kann.

Es ist zu bedauern, daß der zuletzt genannte Tatbestand unter die Konsensmängel aufgenommen worden ist. Dort gehört er nicht hin, vielmehr hätte er unter die Ehehindernisse aufgenommen werden müssen. In welche Richtung man bei der Formulierung dieses Konsensmangels dachte, geht aus einem früheren Entwurf des Codex hervor, der von «psycho-sexueller Anomalie» sprach.

Zur Abgabe eines gültigen Ehekonsenses ist ferner erforderlich, daß die Kontrahenten zumindest nicht darüber im unklaren sind, daß die Ehe eine dauernde Gemeinschaft von Mann und Frau zum Zweck der Zeugung von Nachkommenschaft ist, «die durch irgendein geschlechtliches (sexualis) Zusammenwirken» entsteht (c. 1096 § 1). Eine diesbezügliche Unkenntnis wird, wie ein eigener Paragraph (c. 1096 § 2) hervorhebt, nach erreichter Pubertät nicht vermutet. Allerdings mögen diese gesetzlichen Festlegungen, zudem eines Gesetzbuches, das in den letzten Jahren erarbeitet worden ist, den meisten Kirchenangehörigen lebensfremd erscheinen. Es kommt hinzu, daß die schwammige Formulierung über «irgendein geschlechtliches Zusammenwirken» nicht das aussagt, was bisher von der Lehre und der kirchlichen Rechtsprechung hierzu entwickelt worden ist.

Eine weitere Form des Erkenntnismangels ist der Irrtum, doch kann er auch auf den Willen übergehen. Das kirchliche Recht unterscheidet zwischen zwei resp. drei Arten des Irrtums hinsichtlich der Ehe:

a) Irrtum in der Person bzw. Eigenschaften der Person (c. 1097): Ein Irrtum in der Person eines Partners macht eine Ehe ungültig (sog. offener Personenirrtum). Ein Irrtum jedoch bezüglich der «Qualität» einer Person (sog. Eigenschaftsirrtum) macht die Ehe selbst dann nicht ungültig, wenn dieser Irrtum das Motiv (causa) für die Eheschließung war. Ein solcher Eigenschaftsirrtum hat jedoch eine die Ehe verungültigende Wirkung, wenn sie direkt und in erster Linie wegen dieser Eigenschaft geschlossen wurde.

Neu ins Gesetzbuch aufgenommen wurde die Bestimmung von c. 1098, wonach eine Ehe nichtig ist, wenn einer der Partner arglistig (dolo) im Hinblick auf die Erlangung des Ehekonsenses über eine Eigenschaft des Kontrahenten getäuscht worden ist, und zwar über eine Eigenschaft, die die eheliche Lebensgemeinschaft schwer belasten (eig. perturbare) kann.

b) Irrtum hinsichtlich Einheit, Unauflöslichkeit oder sakramentaler Würde der Ehe (c. 1099): Ein Irrtum bezüglich der Einheit (= Einpaarigkeit!), der Unauflöslichkeit oder der sakramentalen Würde der Ehe beeinträchtigt nicht den Ehekonsens, sofern er nicht den Willen berührt. Wenn also jemand nach außen den Ehewillen erklärt, dies jedoch im Innersten nicht will, liegt kein wirklicher Ehewille vor, und die Eheschließung ist ungültig. Soll dieses innere Nichtwollen im äußeren Bereich Beachtung finden, ist es notwendig, daß dies auch förmlich bewiesen werden kann. Ist dies nicht möglich, wird auch eine solche Ehe als gültig behandelt.

Nun die *Willensmängel*:

C. 1100 erklärt zunächst: «Das Wissen oder die Meinung, eine zu schließende Ehe käme nicht gültig zustande, schließt den Ehekonsens nicht notwendig aus.» Hierbei handelt es sich um eine Auslegungsregel, die den Gegenbeweis zuläßt. Die wirkliche oder vermeintlich angenommene Nichtigkeit kann auf einem trennenden Ehehindernis, einem Formmangel oder auch auf einem in der Person des Partners gelegenen Konsensmangel beruhen, also auf Gründen, die außerhalb des (eigenen) Ehewillens liegen.

a) Geheimer Vorbehalt gegen das Wesen der Ehe (die sogenannte Totalsimulation, c. 1101): In c. 1101 § 1 findet sich die Rechtspräsumtion, daß die innere Gesinnung (internus animi consensus) mit den Worten und Zeichen übereinstimmt, die bei der Eheschließung verwendet werden. Die Erfahrung lehrt jedoch, daß äußere Erklärung und inneres Wollen auseinanderfallen können. C. 1102 § 2 nennt nun die Fälle, in denen eine Ehe wegen dieses Zwiespaltes zwischen dem inneren Wollen und der äußeren Erklärung ungültig ist: Wenn einer der Partner oder beide Partner durch einen positiven Willensakt die Ehe selbst oder irgendein wesentliches Element oder eine Wesenseigenschaft der Ehe ausschließen, schließen sie die Ehe ungültig.

Auch bei dieser gesetzlichen Festlegung gibt es eine Veränderung gegenüber dem bisherigen Recht: Neu aufgenommen wurde der Ausschluß «irgendeines wesentlichen Elements der Ehe». Da diese Formulierung ausgesprochen interpretationsbedürftig ist, dürfte sie der Judikatur in Zukunft manche Schwierigkeiten bereiten.

Es ist zu unterstreichen, daß der Vorbehalt durch einen «positiven Willensakt» gestützt sein muß. Das bedeutet, daß nicht einfach ein Irrtum oder eine andere Auffassung über Ehe diese Folgen hat. Der Vorbehalt muß in Bezug zur konkret zu schließenden Ehe stehen!

Außer der Totalsimulation kennt das kirchliche Recht auch die Partialsimulation. Dabei ist zwar ein Ehewille vorhanden, jedoch werden von dem simulierenden Partner Vorbehalte hinsichtlich der (drei) Wesensgüter der Ehe gemacht. Durch positiven Willensakt oder auch Bedingung können diese Wesensgüter ausgeschlossen werden: Ausschluß der Nachkommenschaft, der ehelichen Treue und der Unauflöslichkeit der Ehe. Eine Eheschließung unter Vorbehalt hinsichtlich eines Wesensgutes der Ehe ist ungültig.

b) Bedingte Eheschließung (c. 1102): Die Möglichkeit, daß eine Ehe unter Bedingung(en) geschlossen werden kann, klang bereits an. Unter einer Bedingung im fachlichen Sinn versteht man eine dem Geschäftswillen beigefügte Beschränkung, welche die Wirksamkeit des Rechtsgeschäftes von einem ungewissen künftigen Umstand abhängig macht. Im weiteren Sinn liegt eine Bedingung dann vor, wenn die Gültigkeit eines Rechtsgeschäftes von irgendeinem Umstand abhängig gemacht wird (conditio sine qua non). In diesem Sinn ist «conditio» in c. 1102 zu verstehen.

Der neue Codex hat bezüglich der Bedingung eine gegenüber dem früheren Recht wesentlich geänderte Bestimmung erhalten:
Zunächst wird in § 1 bestimmt, daß eine Bedingung im eigentlichen Sinn (conditio de futuro) überhaupt nicht mehr zugelassen ist. Der neue Codex sagt lapidar: Eine Ehe, die unter einer solchen Bedingung steht, kann nicht gültig geschlossen werden. Diese Bestimmung schafft jedenfalls eine größere Rechtssicherheit. Der Eheschließungsvertrag ist damit zu einem bedingungsfeindlichen Rechtsgeschäft erklärt worden.
§ 2 legt sodann fest, daß eine Bedingung für die Vergangenheit oder für die Gegenwart, also die sogenannte uneigentliche Bedingung, anders zu beurteilen ist. Die Ehe, die unter einer derartigen «Bedingung» geschlossen wird, ist entweder gültig oder ungültig, je nachdem, ob die aufgestellte Voraussetzung erfüllt ist oder nicht. Aber selbst eine derartige Bedingung darf nur mit schriftlicher Erlaubnis des Ortsordinarius beigefügt werden.
c) Zwang und schwere Furcht (c. 1103): Ungültig ist eine Ehe, die eingegangen wurde wegen Zwangs (vis) oder schwerer Furcht, die von außen und auch ohne Absicht eingeflößt wurde, und zwar derart, daß die Eheschließung die einzige Möglichkeit bildet, sich aus dieser Zwangslage zu befreien.
Auch hier gilt die Neuerung des Rechtes. Die nicht absichtlich eingeflößte Furcht (metus inconsultus) gilt nun als (eigener) rechtserheblicher Grund. Hinsichtlich der einzelnen Elemente der gesetzlichen Festlegung dieses Canons ist sorgfältig auf die Wortwahl, die entsprechenden Interpretationen der sogenannten auctores probati (der anerkannten Autoren des Kirchenrechts) sowie natürlich der Ehegerichtsbarkeit zu achten. In diesem Zusammenhang soll nun folgendes hervorgehoben werden:
Zwang und Furcht gehören in der Regel zusammen. Was den Zwang betrifft, wird von den Autoren zwischen absolutem und relativem Zwang unterschieden. Bei absolutem Zwang wird der Wille eines Menschen völlig ausgeschaltet (körperliche Gewalt, Drogen); unter derartigem Zwang zustandegekommene Rechtsgeschäfte sind ungültig. Schwieriger liegt dies in den Fällen relativen Zwangs. Bei relativem Zwang wird nämlich der Wille des Betroffenen nicht ausgeschaltet, jedoch wird durch Weckung von Furcht auf diesen eingewirkt. Furcht jedoch ist etwas Relatives, d.h. sie wird durch verschiedene subjektive und objek-

tive Faktoren beeinflußt. Darum die etwas umständliche Definierung durch c. 1103:

– die Furcht muß schwer sein: Hierzu wird in der einschlägigen Literatur angeführt, das angedrohte Übel müsse so schwerer Art sein, daß es selbst einen herzhaften Mann (vir constans) zu erschüttern vermag.

– die Furcht muß von außen kommen: Dies bedeutet, daß die Furcht durch einen anderen Menschen verursacht sein muß, es sich also nicht um eine «innere Zwangsvorstellung» handeln darf.

– die Furcht kann auch indirekt geweckt worden sein: Hierbei handelt es sich um den «metus inconsultus», der nunmehr in c. 1103 als rechtserheblich aufgenommen worden ist. Hingegen wurde die alte Formulierung von c. 1087 § 1 CIC–1917 fallengelassen, wonach die Furcht ungerecht eingeflößt sein müsse.

Die Abgabe der ehelichen Willenserklärung

Zur Gültigkeit der Eheschließung ist es erforderlich, daß die Kontrahenten gleichzeitig persönlich oder durch Stellvertreter anwesend sind. Zur Möglichkeit der Eheschließung durch Stellvertreter gibt es besondere Vorschriften, auf die weiter unten eingegangen wird. Der Konsens ist durch Worte auszudrücken. Nur wenn ein Kontrahent nicht sprechen kann, ist die Konsensleistung durch gleichwertige Zeichen zugelassen (c. 1104 § 2).

Zur relativ selten vorkommenden Möglichkeit der Konsensleistung durch Stellvertreter bringt auch der neue Codex einen umfangreichen Katalog von Vorschriften (c. 1105): Zur gültigen Eheschließung durch Stellvertreter ist zunächst erforderlich, daß ein besonderer Auftrag zur Eheschließung mit einer bestimmten Person erteilt worden ist. Der Stellvertreter muß vom Auftraggeber selbst bezeichnet werden und diesen Auftrag auch selbst erfüllen. Der Auftrag muß schriftlich erteilt und vom Auftraggeber unterzeichnet werden, zudem vom Pfarrer oder Ortsordinarius des Ortes, wo die Auftragserteilung erfolgt. Statt der Letztgenannten kann auch ein von diesen delegierter Priester dies tun oder wenigstens zwei Zeugen. Nach dem neuen Recht wird auch eine notariell beglaubigte Auftragserteilung anerkannt. Ist der Mandant des Schreibens unkundig, dann ist dies bei sonstiger Nichtigkeit des Auftrags in der Auftragserteilung anzumerken; dazu ist dann ein weiterer Zeuge beizuziehen, der gleichfalls das Schriftstück unterzeichnet. Wenn der Auftraggeber sein Mandat widerruft oder geisteskrank wird, bevor der Stellvertreter die Ehe geschlossen hat, ist diese ungültig, auch wenn der Stellvertreter oder der andere Kontrahent davon nicht wußten.

Ferner kann eine Ehe auch mit Hilfe eines Dolmetschers geschlossen werden (c. 1106). Das neue Recht schreibt vor, daß ein Pfarrer in einem solchen Fall nur dann die Ehe schließen soll, wenn die Zuverlässigkeit des Dolmetschers außer Zweifel steht.

Weiter oben wurde bereits darauf hingewiesen, daß das Wissen oder die Meinung, eine zu schließende Ehe käme nicht gültig zustande, den Ehekonsens nicht unbedingt ausschließt (c. 1100). Der c. 1107 legt zudem folgendes fest: Auch wenn eine Ehe wegen eines Hindernisses oder eines Formmangels ungültig geschlossen worden ist, wird vermutet, daß der einmal erklärte Konsens andauert, bis daß dessen Widerruf feststeht. Auch hierbei handelt es sich also um eine Rechtsvermutung. Es ist rechtstechnisch gesehen zu bedauern, daß die beiden Bestimmungen von c. 1100 und c. 1107 an verschiedenen Orten stehen.

f) Eheschließung (cc. 1108–1123)

Auch der Abschnitt über die Eheschließungsform ist im neuen Codex rechtstechnisch schlecht angeordnet. Dennoch wollen wir uns der Übersichtlichkeit des Stoffes wegen an die Reihenfolge des Codex halten.

Nach dem katholischen Kirchenrecht werden die Ehen von Katholiken nur dann *gültig* geschlossen, wenn eine von der Kirche vorgeschriebene Form eingehalten wird. Dazu gehören folgende Elemente: Der Eheschließung muß der Ortsordinarius oder der Pfarrer oder auch ein Priester oder Diakon assistieren, die jeweils vom Ortsordinarius oder vom Pfarrer delegiert worden sind. Zudem müssen zwei Zeugen bei der Eheschließung anwesend sein. Diese Voraussetzungen gelten für die normale Eheschließungsform; davon gibt es Ausnahmen, auf die wir später zu sprechen kommen.

Neu aufgenommen wurde in den neuen Codex eine Erklärung des Assistierens bei der Eheschließung (Eheassistenz): Der dazu Berechtigte erfragt den Konsens der Kontrahenten und nimmt die Konsenserklärung namens der Kirche entgegen (c. 1108 § 2).

Zur Eheassistenz sind allein der Ortsordinarius und der Pfarrer auf Grund ihres Amtes berechtigt, und zwar im Bereich ihres Territoriums gegenüber Untergebenen wie Nichtuntergebenen.

Dabei merkt der Codex an, daß sie dieses Recht nur haben, wenn sie nicht durch Urteil oder Dekret (Verwaltungsentscheidung) exkommuniziert, interdiziert oder von ihrem Amt suspendiert worden sind. Zudem enthält der neue Codex eine Klausel, wonach wenigstens einer der Brautleute dem lateinischen Ritus angehören muß, damit die Ehe gültig geschlossen werden kann. Ferner berücksichtigt das neue Gesetzbuch die Tendenz zu Personalgemeinden: Ordinarius und Pfarrer von personal umschriebenen Gemeinschaften können nur dann gültig einer Eheschließung assistieren, wenn wenigstens einer der Kontrahenten zu ihren Untergebenen gehört (c. 1110. Beispiel: Trauung durch einen Studentenpfarrer).

Ortsordinarius wie Pfarrer können Priestern und Diakonen die Vollmacht zur Eheassistenz delegieren, und zwar für den Einzelfall wie auch in Form einer Generalvollmacht und natürlich nur für das ihnen unterstehende Territorium resp. die ihnen anvertraute Personalgemeinde. Zur Gültigkeit der Delegation gehört, daß sie ausdrücklich bestimmten Personen erteilt wird, im Einzelfall für die Eheassistenz einer bestimmten Eheschließung. Generalvollmachten müssen zudem schriftlich erteilt werden.

Eine geradezu aufsehenerregende Neuerung stellt die Bestimmung des neuen Codex (c. 1112) dar, wonach sogar Laien die Vollmacht zur Eheassistenz erhalten können. Dies ist natürlich nur unter gewisssen Umständen und Voraussetzungen möglich: Priester und Diakone müssen nicht zur Verfügung stehen; der Bischof, der Laien die Vollmacht zur Eheassistenz erteilt, darf dies nur mit Zustimmung (votum favorabile) der zuständigen Bischofskonferenz und Erlaubnis des Apostolischen Stuhls tun.

Im Fall einer speziellen Delegation dürfen Ordinarius oder Pfarrer die Trauvollmacht erst dann übertragen, wenn sie selbst geprüft haben, ob die Brautleute die Ehe gemäß den rechtlichen Voraussetzungen schließen können (die libertas status muß bewiesen sein). Auf Grund von c. 1067 gilt dies wohl auch für den Fall einer Generalvollmacht, obgleich c. 1113 davon nicht ausdrücklich spricht.

Auch bei den Bestimmungen über die kirchliche Eheschließung wird zwischen der gültigen und der erlaubten Eheschließung unterschieden. Die bisher genannten Bestimmungen betrafen die Gültigkeit. Was die *Erlaubtheit* einer Eheschließung betrifft, legt

c. 1114 fest, daß ein Trauberechtigter eine Ehe erlaubt erst dann schließen darf, wenn er sich über den «status liber» der Kontrahenten Gewißheit verschafft hat. Besitzt der Trauberechtigte eine Generalvollmacht, muß er zudem die Erlaubnis des zuständigen Pfarrers einholen, soll die Ehe erlaubterweise geschlossen werden.

Normalerweise soll eine Ehe dort geschlossen werden, wo einer der Brautleute seinen Wohnsitz oder Nebenwohnsitz hat oder wo er sich seit mindestens einem Monat aufhält. Wohnsitzlose (vagi) können vom Pfarrer des jeweiligen Aufenthaltsortes getraut werden. Mit Erlaubnis des eigenen Ordinarius oder Pfarrers kann die Eheschließung auch anderswo vorgenommen werden.

Soweit die wesentlichen Vorschriften des kirchlichen Rechts für die Eheschließung. Dabei handelt es sich um Vorschriften für den Normalfall. Das Gesetzbuch denkt jedoch auch an Ausnahme- und Notfälle und trifft dafür gesetzliche Vorsorge.

Wie bereits oben dargelegt, können unter gewissen Voraussetzungen Laien Trauvollmacht erhalten. Wenn jedoch überhaupt niemand herbeigezogen oder angegangen werden kann, der Trauvollmacht besitzt, können Kontrahenten, die eine Ehe im kirchlichen Sinne schließen wollen, dies unter gewissen Bedingungen allein unter Heranziehung von Zeugen tun. Diese Bedingungen sind: Todesgefahr sowie außerhalb von Todesgefahr eine entsprechende Situation, von der vernünftigerweise vorauszusehen ist, daß sie wenigstens einen Monat andauern wird, also wenigstens einen Monat lang ein zur Trauassistenz Bevollmächtigter nicht zu erreichen ist. In beiden Fällen muß aber, wenn ein anderer Priester oder Diakon (ohne Trauvollmacht) zur Verfügung steht, dieser herbeigerufen werden, um der Eheschließung zusammen mit den Zeugen beizuwohnen. Dabei betont der Codex, daß eine Ehe, die in einem solchen Fall dennoch ohne diesen Priester oder Diakon geschlossen würde, gültig wäre, sofern Zeugen dabei waren.

Wie bereits am Beginn dieses Abschnittes gesagt worden ist, wurde er (auch) im neuen Codex rechtstechnisch schlecht gegliedert. So steht etwa mitten in diesem Abschnitt die wichtige und zudem neue Bestimmung über den Verpflichtungskreis derer, die an die kirchliche Eheschließungsform gebunden sind, wollen sie eine Ehe im kirchlichen Sinn gültig schließen.

Daß es sich die katholische Kirche mit der gesetzlichen Umschreibung des an die von ihr vorgeschriebene Eheschließungsform verpflichteten Personenkreises nicht leicht gemacht hat, beleuchtet die Tatsache, daß der entsprechende c. 1099 des früheren Codex eine der wenigen Bestimmungen war, die später (1948) abgeändert worden ist.

Die Regelung des neuen Codex ist nun deutlich und auch kurz formuliert: Die Eheschließungsform des katholischen Kirchenrechts ist Voraussetzung für die Gültigkeit einer Ehe, wenn einer der Kontrahenten in der katholischen Kirche getauft oder in sie aufgenommen worden ist und sich nicht durch einen rechtsförmlichen Akt von ihr getrennt hat (c. 1117).

Ehen unter Katholiken sowie zwischen Katholiken und nichtkatholischen Christen sollen in der zuständigen Pfarrkirche geschlossen werden. In anderen Kirchen oder Kapellen darf dies nur mit Erlaubnis des Ortsordinarius oder des Pfarrers geschehen. Eheschließungen an anderen Orten bedürfen der Zustimmung des Ortsordinarius. Ehen zwischen Katholiken und Nichtgetauften können sowohl in einer Kirche als auch an einem anderen geeigneten Ort geschlossen werden.

Abgesehen von Notfällen sind bei der Eheschließung die in den liturgischen Büchern vorgeschriebenen Riten einzuhalten. Lediglich die Bischofskonferenzen haben das Recht, mit Billigung des Apostolischen Stuhles einen eigenen Ritus für die Eheschließung zu erarbeiten, der mit den Gebräuchen des Landes und des Volkes übereinstimmt und dem christlichen Geist angepaßt ist. Unabdingbare Voraussetzung bleibt allerdings die Vorschrift, daß der Assistierende den Konsens der Brautleute erfragt und entgegennimmt.

Ähnlich wie bei den Sakramenten der Taufe und der Firmung werden die Daten über die Eheschließung in einer Ehematrikel eingetragen. Dies soll möglichst bald nach der Eheschließung geschehen. Einzutragen sind die Namen der Ehegatten, des Assistierenden und der Zeugen sowie Ort und Tag der Eheschließung. Nach einer Eheschließung gemäß c. 1116 (Noteheschließung) sind alle Beteiligten verpflichtet, so schnell wie möglich den zuständigen Pfarrer oder Ordinarius zu unterrichten.

Eheschließungen, bei denen (durch den Ordinarius) von der Formpflicht dispensiert worden ist, werden in das Trauregister der

Pfarrei eingetragen, deren Pfarrer für die Untersuchung nach dem status liber verantwortlich ist. Solche Trauungen können aber auch in ein entsprechendes Register der bischöflichen Kurie eingetragen werden. Der katholische Partner einer Ehe, die mit Dispens von der Formpflicht geschlossen wird, ist zudem verpflichtet, so schnell wie möglich den Ordinarius und den Pfarrer über Ort und Zeit der Eheschließung zu unterrichten. Daraus muß zudem hervorgehen, daß die Trauung in einer öffentlich-amtlichen Form erfolgt ist.

Eheschließungen werden zudem in den Taufbüchern vermerkt, in denen die Taufe der Kontrahenten verzeichnet ist. Wird die Ehe nicht dort geschlossen, wo die Kontrahenten getauft worden sind, ist der Pfarrer des Trauortes verpflichtet, den Pfarrer der Pfarrei, wo die Kontrahenten getauft worden sind, so bald wie möglich zu benachrichtigen.

Wird eine Ehe im äußeren Bereich gültig gemacht oder für nichtig erklärt oder rechtmäßig aufgelöst, ist der Pfarrer des Eheschließungsortes davon in Kenntnis zu setzen. Der muß dann für die entsprechenden Eintragungen in Ehe- und Taufregister Sorge tragen.

g) Die konfessionsverschiedene Ehe (cc. 1124–1129)

Im Gegensatz zum früheren Codex enthält das neue Gesetzbuch einen eigenen Abschnitt, in dem die Bestimmungen über die konfessionsverschiedene Ehe übersichtlich zusammengefaßt sind. Unter konfessionsverschiedener oder auch bekenntnisverschiedener Ehe versteht das katholische Kirchenrecht eine Ehe zwischen zwei Getauften, wovon der eine Partner der katholischen Kirche, der andere einer nichtkatholischen Kirche oder Gemeinschaft angehört (abgekürzt wird häufig von «Mischehen» gesprochen). Derartige Ehen dürfen nur mit Erlaubnis der zuständigen kirchlichen Autorität geschlossen werden.

Die Erlaubnis zur Eheschließung kann der Ortsordinarius aus gerechtem und vernünftigem Grund erteilen, allerdings nur bei Erfüllung gewisser Bedingungen:

1) Der katholische Partner muß sich bereit erklären, die Gefahren des (eigenen) Glaubensabfalls fernzuhalten, und muß versprechen, alles in seinen Kräften Stehende zu tun, daß jedes Kind aus seiner Ehe in der katholischen Kirche getauft und katholisch erzogen wird.

2) Von diesen Versprechen des katholischen Kontrahenten ist der andere Partner rechtzeitig zu unterrichten, so daß feststeht, daß er von dem Versprechen und der Verpflichtung des katholischen Partners weiß.

3) Beide Teile sind über Ziele und Wesenseigenschaften der Ehe zu belehren, die von keinem der beiden ausgeschlossen werden dürfen (soll die Ehe gültig geschlossen werden).

Es ist Sache der jeweiligen Bischofskonferenz, durch Ausführungsbestimmungen eine angemessene Formulierung dieser Forderungen des allgemeinen Kirchenrechts vorzuschreiben.[17]

Was die Eheschließungsform betrifft, gibt es seitens der katholischen Kirche für bekenntnisverschiedene Ehen gewisse Erleichterungen. Natürlich wird grundsätzlich anbefohlen, dabei die allgemeine Vorschrift von c. 1108 zu beachten. Die Ausnahmen davon sind folgende:

– Schließt ein Katholik eine Ehe mit einem orthodoxen Christen, dann ist die Beachtung der vom Kirchenrecht vorgeschriebenen Form nicht mehr Voraussetzung zur Gültigkeit dieser Ehe. Eine derartige Eheschließung ist lediglich nicht erlaubt ohne Zustimmung des zuständigen kirchlichen Oberen. Natürlich kann aber eine solche Ehe im Normalfall nur gültig geschlossen werden, wenn ein Geistlicher der Eheschließung assistiert hat und die anderen Rechtsvorschriften entsprechend beachtet worden sind.

– Bestehen große Schwierigkeiten, eine Ehe zwischen einem Katholiken und einem nichtkatholischen Partner in der kirchenrechtlich vorgeschriebenen Form zu schließen, dann kann der zuständige Ortsordinarius in Einzelfällen von der Beachtung der Form dispensieren, jedoch muß in einem solchen Fall gewährleistet sein, daß die Ehe durch eine öffentliche Eheschließung begründet wird. Gegebenenfalls muß der für den katholischen Partner zuständige Ordinarius den des Trauortes konsultieren, ob der damit einverstanden ist. Die Bischofskonferenzen haben nunmehr das Recht, für die Regelung solcher Fälle Rechtsvorschriften im Rahmen des allgemeinen Rechtes aufzustellen.

Auch der neue Codex untersagt in seinem c. 1127 § 3 erneut die

[17] Es ist nicht deutlich, wie diese Bestimmungen von c. 1125 mit c. 1366 zu vereinbaren sind, wonach Eltern oder Erziehungsberechtigte, die ihre Kinder akatholisch taufen lassen oder erziehen, mit einer Kirchenstrafe zu belegen sind.

sog. Doppeltrauung und zwar sowohl in der Form, daß die Ehe zuerst vor dem Geistlichen der einen, dann der anderen Kirche geschlossen wird, als auch die Simultantrauung, in der beide Geistliche in einem Eheschließungsakt jeweils den Eheschließungsritus ihrer Kirche vornehmen. Von der Simultantrauung zu unterscheiden ist die sog. ökumenische Trauung, bei der ein katholischer und ein anderer christlicher Geistliche bei der Trauung wohl zusammenwirken, vorher jedoch vereinbart worden ist, welche Teile der Eheschließungsliturgie von welchem Geistlichen übernommen werden. Wurde in einem solchen Fall nicht von der Formpflicht dispensiert, ist es allerdings zur Gültigkeit der Eheschließung erforderlich, daß der katholische Geistliche den Konsens erfragt.
Wie bereits gesagt worden ist, sind diese Bestimmungen über die konfessions- oder bekenntnisverschiedenen Ehen auch in Fällen religionsverschiedener Ehen anzuwenden.

h) Die geheime Eheschließung (cc. 1130–1133)

Das kirchliche Recht kennt und anerkennt die Möglichkeit, daß eine Ehe geheim geschlossen wird. Der frühere Codex nannte eine geheim geschlossene Ehe Gewissensehe; da diese Bezeichnung mißverständlich ist, hat man sie nun aufgegeben. Eine Ehe kann geheim nur aus schwerwiegendem Grund und dringendem Anlaß sowie allein mit Erlaubnis des Ortsordinarius gültig geschlossen werden, da sie eine Durchbrechung des sonst im katholischen Eherecht herrschenden Prinzips der Öffentlichkeit darstellt.
Die Erlaubnis zur geheimen Eheschließung beinhaltet, daß alle vom Recht vorgeschriebenen vorbereitenden Formalitäten und der Eheschließungsakt selbst geheim durchgeführt werden. Alle Beteiligten sind zu strenger Geheimhaltung verpflichtet. Diese Verpflichtung erlischt für den Ortsordinarius, wenn aus der Beachtung der Geheimhaltung ein Ärgernis oder ein schweres Unrecht gegen die Heiligkeit der Ehe droht (z.B. wenn die Eheleute ihre Kinder nicht katholisch taufen lassen oder erziehen!). Dies ist den Kontrahenten vor der Eheschließung mitzuteilen.
Geheim geschlossene Ehen werden in ein Sonderregister eingetragen, das im Geheimarchiv der bischöflichen Kurie aufbewahrt wird.

i) Rechtswirkungen der Ehe (cc. 1134–1140)

In einem eigenen Abschnitt, der allerdings rechtssystematisch gesehen nicht gut eingeordnet ist, werden die Rechtswirkungen der Ehe umschrieben.

Zunächst unterstreicht c. 1134, daß aus einer gültigen Eheschließung zwischen den Gatten das Eheband entsteht, das seiner Natur nach lebenslänglich (perpetuum) und ausschließlich (exclusivum) ist. In einer christlichen Ehe werden die Eheleute durch das Sakrament gestärkt, betont der Codex.

Beide Eheleute haben gleiche Rechte und Pflichten (c. 1135). Die schwerste Pflicht der Eltern und ihr erstes Recht zugleich ist es, für die körperliche (physica), soziale und kulturelle wie auch für die sittliche und religiöse Erziehung ihrer Kinder nach allen Kräften zu sorgen.

Kinder, die in einer gültigen oder vermeintlich gültigen Ehe (Putativehe) empfangen oder geboren werden, sind legitime Kinder (legitimi).

Hinsichtlich der Vaterschaft hält sich auch der neue Codex eng an die Definition des römischen Rechts: Vater ist jener, den die rechtmäßige Eheschließung (iustae nuptiae) als solchen ausweist, sofern nicht mit überzeugenden Argumenten das Gegenteil bewiesen werden kann. In diesem Zusammenhang findet sich die Rechtsvermutung (Präsumtion) von c. 1138 § 2, wonach solche Kinder als legitim betrachtet werden, die wenigstens sechs Monate nach dem Tag der Eheschließung (eig. 180 Tage) oder innerhalb von zehn Monaten (300 Tage) nach dem Tag der Auflösung der ehelichen Gemeinschaft geboren worden sind.

Illegitime Kinder können durch spätere Eheschließung ihrer Eltern oder Gnadenakt (Reskript) des Apostolischen Stuhles legitimiert werden. Legitimierte Kinder sind rechtlich den legitimen Kindern gleichgestellt, es sei denn, daß vom Recht etwas anderes vorgesehen ist.

j) Die Trennung der Ehegatten (cc. 1141–1155)

Die katholische Kirche hält auch in ihrem neuen Gesetzbuch am Grundsatz der absoluten Unauflöslichkeit der Ehe fest. Der einleitende Canon zu diesem Abschnitt betont deshalb: Die gültig geschlossene und vollzogene Ehe kann durch keine menschliche Macht und aus keinem Grund außer dem Tod aufgelöst werden.

Aufgelöst werden kann also, allerdings allein vom Papst, eine gültig geschlossene, jedoch nicht vollzogene Ehe. Dafür muß gemäß c. 1142 ein gerechter Grund vorliegen. In einem solchen Fall kann der Papst Ehen zwischen Getauften, aber auch Ehen zwischen einem Christen und einem Nichtchristen auflösen. Dies soll nur auf Nachsuchen beider Partner geschehen, darf es aber auch dann, wenn nur ein Partner darum nachsucht, der andere jedoch dagegen ist.

Wird hierbei (Weigerung des einen Partners) bereits eine bedenkliche Überschreitung einer Grenzlinie erreicht, so gilt dies in erhöhtem Maß für den Fall der Auflösung von sogenannten nichtsakramentalen Naturehen auf Grund des privilegium fidei, also zugunsten des (wahren) Glaubens. Dabei ist die Möglichkeit der Auflösung einer Ehe nach dem *Privilegium Paulinum* zu erörtern (cc. 1143 ff.): Eine Ehe, die von zwei Nichtgetauften geschlossen war, wird auf Grund des Privilegium Paulinum zugunsten des Glaubens des Partners, der die Taufe empfangen hat, durch dessen erneute Eheschließung «ipso facto» (= von selbst) gelöst, vorausgesetzt, daß der nichtgetaufte Partner sich von ihm trennt. Eine derartige Trennung liegt vor, wenn «der ungetaufte Partner mit dem Getauften nicht zusammenleben oder nicht friedlich ohne Beleidigung des Schöpfers zusammenleben will, außer der Getaufte hätte dem Ungetauften nach Empfang der Taufe eine gerechte Veranlassung gegeben, ihn zu verlassen.»

Es ist anzuerkennen, daß diese neue, etwas umständliche Formulierung besser und gerechter ist als die frühere von c. 1120 CIC-1917. Dennoch bleibt die Möglichkeit der Auflösung von Ehen nach dem Privilegium Paulinum bedenklich. Wie die Bezeichnung zum Ausdruck bringt, stützt sich diese Bestimmung des kirchlichen Rechts auf den Apostel Paulus (1 Kor 7, 12–15), der dabei ausdrücklich hervorhob, dies sei seine Meinung, nicht die des Herrn (Jesus).

Das kirchliche Recht hat formal auch noch einige Sicherungen vorgesehen, welche die Rechte des nichtgetauften Partners schützen sollen. Letztlich gebührt jedoch der Sicherung des Glaubens der Vorrang: So bestimmt etwa c. 1144, daß der getaufte Partner eine neue Ehe erst dann gültig schließen kann, wenn der Ungetaufte befragt worden ist, ob er selbst die Taufe empfangen oder wenigstens mit dem Getauften friedlich zusammenleben will ohne Beleidigung des Schöpfers. Diese Befragung (interpellatio) hat nach der Taufe zu geschehen. Aber auch das neue Recht läßt zu, daß davon Ausnahmen gemacht werden dürfen: Der Ortsordinarius kann nämlich aus einem schwerwiegenden Grund gestatten, daß die Befragung bereits vor der Taufe vorgenommen wird, ja er darf sogar überhaupt von der Befragung dispensieren, wenn auf Grund eines einfachen (summarischen) und außergerichtlichen Verfahrens feststeht, daß die Befragung nicht durchgeführt werden kann oder nutzlos ist! Auch das frühere Recht (c. 1121 CIC-1917) kannte die Möglichkeit der Dispens von der Befragung, setzte jedoch fest, daß die Befragung allein vom Apostolischen Stuhl erteilt werden konnte.

Auch die Bestimmungen über die Art und Weise, wie die Befragung durchgeführt werden soll, lassen die Halbherzigkeit erkennen, die hinter derartigen Konzessionen steht: In der Regel soll sie vom zuständigen Ortsordinarius des gläubig gewordenen Partners durchgeführt werden. Dabei kann der Ordinarius dem ungläubigen Partner eine Bedenkfrist gewähren, sofern dieser darum nachsucht; zugleich muß er ihn aber ermahnen, daß nach fruchtlosem Ablauf der Frist sein Schweigen als negative Beantwortung der Befragung gewertet wird.

Aber auch hierbei gibt es wieder eine äußerst bedenkliche Ausnahme und Aufweichung der prinzipiellen Bestimmung: Wenn diese amtliche Form der Befragung nicht stattfinden kann, darf die Befragung auch privat (!) von dem gläubig gewordenen Partner vorgenommen werden, wenn auch die Erlaubtheit einer derartigen Befragung davon abhängig gemacht wird, daß sie durch den Ortsordinarius nicht möglich ist.

Für beide Formen der Befragung ist zudem vorgeschrieben, daß die Tatsache ihrer Durchführung wie auch ihr Ergebnis im äußeren Bereich beweiskräftig sind. Danach kann dann der gläubig gewordene Partner eine neue (!) Ehe mit einem Katholiken schließen, sofern das Ergebnis der Befragung seines Partners negativ ist oder die Befragung rechtmäßig unterblieben ist.

Von der Möglichkeit des Privilegium Paulinum kann der katholische Partner auch später, also nicht nur in der Zeit seiner Konversion, Gebrauch machen, wenn ihn der nichtgetaufte Partner ohne gerechten Grund verläßt bzw. nicht friedlich mit ihm zusammenleben will (die Formulierung des c. 1146 n. 2 ist gegenüber c. 1124

CIC-1917 zwar leicht verändert worden, der Sinngehalt ist jedoch geblieben).

Eine der bedenklichen Änderungen des neuen Rechtes ist es, daß nicht mehr unbedingt verlangt wird, daß ein katholisch gewordener Partner, der die Möglichkeit des Privilegium Paulinum in Anspruch nimmt, dann auch einen katholischen Partner heiratet. Gemäß c. 1147 kann nämlich der Ortsordinarius – wenn auch aus einem schwerwiegenden Grund – gestatten, daß der gläubig Gewordene, der das Privilegium Paulinum in Anspruch nimmt, eine Ehe mit einem Nichtkatholiken schließt, sei dieser nun getauft oder Nichtchrist. In einem solchen Fall muß natürlich zudem vom Hindernis der Bekenntnis- resp. der Religionsverschiedenheit dispensiert werden.

In diesem Zusammenhang wird die weltweite Geltung des kirchlichen Gesetzbuches deutlich, wenn man c. 1148 betrachtet, der recht ausführlich für den Fall Vorsorge trifft, daß sich ein polygamer Ungetaufter zum katholischen Glauben bekehrt. Wir wollen auch diese Bestimmung hier genau wiedergeben, weil sie doch manches vom Geist dieses Rechtes enthüllt:

Ein Ungetaufter, der mehrere nichtgetaufte Frauen hat, kann nach Aufnahme in die katholische Kirche, falls es ihm schwerfällt, mit seiner ersten Frau zusammenzuleben, eine seiner Frauen behalten. Die anderen sind zu entlassen. Es wird ausdrücklich beigefügt, daß dies auch für den Fall der Vielmännerei gilt!

Ferner kann ein Partner, der sich zum katholischen Glauben bekehrt hat und wegen Gefangenschaft oder Verfolgung von seinem ungetauften Partner gewaltsam getrennt ist, eine andere Ehe schließen. Dies ist selbst dann möglich, wenn auch der andere Partner mittlerweile die Taufe empfangen hat.

Alle diese Bestimmungen sollen dazu dienen, die Missionsbemühungen der Kirche zu fördern und zu unterstützen. Während sich gemäß c. 1060 im Regelfall das Institut der Ehe der Gunst des Rechts (favor iuris) erfreut, wird in diesen Fällen die Rechtsgunst des Glaubens über die für die Ehe gestellt. Dies drückt c. 1150 lapidar aus: «Im Zweifelsfall erfreut sich das Privileg des Glaubens der Gunst des Rechtes.»

Das neue Recht hält also daran fest, daß sogenannte Naturehen zugunsten des Glaubens gelöst werden können. Einen relativen Fortschritt stellt die neue Bestimmung von c. 1148 § 3 dar, wonach

der verantwortliche Ordinarius die moralischen, sozialen und wirtschaftlichen Folgen derartiger Auflösungen von Ehen beachten muß. Er soll sich insbesonders bemühen, daß für die entlassenen Frauen «nach den Normen der Gerechtigkeit, der christlichen Liebe und der natürlichen Billigkeit» gesorgt wird.
Soweit die Bestimmungen über das Privilegium Paulinum. Einen weiteren Sonderfall stellt die Auflösung einer nichtsakramentalen Ehe durch päpstlichen Auflösungsbescheid dar, das sog. *Privilegium Petrinum*. Vom Papst kann eine Ehe gelöst werden, die halbchristlich war, sofern der bislang nichtchristliche Partner sich taufen läßt und nach Empfang der Taufe die Ehe nicht mehr vollzieht. Hierzu ist anzumerken, daß in der kirchenrechtlichen Literatur von Privilegium Petrinum gesprochen wird, es sich jedoch nicht um eine offizielle Bezeichnung handelt. Aber nicht nur formal, sondern auch inhaltlich war und ist dabei vieles undeutlich. So bemühte sich etwa der frühere Codex nicht um eine gesetzliche Einordnung dieses Rechtsphänomens, sondern verwies stattdessen in seinem c. 1125 auf päpstliche Konstitutionen aus dem 16. Jahrhundert, die dem Codex als Dokumente (VI–VIII) beigefügt wurden. Im Jahr 1973 hat dann endlich die Glaubenskongregation eine Instruktion über die Lösung der Ehe zugunsten des Glaubens erlassen. Auch für die Gewährung der Auflösung einer Ehe nach dem Privilegium Petrinum ist es nicht erforderlich, daß der Antragsteller einen katholischen Partner heiraten will. Im Fall der Heirat eines Nichtgetauften oder nicht katholisch Getauften müssen lediglich die entsprechenden Versprechen hinsichtlich der Kinder (Kautelen) geleistet werden. Im neuen Codex wird diese Möglichkeit der Auflösung einer Ehe nicht mehr erwähnt, eine auffallende Veränderung des Entwurfs des Codex von 1980. Es ist nur zu hoffen, daß dies nicht eher zu einer Grauzone in diesem Bereich führt.
Anschließend sei erwähnt, daß sich die Praxis der Auflösung nichtsakramentaler Ehen eigentlich erst seit Inkrafttreten des Codex von 1917/18 ausgeweitet hat, und zwar in so beunruhigender Weise, daß selbst von Kirchenrechtlern in steigendem Maß in Rom Bedenken angemeldet wurden. So wurden etwa seit 1957 in Rom Ehen zwischen Ungetauften aufgelöst, ohne daß einer der beiden Partner sich taufen ließ.
Auch der neue Codex widmet einen Unterabschnitt der *Trennung*

(der Gatten) unter Fortbestand des Ehebandes (cc. 1151–1155). Der frühere Codex nannte dies «Trennung von Bett, Tisch und Wohnung». In einem solchen Fall bleibt also das Eheband bestehen, jedoch wird die Lebensgemeinschaft in dieser Ehe aufgehoben, wozu das Eheversprechen ja beide Partner verpflichtet, sofern nicht ein legitimer Grund sie davon entschuldigt. Als rechtmäßiger Grund für die Aufhebung der Lebensgemeinschaft gilt nach dem Kirchenrecht Ehebruch. Allerdings legt auch der neue Codex recht detailliert dar, unter welchen Voraussetzungen dies möglich ist. Neben Ehebruch berechtigen auch noch andere Gründe zur Aufhebung der ehelichen Lebensgemeinschaft. Im Gegensatz zum früheren Codex nennt das neue Gesetzbuch keine Beispiele, sondern spricht allgemein von Fällen der Gefahr für Leib und Seele des anderen Partners und der Kinder.

k) Gültigmachung einer Ehe (cc. 1156–1165)

Der letzte Abschnitt des Eherechtes ist der Gültigmachung einer Ehe gewidmet. Rechtsgründe für die Nichtigkeit einer Ehe sind Mängel hinsichtlich der Ehefähigkeit, des Ehekonsenses und der Eheschließungsform. Auch das neue Recht unterscheidet zwischen zwei Formen der Gültigmachung. Zunächst zu nennen ist *die einfache Gültigmachung* (cc. 1156–1160):

Unter der einfachen Gültigmachung versteht das Kirchenrecht die Gültigmachung einer nichtigen Ehe durch Konsenserneuerung wenigstens seitens des Partners, der um die Nichtigkeit der Ehe wußte. Voraussetzung ist, daß das (trennende) Ehehindernis weggefallen oder durch Dispens behoben worden ist. Diese Konsenserneuerung ist vom kirchlichen Recht für die Gültigkeit der Gültigmachung zwingend erforderlich, auch dann, wenn beide Partner ursprünglich, also beim Abschluß ihrer (ungültigen) Ehe, den Konsens geleistet und auch später nicht widerrufen haben (c. 1156 § 2). Ausdrücklich betont obendrein c. 1157, daß die Erneuerung des Konsenses einen neuen Willensakt darstellen muß, der auf jene Ehe gerichtet ist, von der derjenige, der den Konsens erneuert, weiß oder meint, daß sie von Beginn an nichtig war. Diese, vermutlich umständlich erscheinende Formulierung ergab sich aus Interpretationsschwierigkeiten der entsprechenden Bestimmung des früheren Codex (c. 1134 CIC–1917).

Ist das Hindernis öffentlich, d.h. beweisbar, muß der Konsens zudem von beiden Partnern in der kirchenrechtlich vorgeschriebenen Form erneuert werden. Kann hingegen das Hindernis nicht bewiesen werden, reicht es aus, daß der Konsens privat und geheim durch den Partner erneuert wird, der von dem Hindernis weiß. Voraussetzung ist allerdings, daß der Ehewille des anderen Partners fortdauert! Ist das Hindernis beiden Partnern bekannt, ist der Konsens von beiden zu erneuern.

Eine wegen Konsensmangels nichtige Ehe wird dadurch gültig gemacht, daß der Konsens nachträglich geleistet wird. Voraussetzung ist allerdings, daß der Ehewille des anderen Teiles andauert. Kann der Konsensmangel nicht nachgewiesen werden, trat er also nach außen nicht in Erscheinung, genügt es, wenn der entsprechende Partner dies privat und geheim nachholt. Ansonsten ist es nötig, daß der Konsens in der rechtlich vorgeschriebenen Form geleistet wird.

Ist eine Ehe nichtig wegen Mangels der Form muß die Ehe erneut in der kirchlichen Form geschlossen werden.

Die andere Form der Gültigmachung einer Ehe ist die sog. *Eheheilung in der Wurzel* (sanatio in radice, c. 1161–1165). Sie unterscheidet sich von der einfachen Gültigmachung in doppelter Hinsicht: Bei der sanatio in radice muß keiner der Partner den Konsens erneuern, und hinsichtlich der rechtlichen Folgen hat sie Rückwirkung auf die Vergangenheit, d.h. bis zurück auf den Zeitpunkt des Eheabschlusses.

Die sanatio in radice kann nur von der zuständigen kirchlichen Autorität (vgl. weiter unten) gewährt werden. Voraussetzung ist auch hierbei der Wegfall oder die Dispens eines Hindernisses. Auch wenn also die Ehe wegen Formmangels nichtig war, braucht im Gegensatz zur einfachen Gültigmachung in den Fällen der sanatio in radice der Konsens nicht in der kirchlich vorgeschriebenen Form wiederholt werden!

Die Gültigmachung der Ehe erfolgt im Augenblick (a momento) der Gewährung der sanatio. Auf Grund einer Rechtsfiktion hat sie – wie gesagt – rückwirkende Kraft hinsichtlich der rechtlichen Wirkungen der Ehe, sofern nichts anderes bestimmt wird. Der neue Codex verwendet zwar nicht mehr wie der frühere Codex (c. 1138 § 1) den Ausdruck «fictio iuris», doch hat sich damit an der Sachlage nichts geändert. Konkret bedeutet diese Rechtsfiktion etwa, daß Kinder, die nach der ungültigen Eheschließung und vor

Gewährung der sanatio geboren worden sind, als ehelich geboren (legitim) gelten.

Die sanatio soll nur gewährt werden, wenn wahrscheinlich ist, daß beide Ehepartner ihre Ehe aufrechterhalten wollen. Wenn also bei beiden oder auch nur bei einem Partner der Konsens für die Ehe fehlt, kann sie nicht «in der Wurzel» geheilt werden, gleich ob der Ehewille von Beginn an gefehlt hat oder nach anfänglicher Leistung später widerrufen worden ist. Wurde jedoch ein bei Eheabschluß fehlender Konsens später erst geleistet, kann die sanatio vom Augenblick dieser Ehewillenssetzung an gewährt werden (c. 1162).

Wie bereits angedeutet, kann also durch die sanatio eine wegen eines Ehehindernisses oder wegen Formmangels nichtige Ehe geheilt werden, sofern der Ehewille beider Partner andauert. Eine Ehe, die wegen eines Hindernisses ungültig ist, das auf dem Naturrecht oder auf positiv göttlichem Recht beruht, kann natürlich erst dann geheilt werden, wenn das Hindernis weggefallen ist.

Wie gleichfalls bereits gesagt worden ist, soll die sanatio nur gewährt werden, wenn die Wahrscheinlichkeit besteht, daß beide Partner ihre Ehe fortsetzen wollen. Doch legt auch der neue Codex (in c. 1164) wieder fest, daß die sanatio auch ohne Kenntnis eines, ja selbst beider Partner gewährt werden kann! Allerdings fügt der neue Codex nun hinzu, daß die Heilung in der Wurzel nur aus schwerwiegendem Grund gewährt werden soll.

Ursprünglich, also bei Inkrafttreten des früheren Codex, war die sanatio in radice allein dem Apostolischen Stuhl vorbehalten (vgl. c. 1141 CIC–1917). C. 1165 des neuen Codex legt nun fest, daß sie vom Apostolischen Stuhl gewährt werden kann; doch vermag dies nun auch der Diözesanbischof in Einzelfällen, auch dann selbst, wenn es gilt, eine Ehe wegen mehrerer Nichtigkeitsgründe zu sanieren. Natürlich darf ein Bischof keine sanatio gewähren, wenn es sich um Hindernisse handelt, deren Dispens dem Apostolischen Stuhl vorbehalten ist. Zudem darf er die sanatio nicht gewähren, wenn der Eheschließung ein Hindernis des Naturrechts oder des göttlichen Rechts entgegenstand, das inzwischen aber weggefallen ist!

3.5. Sonstige Formen des Gottesdienstes (cc. 1166–1204)

3.5.1. Die Sakramentalien (cc. 1166–1172)

Im Abschnitt 3 wurden bisher in drei Schritten die rechtlichen Aspekte der Sakramente der Kirche behandelt. Außer den Sakramenten kennt die Kirche weitere Formen des Gottesdienstes (eigentlich des göttlichen Kultes), die im neuen Codex in einem eigenen Teil zusammengefaßt worden sind. An erster Stelle werden darin die Sakramentalien behandelt, die – wie ihre Bezeichnung zum Ausdruck bringt – in gewissem Zusammenhang mit den Sakramenten stehen.

Der Codex bezeichnet die Sakramentalien als «heilige Zeichen» (c. 1166), die – ähnlich wie die Sakramente (der Codex spricht von «imitatio sacramentorum») – vornehmlich geistliche Wirkungen haben. Im Unterschied zu den Sakramenten beruhen sie auf kirchlicher Einsetzung. Ihre rechtliche Ordnung liegt allein in der Zuständigkeit des Apostolischen Stuhles. In der Regel ist der Spender von Sakramentalien ein Kleriker, der mit entsprechenden Befugnissen ausgestattet ist. Nach dem neuen Recht können aber auch Laien unter gewissen Voraussetzungen (Eignung, Auftrag des zuständigen Bischofs) Sakramentalien spenden.

Das Recht kennt drei Kategorien von Sakramentalien: Konsekrationen (Weihungen) und Einweihungen (dedicationes), Benediktionen (Segnungen oder Weihungen) und Exorzismen.

Konsekrationen sind Weihungen, die mit einer Salbung mit geweihtem Öl vorgenommen werden (z.B. Abtweihe; Kirchen- und Altarkonsekration). Sie können prinzipiell nur von einem Bischof gespendet werden, ausnahmsweise auch durch Priester, die dazu vom Recht oder durch gesetzmäßige Bewilligung befugt worden sind.

Benediktionen sind Segnungen, aber auch Weihungen ohne Ölsalbung (Beispiele: Haussegen, Autosegen; Brautsegen; Friedhofsweihe). Sie dürfen von jedem Priester vorgenommen werden, sofern Papst oder Bischof sie sich nicht vorbehalten haben (ein päpstlicher Vorbehalt besteht z.B. hinsichtlich der Weihe der Pallien, vgl. oben). Diakone können nur solche Benediktionen vornehmen, die ihnen durch das Recht ausdrücklich zugestanden werden.

Empfänger der Segnungen sind in erster Linie Katholiken, doch können auch Katechumenen und selbst Nichtkatholiken Sakramentalien empfangen, letztere jedoch nur, wenn kein ausdrückliches Verbot der Kirche entgegensteht.

Geweihte Sachen, die durch Weihung und Segnung für den Kult bestimmt sind, sind mit Ehrfurcht zu behandeln und dürfen nicht zu weltlichen Zwecken oder zweckentfremdet verwendet werden. Das gilt auch dann, wenn sich eine geweihte Sache in privatem Eigentum befindet.

Über den Exorzismus (Teufelsaustreibung) spricht der neue Codex kürzer als der frühere (c. 1172); zudem gibt das Recht keine Begriffsbestimmung des Exorzismus, sondern spricht lediglich über die Befugtheit, ihn vornehmen zu können. Die Bestimmungen von c. 1172 nehmen darüberhinaus allein Bezug auf den sog. großen Exorzismus (von «kleinem» Exorzismus wird im Fall von Teufelsbeschwörungen bei der Taufe und gewissen Weihungen oder Segnungen gesprochen). Den großen Exorzismus kann – so der neue Codex – niemand ohne ausdrückliche Erlaubnis seitens des Ortsordinarius vornehmen. Der Ordinarius soll diese Erlaubnis nur einem Priester erteilen, der sich durch Frömmigkeit, Kenntnis (dies ist eine neue Einfügung!), Klugheit und einen untadeligen Lebenswandel auszeichnet. Weiteres (Bedingungen, Voraussetzungen) über den Exorzismus steht im «Rituale Romanum», in dem die liturgischen Texte und Rubriken (Anweisungen) für die Spendung der Sakramente und Sakramentalien zusammengefaßt sind. Hinsichtlich des Exorzismus sind die darin enthaltenen Bestimmungen veränderungsbedürftig.

3.5.2 Übrige Formen des Gottesdienstes (cc. 1173–1204)

Auch der neue Codex widmet einen recht breiten Abschnitt weiteren Formen des Gottesdienstes, die man in diesem Zusammenhang knapper und lieber an anderer Stelle behandelt gesehen hätte. So soll auch im Rahmen dieser Übersicht des kirchlichen Rechts nur zusammenfassend darüber berichtet werden.

An erster Stelle nennt dazu der neue Codex das *Stundengebet* oder Breviergebet (cc. 1173–1175), wozu Kleriker und Ordensleute verpflichtet sind.

Als eine Form des Gottesdienstes behandelt der Codex auch *das Begräbnis* (cc. 1176–1185). Verstorbene Katholiken haben einen Anspruch auf die kirchliche Bestattung, sofern sie im Frieden mit der Kirche gestorben sind. Ausdrücklich wird hervorgehoben, daß Apostaten, Häretiker und Schismatiker nicht kirchlich beerdigt werden dürfen, sofern ihre Einstellung bekannt (notorisch) war (c. 1184). Auch das neue Gesetzbuch hält daran fest, die

Gewohnheit (pia consuetudo) der Erdbestattung beizubehalten. Jedoch hat die katholische Kirche bekanntlich nach dem II. Vatikanischen Konzil ihre bis dahin absolute Ablehnung der Einäscherung aufgegeben. Der frühere Codex sprach in seinem c. 1203 ein bündiges Verbot der Leichenverbrennung aus («reprobata eorundum ‹sc. defunctorum› crematione»). Nunmehr wird die Einäscherung erlaubt, sofern sie nicht aus Gründen gewählt wird, die sich gegen Auffassungen des christlichen Glaubens richten (etwa Ablehnung der leiblichen Auferstehung). Wünscht also jemand aus derartigen Überlegungen die Einäscherung, wird ihm die kirchliche Bestattung verweigert (1184 § 1 n. 2).

Als eine weitere Form des Kultes behandelt der Codex *die Verehrung (cultus) der Heiligen sowie der Heiligenbilder und Reliquien* (cc. 1186–1190). Auch das neue Gesetzbuch empfiehlt die Heiligenverehrung an, besonders die Verehrung der Gottesmutter. Auch die Verehrung der Heiligenbilder wird vom Gesetz weiterhin geschützt, jedoch wird vor Auswüchsen gewarnt (c. 1188). Der Verkauf von Reliquien wird streng verboten. Ihre Veräußerung oder Übertragung unterliegt der Aufsicht des Apostolischen Stuhles.

In diesem Zusammenhang soll erwähnt werden, daß der neue Codex im Gegensatz zum früheren keinen Abschnitt mehr über die Selig- und Heiligsprechungsverfahren (im Prozeßrecht) enthält. Diese Rechtsmaterie wurde gesondert durch verschiedene Gesetzgebungsakte des Apostolischen Stuhles seit dem Jahr 1969 neu geregelt.

Auch *Gelübde und Eid* werden vom kirchlichen Recht als Formen der Gottesverehrung betrachtet und dementsprechend in diesem Zusammenhang gesetzlich geregelt (cc. 1191–1204). Zunächst gibt der Codex eine Begriffsbestimmung des *Gelübdes:* «Ein Gelübde ist ein Gott gemachtes überlegtes und freies Versprechen, das sich auf ein mögliches und besseres Gut bezieht und aus (kraft) der Tugend der Gottesverehrung (religio) zu erfüllen ist» (c. 1191 § 1). Ein Gelübde kann nur ablegen, wer hinreichenden Vernunftgebrauch besitzt und rechtlich nicht daran gehindert ist. Das Kirchenrecht unterscheidet mehrere Arten von Gelübde: Ein öffentliches Gelübde wird im Namen der Kirche vom zuständigen Oberen entgegengenommen (alle anderen Gelübde sind also private). Ferner hält das Kirchenrecht am Unterschied zwischen feierlichen und einfachen Gelübden fest, obwohl das neue Ordensrecht diese Unterscheidung aufgegeben hat (hierbei handelt es sich um Unterschiede bzgl. der Rechtswirkungen, etwa Vermögens- und Eheunfähigkeit). Schließlich wird im Kirchenrecht noch unterschieden zwischen personalen, dinglichen und gemischten Gelübden, je nachdem ob es sich auf personale oder Sachleistungen oder beides bezieht.

Ein Gelübde bindet zunächst nur den Gelobenden, doch kann ein dingliches Gelübde möglicherweise auch die Erben des Gelobenden verpflichten.

Ein Gelübde erlischt durch Zeitablauf (bei den sog. zeitlichen Gelübden), durch wesentliche Veränderung des versprochenen Gegenstandes, durch Wegfall einer Bedingung, von der das Gelübde abhängig war, oder durch Wegfall der Zweckbestimmung. Ferner kann von einem Gelübde dispensiert werden, oder es kann umgewandelt werden. Von öffentlichen Gelübden können nur die zu deren Entgegennahme Berechtigten befreien, von privaten Gelübden auch die Bischöfe, Pfarrer (für ihre Untergebenen), Ordensobere und solche, welche die Dispensbefugnis erhalten haben.

Den Abschnitt über den *Eid* leitet gleichfalls eine Begriffsbestimmung ein: «Der Eid ist eine Anrufung des göttlichen Namens zum Zeugen für die Wahrheit. Er kann nur geleistet werden in Wahrheit, in reiflicher Überlegung und in Gerechtigkeit» (c. 1199 § 1). Man unterscheidet zwischen Aussageeid (Anrufung Gottes als Zeugen für die Wahrheit einer Aussage) und Versprechenseid. Die Bestimmungen des Codex handeln im wesentlichen über die zweite Art des Eides. Darum dazu noch folgendes:

Allein der aus freien Stücken geleistete Eid erzeugt eine religiöse Pflicht, das Versprechen zu halten. Ein durch Arglist (dolus), Gewalt oder schwere Furcht zustandegekommener bzw. erpreßter Eid ist «ipso iure» (also etwa: von selbst) nichtig. Ein Versprechenseid folgt der Natur und den Bedingungen des Hauptaktes des Versprechens (oder Vertrages), dem er zur Bekräftigung beigefügt ist, d. h. er steht und fällt mit diesem. Ist er einem Akt beigefügt, der zum Schaden anderer oder zum Nachteil des öffentlichen Wohles oder des ewigen Heiles ist, befestigt er nicht diesen Akt.

Die Versprechensverpflichtung kann wegfallen durch Eidesentbindung von seiten des Versprechensempfängers, durch wesentliche Veränderung des versprochenen Gegenstandes und durch Wegfall der Zweckbestimmung oder der Bedingung. Schließlich ist es auch hierbei möglich, daß ein Versprechenseid durch Dispens aufgehoben oder umgewandelt wird. Der frühere Codex kannte noch die Nichtigerklärung (Irritation) eines Eides; dies wurde nun ersatzlos gestrichen.[18] Die Dispensbefugnisse sind ähnlich wie bei denen im Fall von Gelübden verteilt.

3.6 Heilige Orte und Zeiten (cc. 1205–1253)

Der letzte Teil des IV. Buches des neuen Codex handelt schließlich über die Stätten und Zeiten für den Gottesdienst. Auch hierfür könnte man sich eine bessere rechtssystematische Einordnung der Gesetzesmaterie im Codex vorstellen. Hier soll gleichfalls lediglich eine kurze Übersicht der Materie gegeben werden.

3.6.1 Heilige Orte (cc. 1205–1243)

Dieser Abschnitt (Titel) ist in fünf capita unterteilt, die über Kirchen, Kapellen, Heiligtümer, Altäre und Friedhöfe handeln. Alle diese Stätten werden als «loca sacra» bezeichnet. Den einzelnen Kapiteln ist ein relativ umfangreicher Teil vorgeschaltet, der allgemeine Bestimmungen über die hl. Orte enthält. Einleitend werden die hl. Orte folgendermaßen definiert: «Heilige Orte sind solche Stätten, die für den Gottesdienst (cultus divinus) oder die Beisetzung der Gläubigen bestimmt sind, und zwar durch Weihe oder Benediktion, wie sie die liturgischen Bücher vorschreiben» (c. 1205)

Die Weihe eines solchen Ortes ist ein Akt der Weihe- und Hirtengewalt. Dementsprechend ist sie in der Regel dem zuständigen Ortsordinarius vorbehalten. Dies gilt insbesondere für die Weihe einer Kirche. Allerdings sieht das Recht Ausnahmen vor, wonach auch Priester diese Befugnis erhalten können. Die Weihe oder Benediktion einer solchen Stätte muß durch Urkunde beweislich gesichert werden, die in doppelter Ausfertigung aufzubewahren ist (im Diözesan- und im Pfarrarchiv).

Diese Stätten sind allein für den Gottesdienst reserviert oder sind Begräbnisplätze. Deshalb ist dort alles verboten, was mit ihrem

[18] Das «suspendere» (= aufschieben) in c. 1203 ist wegen der Veränderung von c. 1202 n. 4 gegenüber c. 1319 n. 4 CIC – 1917 interpretationsbedürftig.

Charakter unvereinbar ist. Nur mit Erlaubnis des Ortsordinarius dürfen Ausnahmen zugelassen werden (Beispiel: Konzertveranstaltungen o. ä. in einer Kirche). Sind derartige Stätten entweiht oder geschändet worden, ist dort ein Bußritus zu vollziehen, bevor sie wieder ihrem Zweck dienen dürfen. Weihe und Benediktion einer derartigen Stätte gehen verloren, wenn sie zum größten Teil zerstört oder durch Beschluß des Ordinarius oder auch faktisch profanen Zwecken wieder zugeführt worden ist.

Aufgegeben wurde vom neuen Codex der Anspruch der Kirche auf die sog. Immunität der hl. Orte. Dies bedeutet (gemäß c. 1160 CIC – 1917), daß sie nach der früheren Auffassung der Kirche von der weltlichen Gewalt befreit (exemt) waren. Das weltliche Recht hat jedoch diese Immunität (oder Freiung) nicht anerkannt und beansprucht, daß auch diese Orte den Organen der öffentlichen Sicherheit (Polizeigewalt) zugänglich sein müßten. Zudem unterliegen auch die kirchlichen Friedhöfe der sanitätspolizeilichen Aufsicht des Staates. Der neue Codex spricht nun lediglich davon, daß die kirchliche Autorität an diesen Stätten die «hl. Gewalt» (potestas sacra) frei ausübt. Was dies beinhaltet, ist schwer festzulegen.

Auch für die einzelnen Arten hl. Orte gibt der Codex Definitionen. Von der *Kirche* heißt es (c. 1214), daß darunter ein hl. Haus (aedes sacra) verstanden wird, das für den Gottesdienst bestimmt ist. Die Gläubigen haben das Recht, dort den Gottesdienst vornehmlich öffentlich zu vollziehen.

Kirchen dürfen ohne schriftliche Genehmigung des Diözesanbischofs nicht gebaut werden. Dafür soll der Bischof seine Zustimmung erst geben, wenn er den Priesterrat und die Rektoren der benachbarten Kirchen (also in der Regel die Pfarrer in der Gegend) gehört hat. Ferner hat der Bischof zu beurteilen, ob der Neubau pastoral notwendig ist und die erforderlichen Mittel für Bau und Unterhalt vorhanden bzw. gesichert sind. Die Errichtung von Kloster- oder Ordenskirchen ist gleichfalls an die Genehmigung seitens des zuständigen Bischofs gebunden.

Auch der neue Codex enthält eine Reihe von Bestimmungen, die sich auf Bau und Einrichtung der Kirchen beziehen. Wichtig und somit zu erwähnen ist c. 1221. Er bestimmt, daß eine Kirche zu Zeiten von Gottesdiensten oder anderen liturgischen Feiern frei zugänglich und der Besuch unentgeltlich sein muß. Gegen diese

Bestimmung, die sich auch im früheren Codex fand, wird immer wieder verstoßen.

Auch die Profanerklärung einer Kirche durch den zuständigen Bischof ist nunmehr an Voraussetzungen gebunden, die denen für die Errichtung einer Kirche ähneln (Anhörung des Priesterrates usw.).

Unter *Kapelle* versteht das Gesetzbuch eine Stätte der Gottesverehrung, die dazu von einer Gemeinschaft oder einem Kreis von Gläubigen verwendet wird, zu der jedoch auch andere Gläubige mit Erlaubnis des zuständigen Oberen zugelassen werden können (eingeschränkte Öffentlichkeit) (c. 1223). Auch Kapellen dürfen nur mit Erlaubnis des Ordinarius errichtet werden.

Davon zu unterscheiden ist die *Privatkapelle* (sacellum privatum), die nur einzelnen oder kleinen Gemeinschaften gewährt werden. Bischöfe können sich z. B. derartige Kapellen einrichten. Privat- oder Hauskapellen dürfen nicht für andere Zwecke verwendet werden.

Als *Heiligtum* (sanctuarium) bezeichnet nun der neue Codex eine Kirche oder eine andere hl. Stätte, zu der Gläubige in großer Zahl pilgern und wo diese Wallfahrten die Zustimmung des Ortsbischofs gefunden haben (c. 1230). Oder anders gesagt: Heiligtümer sind bischöflich anerkannte Wallfahrtsorte. Bei der Regelung dieser recht sekundären Rechtsmaterie entwickelt das neue Gesetzbuch eine gewisse Perfektion: Damit ein Heiligtum als nationales Heiligtum bezeichnet werden kann, bedarf es der Zustimmung der (nationalen) Bischofskonferenz; will es sich gar als ein internationales Heiligtum bezeichnen, muß der Hl. Stuhl zustimmen. So der Wortlaut von c. 1232 § 1.

An vierter Stelle werden die *Altäre* genannt. Dabei unterscheidet der Codex zwischen festen oder feststehenden und beweglichen Altären. In einer Kirche soll wenigstens ein fester Altar sein, an den anderen hl. Stätten sind beide Arten zugelassen. Dabei erinnert auch der neue Codex an die überlieferte Sitte der Kirche, wonach die Altarplatte eines festen Altars aus Stein sein soll, und zwar aus einem Stück Naturstein. Die Bischofskonferenzen bekommen das Recht, dies regional auch anders zu regeln. Feste Altäre werden geweiht; bei beweglichen Altären ist Weihe oder Segnung möglich. Gemäß alter Tradition der Kirche sollen unter einem feststehenden Altar Reliquien von Martyrern oder anderen

Heiligen beigesetzt werden (sog. Reliquiengrab). Die Entweihung einer Kirche oder eines anderen hl. Ortes hat nicht die Entweihung ihrer Altäre zur Folge. Schließlich verbietet das Gesetzbuch eine Zweckentfremdung der Altäre. Unter einem Altar dürfen auch keine Gräber sein.

Schließlich folgen noch einige Bestimmungen über *Friedhöfe*. Die verstorbenen Kirchenangehörigen sollen in geweihter Erde beigesetzt werden. Deshalb sind für sie eigene Friedhöfe einzurichten. Wo das nicht möglich ist, sollen wenigstens Teile der allgemeinen Friedhöfe Katholiken vorbehalten sein und die entsprechende Segnung erhalten. Ist auch das nicht möglich, haben die einzelnen Grabstätten die Segnung zu erhalten.

3.6.2 Heilige Zeiten (cc. 1244–1253)

Das Kirchenrecht unterscheidet zwischen Fest- und Bußtagen. Für die Gesamtkirche verbindliche Fest- oder Bußtage können nur durch den Papst eingeführt, verlegt oder abgeschafft werden.

Das allgemeine Kirchenrecht kennt folgende Festtage: Alle Sonntage, Weihnachten, Dreikönige, Christi Himmelfahrt, Fronleichnam, Unbefleckte Empfängnis und Himmelfahrt Mariens, Josefstag, Peter und Paul und Allerheiligen. Die Bischofskonferenzen können allerdings mit Erlaubnis des Hl. Stuhls diese Festtage abschaffen oder auf einen Sonntag verlegen. Die Kirchenangehörigen sind verpflichtet, an den Sonn- und gebotenen Feiertagen an der Eucharistiefeier teilzunehmen und die Sonn- und Feiertagsruhe zu beachten (c. 1247).

Bußtage und -zeiten sind nach dem neuen Recht alle Freitage des Jahres und die Fastenzeit. An allen Freitagen, auf die nicht ein gebotener Feiertag fällt, ist Abstinenz zu halten (Verbot des Genusses von Fleisch); für Aschermittwoch und Karfreitag sind Abstinenz und Fasten vorgeschrieben (c. 1251). Zur Abstinenz ist verpflichtet, wer das 14. Lebensjahr vollendet hat; das Fastengebot gilt vom 18. bis zum 60. Lebensjahr.

Die Bischofskonferenzen haben das Recht, die Normen des allgemeinen Kirchenrechts über Abstinenz und Fasten ganz oder teilweise durch andere Formen der Buße («Werke der Liebe und Übungen der Frömmigkeit») zu ersetzen. Davon hat die Deutsche Bischofskonferenz Gebrauch gemacht und im Jahr 1978 eine eigene Bußordnung verabschiedet. Darin wurde z. B. die Freitagsabstinenz durch ein Freitagsopfer ersetzt.

Zwischenbemerkung: Damit schließt das IV. Buch des neuen Codex. Sein V. Buch ist der Regelung der zeitlichen Güter der Kirche gewidmet. Hierbei handelt es sich um einen gänzlich neu gestalteten Teil des Codex, dessen Materie im früheren Codex ebenso wie das Sakramentenrecht in Buch III (Sachenrecht) enthalten war. Da es sich um spezielle Regelungen handelt, wird dieses kirchliche Vermögensrecht hier nicht behandelt. Hingegen soll von Buch VI und dessen Bestimmungen ein Überblick gegeben werden. Es handelt sich um

B Das Strafrecht (cc. 1311–1399)

Das Strafrecht ist der Teil des kirchlichen Rechts, der am stärksten im Zug seiner Revision zusammengestrichen worden ist (beinahe auf ein Drittel). Das ist prinzipiell zu begrüßen, doch hat man gelegentlich den Eindruck, daß Aussagen des früheren Rechts ersatzlos gestrichen wurden, die ihrer Natur nach und notwendigerweise hineingehören. Im Gegensatz zum früheren Codex fehlt etwa am Beginn des Strafrechts eine Begriffsbestimmung der Straftat im Kontext kirchlichen Rechts. Dies erscheint jedoch für die Legitimierung der Strafgewalt der Kirche vonnöten, insbesondere in einer Zeit, in der sehr viele Kirchenangehörigen diesbezüglich ihre Zweifel haben dürften. Stattdessen beschränkt sich der neue Codex darauf, lapidar zu erklären, es sei «das natürliche und eigene Recht der Kirche, Kirchenangehörige, die eine Straftat begehen, zu bestrafen» (eig.: «durch Strafen zu zügeln», c. 1311).

I. Die Strafarten

Das neue Strafrecht kennt zwei Formen kirchlicher Strafen:
1. Besserungsstrafen oder Zensuren (beide werden in der deutschsprachigen Literatur in der Regel «Beugestrafen» genannt) und

2. Sühnestrafen. Wie die Bezeichnungen verdeutlichen, sollen die erstgenannten Strafen den Delinquenten zur Einsicht bringen und ihn damit bessern helfen. Dies soll durch den Entzug wichtiger geistlicher Güter erreicht werden; die Strafe wird erst dann aufgehoben, wenn der Betroffene zu Einsicht und Reue gelangt ist. Darum können derartige Kirchenstrafen auch nicht seitens der Kirche befristet werden. Anders liegt es bei den Sühnestrafen. Sie zielen auf die Vergeltung einer Straftat, gleichfalls durch Entzug geistlicher Güter, doch kann die Bestrafung auch den Entzug zeitlicher Güter beinhalten (Geldstrafe u. dgl.). Sühnestrafen sind häufig zeitlich und im Hinblick auf die damit verbundenen Leistungen begrenzt. Sie finden ihr Ende durch Verbüßung oder Begnadigung.

1. Die Beugestrafen (cc. 1331–1335)

Das neue Strafrecht hat die drei traditionellen Formen der Beugestrafen beibehalten: Exkommunikation, Interdikt und Suspension. Es fällt lediglich auf, daß das neue Recht von «excommunicatus» und «interdictus» spricht, nicht von Exkommunikation oder Interdikt und deren Folgen.

Was die *Exkommunikation* betrifft, nennt das Recht (c. 1331 § 1) drei Folgen: Einem Exkommunizierten ist die aktive Teilnahme an der Eucharistiefeier sowie an jeglichem anderen öffentlichen Gottesdienst verboten. Ferner ist es ihm untersagt, Sakramente und Sakramentalien zu spenden und die Sakramente zu empfangen. Schließlich ist es ihm verboten, kirchliche Ämter und Dienste (officia, ministeria, munera) auszuüben und Handlungen oder Akte kirchlicher Leitungsgewalt vorzunehmen.

Wurde die Exkommunikation durch hoheitlichen Spruch verhängt, hat sie für den Betroffenen folgende Konsequenzen:

– Sollte er entgegen dem Verbot liturgische Handlungen vornehmen, ist er daran zu hindern, sofern kein gewichtiger Grund (z. B. öffentliches Aufsehen) dagegen spricht.

– Setzt ein auf diese Weise Exkommunizierter dennoch ihm untersagte Akte der Leitungsgewalt, sind diese ungültig.

– Ferner ist es ihm verboten, früher erworbene Privilegien zu genießen.

– Er kann gültig keine Würde, kein Amt und keinen Dienst in der Kirche erlangen.
– Die Früchte oder Erträgnisse aus Würden, Ämtern usw., die er in der Kirche hat, kommen ihm nicht mehr zu.

Das *Interdikt* könnte man als eine begrenzte Exkommunikation bezeichnen. Es hat (allein) Folgen hinsichtlich der Teilnahme am Gottesdienst sowie des Sakramentenempfangs und wird deshalb ins Deutsche mit Gottesdienstsperre übersetzt.

Die dritte Art der Beugestrafen ist schließlich die *Suspension* (Dienstenthebung); sie kann nur Kleriker treffen. Sie verbietet einem Kleriker alle Akte der Weihegewalt und der Hirtengewalt. Zudem untersagt sie dem Betroffenen die Ausübung aller Rechte und aller Funktionen, die mit seinem Amt verbunden sind. Zudem kann durch Gesetz oder Verwaltungsgebot festgelegt werden, daß alle Akte der Leitungsgewalt, die ein durch ein gerichtliches Urteil Suspendierter setzt, ungültig sind.

Die mit der Suspension verbundenen Verbote haben keine Wirkungen auf die Ämter oder Leitungsgewalt, die nicht dem Oberen unterstehen oder von diesem abhängig sind, der die Strafe verhängt. Diesbezüglich sind also die Wirkungen einer Suspension ortsgebunden. Ortsunabhängig hingegen sind die von einem Ortsoberhirten verhängten Verbote hinsichtlich der Weihegewalt! Eine Dienstenthebung nimmt einem Suspendierten auch nicht das Wohnrecht in einer Amts- oder Dienstwohnung. Auch berührt das Verbot nicht die mit dem Amt verbundene Güterverwaltung, wenn es sich um eine von selbst eingetretene Strafe (Tatstrafe im Unterschied zur Urteilsstrafe, vgl. unten) handelt.

Der bereits genannte Grundsatz des Kirchenrechts «Salus animarum suprema lex» kommt auch an dieser Stelle des Strafrechts zur Wirkung: Im Fall der Todesgefahr von Gläubigen kann ein dienstenthobener Kleriker die Sakramente und Sakramentalien spenden sowie Akte der Hirten- oder Leitungsgewalt setzen. Handelt es sich um eine Suspension, die auf Grund einer Tatstrafe, also von selbst eingetreten ist, darf ein Suspendierter gleichfalls alle Akte der Weihe- und der Hirtengewalt vornehmen, sofern er darum gebeten wird. Im letztgenannten Fall ist es ja meistens nicht bekannt, daß eine Suspension besteht.

2. Die Sühnestrafen (cc. 1336–1338)

Wie die Bezeichnung verdeutlicht, zielt die Sühnestrafe auf die Vergeltung einer Straftat. Während Beugestrafen auf unbestimmte Zeit auferlegt werden, wird die Sühnestrafe auf Lebenszeit («in perpetuum»), auf vorher bestimmte Zeit oder auch – eine Neuerung des neuen Rechts – auf unbestimmte Zeit festgesetzt bzw. verhängt (c. 1336 § 1). Der neue Codex nennt nur noch fünf Arten von Sühnestrafen, doch läßt er die Möglichkeit offen, daß durch Gesetz weitere festgelegt werden. Die fünf im Codex genannten sind: 1) Aufenthaltsverbot an einem bestimmten Ort oder in einem bestimmten Territorium; 2) Entzug von Vollmachten, Ämtern, Rechten, Privilegien, Titeln u.ä.; 3) Verbot der Ausübung von Rechten usw. an bestimmten Orten; 4) Zwangsversetzung und 5) Entlassung aus dem Klerikerstand.

Dazu ist folgendes anzumerken: Mit Ausnahme der unter Punkt 3 genannten Strafe(n) werden Sühnestrafen nur als Spruchstrafen verhängt. Die im Codex genannten Sühnestrafen können faktisch allein Kleriker, Ordensleute oder zumindest Dienstnehmer der Kirche treffen. Die unter den Punkten 1) bis 3) genannten Sühnestrafen sind ortsgebunden, d. h. der die Strafe verhängende Obere kann dies nur innerhalb seines sachlichen Herrschaftsbereiches tun. Ausdrücklich betont der neue Codex (c. 1338 § 2), daß Weihegewalt strafweise nicht entzogen werden kann; durch eine Strafe kann lediglich ihre Ausübung eingeschränkt oder überhaupt untersagt werden. Im gleichen Atemzug wird – etwas deplaziert – bestimmt, daß auch akademische Grade strafweise nicht aberkannt werden können.

Außer Beugungs- und Sühnestrafen kennt das Recht noch sog. *Strafsicherungsmittel und Strafbußen* (cc. 1339–1340). Die Strafsicherungsmittel sollen dazu dienen, die Erreichung der Zwecke kirchlicher Strafen sicherzustellen. Wenn also jemand nahe daran ist, eine Straftat zu begehen, oder wenn jemand auf Grund einer Nachforschung in dem Verdacht steht, eine Straftat begangen zu haben, kann er vom zuständigen Ordinarius oder durch einen von ihm Bevollmächtigten ermahnt werden (Warnung oder Verwarnung). Wenn das Verhalten einer Person Anstoß (scandalum) erregt oder eine ernste Störung der Ordnung darstellt, kann diese Person einen Verweis (correptio) erhalten. Ein Verweis soll den jeweiligen Verhältnissen der zu rügenden Person und der Tat angepaßt sein. Warnungen, Verwarnungen und Verweise im Sinne dieser Bestimmungen müssen wenigstens durch ein schriftliches Dokument belegt sein, das im Geheimarchiv des Bistums zu hinterlegen ist.

Ferner kennt auch der neue Codex die Strafbuße (paenitentia), die den Zweck verfolgen soll, jemanden vor wirklichen Strafen der Kirche zu bewahren. Derartige Strafbußen bestehen in Andachtsübungen oder caritativen Werken.

II. Strafgesetz und Strafgebot (cc. 1313–1320)

Verbotene Handlungen oder Unterlassungen werden im Regelfall seitens des Gesetzgebers mit Strafe belegt, und zwar durch Strafgesetz. Eine Bestrafung ist demnach nur statthaft, wenn dies vor Begehung der Tat durch Strafgesetz festgelegt worden ist. Hier gilt der alte Grundsatz «Nullum crimen, nulla poena sine lege poenali» (vgl. aber c. 1326!). Außer dem Strafgesetz kennt das Recht aber auch noch das Strafgebot der Verwaltung (Verwaltungsstrafrechtspflege), das zum Ersatz für ein fehlendes oder auch zur Verschärfung eines bereits bestehenden Strafgesetzes erlassen werden kann.

Auch im Strafrecht gilt die allgemeine Regel, daß ein späteres Gesetz ein ihm entgegenstehendes früheres Gesetz abändert. Wenn aber eine Straftat schon begangen war, als das frühere Gesetz abgeändert wurde, ist das dem Straffälligen günstigere Gesetz anzuwenden, also entweder das ältere Strafgesetz, unter dessen Herrschaft die Tat begangen worden ist, oder das neue Strafgesetz, wenn dieses milder ist. Sofern ein späteres Gesetz ein früheres Gesetz oder wenigstens die damit verbundene Strafandrohung aufhebt, erlöschen diese unverzüglich, d. h. eine Tat, die unter dem früheren Gesetz als strafwürdig galt, wird nicht mehr geahndet.

Nach dem neuen Kirchenrecht werden kirchliche Strafen in der Regel (plerumque) durch Urteil verhängt (Urteils- oder Spruchstrafe, poena ferendae sententiae). Dies bedeutet also, daß die Strafe am Ende eines geregelten Gerichts- oder Verwaltungsverfahrens ausgesprochen wird. Daneben kennt auch das neue Kirchenrecht, jedoch stark vermindert, die sogenannte Tatstrafe (poena latae sententiae). Sie tritt – wie die Bezeichnung zum Ausdruck bringt – mit Begehung einer Straftat von selbst ein, wenn sie vollendet ist und der Tatbestand voll erfüllt wurde. Welche Vergehen mit Tatstrafen belegt sind, muß durch Gesetz oder Strafgebot (praeceptum) ausdrücklich festgelegt sein.

Strafgesetze kann jeder kirchliche Gesetzgeber erlassen, also im wesentlichen der Papst und die von ihm abhängigen Gesetzgebungsorgane für die Gesamtkirche und die Ordinarien und ihre Organe für ihren Bereich; auch das Allgemeine (ökumenische) Konzil hat gesetzgebende Gewalt für die Gesamtkirche. Wer die Gewalt besitzt, Gesetze zu erlassen, kann zudem durch eigene Gesetze ein göttliches Gesetz oder ein von einem höheren kirchlichen Oberen erlassenes Gesetz mit einer angemessenen Strafandrohung versehen. Ein Strafgesetz kann das Strafmaß festlegen, kann dies aber auch dem richterlichen Urteil überlassen. Durch teilkirchliche Gesetze darf das Strafmaß allgemeinkirchlicher Gesetze verschärft werden, doch soll dies nur bei Vorliegen eines schwerwiegenden Grundes geschehen. Wenn allerdings das allgemeine Recht eine unbestimmte Strafe androht oder eine Strafe, deren Verhängung in das Ermessen des Richters gestellt wird (poena facultativa), dann kann ein teilkirchliches Gesetz stattdessen eine bestimmte oder obligatorische Strafdrohung aufstellen.

Der Codex empfiehlt jedoch den Bischöfen an, darauf zu achten, daß in einem Staat oder einer Region ein einheitliches kirchliches Strafrecht gilt. Er erinnert ferner daran, daß die kirchlichen Strafgesetze das Ziel und den Zweck haben, die innerkirchliche Disziplin zu fördern. In diesem Zusammenhang weist der Codex darauf hin, durch teilkirchliches Recht könne nicht die Entlassung aus dem Klerikerstand festgelegt werden.

Allen Gesetzgebern rät der Codex schließlich an (c. 1318), mit der Androhung von Tatstrafen recht sparsam umzugehen. Diese sollten nur in Ausnahmefällen und bei besonders böswilligen Delikten angedroht werden, in denen die Gefahr eines größeren Ärgernisses bestehe oder die durch Urteilsstrafen nicht wirksam bestraft werden könnten. Beugestrafen, insbesondere die Exkommunikation, sollten nur mit größter Zurückhaltung und allein in schwereren Fällen aufgestellt werden.

Wer auf Grund von Leitungsgewalt im äußeren Bereich (forum

externum) Verwaltungsgebote erlassen kann, kann auch durch Strafgebote Strafen androhen; davon ausgenommen sind Sühnestrafen auf Lebenszeit. Strafgebote sollen erst nach reiflicher Überlegung erlassen werden.

III. Der Geltungsbereich des kirchlichen Strafrechts

(«Über das den Strafgesetzen unterworfene Subjekt», cc. 1321 bis 1330)

Kirchliche Strafgesetze haben denselben Geltungs- oder Verpflichtungsbereich wie andere Kirchengesetze. Da die Anwendung eines Strafgesetzes jedoch erhebliche Nachteile (Minderung von Rechten, Steigerung von Pflichten) für den Betroffenen mit sich bringt, nennt das Gesetzbuch eine Reihe von Schuldminderungs- und Schuldausschließungsgründen sowie Strafausschließungsgründe, aber auch Schuldverschärfungsgründe.

Grundlegend ist im neuen Recht c. 1321 § 1. Danach kann jemand allein dann bestraft werden, wenn eine äußere Verletzung eines Gesetzes oder Gebotes vorliegt. Der Täter muß zurechenbar sein (es heißt sogar «graviter imputabilis»), und die Tat muß mit Vorsatz (dolus) oder Fahrlässigkeit (culpa) begangen worden sein.

Es wird ferner festgelegt, daß jemand nur dann bestraft wird, wenn er mit Überlegung ein Gesetz oder Gebot übertreten hat. Wenn jemand ein Gesetz oder Gebot infolge Unterlassung der nötigen Sorgfalt übertreten hat, wird er nicht bestraft, es sei denn, daß es anders bestimmt ist. Ist eine äußere Rechtsverletzung erfolgt, wird für den äußeren Bereich vermutet, daß der Täter dafür verantwortlich ist, wenn nicht etwas anderes dagegen spricht.

Wer den Vernunftgebrauch dauernd nicht besitzt, gilt als deliktunfähig, auch wenn er zur Tatzeit gesund zu sein schien. Ferner nennt der Codex eine Reihe von Gründen oder Tatbeständen, bei deren Vorliegen keine Bestrafung erfolgt. So wird nicht bestraft, wer das sechzehnte Lebensjahr noch nicht vollendet hat. Ebenso wird nicht bestraft, wer ohne eigene Schuld in Unkenntnis über ein Gesetz oder Gebot ein solches übertreten hat. Der Unkenntnis sind Unbedachtheit und Irrtum gleichgestellt. Straffreiheit gilt ferner in Fällen physischen Zwanges und – neu im Recht – unvorhersehbaren Zufalls, ebenso bei Nötigung und im Falle des Notstandes oder schweren Nachteils, «sofern es sich nicht um eine in sich schlechte Handlung handelt oder ein Vergehen, das zum Schaden der Seelen gereicht» (c. 1323 n. 4). Ferner nennt der Codex als Strafausschließungsgrund Notwehr, also jede Art von Verteidigung, die notwendig ist, um einen rechtswidrigen Angriff von sich oder einem anderen abzuwehren. In den letztgenannten Fällen (Nötigung usw.) wird auch dann Straffreiheit gewährt, wenn jemand ohne seine Schuld der Auffassung war, diese Tatbestände lägen vor. Auch zeitweilige Unzurechenfähigkeit kann, muß aber nicht in allen Fällen (etwa Trunkenheit) vor Bestrafung schützen.

Nicht strafausschließend, jedoch strafmindernd sind folgende vom Gesetzbuch genannten Gründe: Unzureichendes Erkenntnisvermögen (Mangel des Vernunftgebrauchs); schuldhafte Trunkenheit u. ä. (etwa Drogen- oder Medikamentenmißbrauch) sowie heftige Leidenschaft, «die nicht freiwillig erregt oder genährt worden ist». Auch Minderjährigkeit, also konkret vom 16. bis 18. Lebensjahr, wirkt strafmindernd. Notstand und Nötigung schließen (vgl. oben) in der Regel das Delikt aus. Handelt es sich um eine in sich schlechte Handlung oder ein Vergehen, das «zum Schaden der Seelen» ist, heben diese Momente die Schuld nicht auf, mindern sie jedoch. Ferner wird die Nichteinhaltung der richtigen Grenzen im Fall der Notwehr als strafmindernd betrachtet. Das gilt auch, wenn jemand provoziert worden ist. Ist die Unkenntnis eines Gesetzes verschuldet, so hebt das Nichtkennen der Strafe allein die Schuld nicht auf, mindert sie jedoch. Strafmindernd kann schließlich sein, wie sich die Verantwortlichkeit des Angeklagten unter den besonderen Umständen seiner Tat darstellt.

Die genannten Strafausschließungs- und Strafminderungsgründe können niemals herangezogen werden, wenn es sich um Fälle grober, sorgloser und geflissentlicher Rechtsunkenntnis handelt. Auch Trunkenheit u. ä., sofern sie vorsätzlich hervorgerufen werden, um ein Delikt zu begehen, und dann dazu dienen, um sich von ihm zu entlasten, kann Strafe weder ausschließen noch mindern. Das gleiche gilt für vorsätzlich erregte und genährte Leidenschaft.

Das Gesetzbuch nennt aber auch schuldmehrende Umstände. Gemäß c. 1326 kann ein Richter schärfer bestrafen, als Gesetz oder Strafgebot vorsehen, wenn folgende Umstände gegeben sind: Rückfall, höhere Stellung und Amtsmißbrauch sowie Unterlassung der Sorgfaltspflicht (Fahrlässigkeit).

Ferner kennt der Codex Bestimmungen über den Versuch einer Straftat (c. 1328) und Mittäterschaft (c. 1329). Insgesamt enthält der neue Codex weniger gesetzliche Festlegungen im Bereich des allgemeinen Strafrechts als der frühere Codex.

IV. Die Ausübung der kirchlichen Strafgewalt (cc. 1341–1353)

Nach dem Prinzip der Gewalteneinheit, das in der katholischen Kirche gilt, haben aus eigener Kompetenz allein die Ordinarien Strafgewalt. Auch der neue Codex erinnert daran, daß ihnen allein die Möglichkeit des Strafens gegeben ist, sie davon aber erst Gebrauch machen sollen, wenn andere Mittel (brüderliche Zurechtweisung, andere Wege pastoraler Fürsorge) keinen Erfolg gezeitigt haben. In diesem Zusammenhang nennt das Gesetzbuch die drei Ziele kirchlicher Strafgewalt: Behebung eines Ärgernisses (scandalum), Wiederherstellung der Gerechtigkeit und Besserung eines Schuldigen.

Das Kirchenrecht kennt zwei Wege der Strafverhängung: Das ordentliche Gerichtsverfahren (Strafprozeß, procedura oder processus iudicialis) und das Verwaltungsverfahren mit Strafcharakter (procedura administrativa).

C. 1342 legt fest, daß bei Vorliegen eines gerechten Grundes eine Strafe statt durch ein Gerichtsverfahren auch durch ein außerordentliches Dekret, also der Verwaltung, verhängt oder festgestellt werden kann. Strafsicherungsmittel und Strafbußen können ohnehin durch Verwaltungsdekret angeordnet resp. verhängt werden. Durch Verwaltungsdekret dürfen lediglich keine lebenslänglichen Strafen verhängt werden. Auch darf auf diese Weise nicht bestraft werden, wenn die entsprechenden Strafgesetze und -gebote dies ausdrücklich verbieten. Auch ist der Obere, der durch Dekret

bestraft, an alle Gesetze gebunden, die für den Richter, also für die ordentliche Rechtsprechung gelten.
Gegen die vom Gesetz vorgesehene Möglichkeit, auch auf dem Verwaltungsweg bestrafen zu können, ist nichts einzuwenden. Äußerst bedenklich erscheint jedoch die schmale Grundlage von c. 1342 § 1, wonach «bei Vorliegen eines gerechten Grundes» entschieden werden kann, daß auf dem Verwaltungsweg vorgegangen wird. Diese Entscheidung aber trifft der kirchliche Obere, der die Strafe verhängt. Dem Betroffenen wird dadurch u. U. die Möglichkeit genommen, daß seine Sache in einem geregelten Prozeßverfahren behandelt wird.
Der Codex nennt ferner in cc. 1343. 1344 die Ermessensspielräume, innerhalb deren der Richter mildere Strafen verhängen kann. So ist dies etwa dann möglich, wenn jemand bereits durch die zivile Rechtsprechung ausreichend bestraft worden ist oder wenn jemand bislang tadellos gelebt hat. Ebenso ist dies bei Vorliegen sog. mildernder Umstände möglich (eingeschränkte Verantwortlichkeit). Für die Bestrafung mehrerer Delikte gilt der Grundsatz, daß so viele Strafen zu verhängen sind, als strafbare Handlungen begangen wurden («Tot poenae quot delicta»). Wenn aber die hiermit gebotene Häufung von Strafen dem Richter unzuträglich erscheint, kann der Richter die Gesamtstrafe mildern (gemildertes Kumulationsprinzip).
Eine Beugestrafe kann gültig erst dann verhängt werden, wenn der Betroffene wenigstens einmal ermahnt worden ist und eine angemessene Bedenkzeit eingeräumt bekommen hat.
Bedenklich erscheint hingegen die neue Bestimmung von c. 1348, wonach ein Ordinarius mit Mahnungen, anderen Wegen pastoraler Fürsorge, ja selbst – wenn die Sachlage es erfordert – mit Strafmitteln gegen jemanden vorgehen kann, obwohl dieser von der Anklage freigesprochen oder eine Strafe nicht verhängt worden ist. Der Ordinarius kann dies tun zum Nutzen des Betroffenen und wenn dies dem öffentlichen Wohl dient.
Ist das Maß einer Strafe nicht durch das Gesetzbuch festgelegt und bestimmt das Gesetz nichts anderes, soll ein Richter schwerere Strafen, besonders Beugestrafen, nur dann auferlegen, wenn die Schwere des Falles dies wirklich verlangt. Lebenslängliche Strafen kann ein Richter überhaupt nicht verhängen.
Bei der Strafverhängung über Kleriker muß darauf geachtet

werden, daß ihnen nicht genommen wird, was sie für einen ehrenvollen Lebensunterhalt benötigen (Bewahrung vor der sog. Kahlpfändung). Diese Regel gilt gemäß c. 1350 nicht, wenn es sich um einen Ausschluß aus dem Klerikerstand handelt! Der Ordinarius wird aber vom Gesetz angewiesen, in einem solchen Fall möglicherweise milde zu verfahren.
Wenn das Recht nichts anderes vorsieht, wirkt die Strafe auch außerhalb des Zuständigkeitsbereiches dessen, der sie verhängt hat. Ist die Strafe mit einem Verbot des Empfangs der Sakramente oder Sakramentalien verbunden, ist es in Todesgefahr suspendiert. Die Verpflichtung, eine Strafe zu beachten, die von selbst eingetreten ist (Tatstrafe), die also weder festgestellt noch am Aufenthaltsort des Betroffenen bekannt ist, ist gänzlich oder teilweise aufgehoben, wenn der Betroffene sie nicht ohne Gefahr großen Aufsehens oder des Ehrverlustes befolgen kann.
Berufung oder Einspruch gegen einen richterlichen Spruch oder ein Verwaltungsdekret, die eine Strafe verhängen oder feststellen, haben aufschiebenden Effekt. Es sei nochmals unterstrichen, daß in einem solchen Fall auch der Einspruch gegen einen Akt der Verwaltung aufschiebenden Effekt hat, was ja sonst bei Einsprüchen nicht der Fall ist.

V. Die Nachlassung der Strafen (cc. 1354–1363)

Der neue Codex spricht von «cessatio poenarum», also vom Wegfall oder Aufhören der Strafen, während das frühere Recht dabei von «remissio poenarum», dem Erlaß oder der Vergebung der Strafen, sprach und damit verdeutlichte, daß es sich eher um einen Gnadenakt der Kirche handelte, auf den der Bestrafte keinen Rechtsanspruch besitzt.
Ganz allgemein kann gesagt werden, daß es nach dem neuen Recht Strafnachlassung allein noch im äußeren Bereich gibt, und zwar durch jene kirchlichen Autoritäten, die von einem Strafgesetz oder einem Strafgebot befreien können (c. 1354 § 1). Außerdem können Gesetz oder Gebot auch anderen Personen die Vollmacht zur Strafnachlassung erteilen. Andererseits kann natürlich der Apostolische Stuhl sich selbst oder anderen die Nachlassung gewisser

Strafen reservieren. Derartige Reservationen sind stets eng, also zugunsten des Bestraften, auszulegen.
Die früheren Vollmachten der Beichtväter zur Strafnachlassung sind erheblich reduziert worden. Gemäß c. 1357 § 1 kann nunmehr ein Beichtvater – natürlich allein für den inneren sakramentalen Bereich – von Strafen der Exkommunikation und des Interdikts, die von selbst eingetreten und später nicht durch Spruch festgestellt worden sind, freisprechen. Er kann dies zudem nur dann, wenn sich der Betroffene in einer Zwangssituation befindet und ihm nicht zugemutet werden kann, die Entscheidung des für die Lossprechung zuständigen Oberen abzuwarten. In einem solchen Fall muß sich jedoch der Betroffene innerhalb eines Monats an den zuständigen Oberen wenden, um von diesem die (endgültige) Lossprechung zu erhalten; dies kann auch an seiner Statt der Beichtvater ohne Nennung des Namens tun. Bei dem Hl. Stuhl reservierten Strafen muß dieser angegangen werden.
Im äußeren Bereich muß eine Nachlassung von Strafen stets schriftlich gegeben werden, sofern nicht ein schwerwiegender Grund dagegen spricht. Bitte um Strafnachlassung und diese selbst sind diskret zu behandeln. Öffentlich soll dergleichen nur bekanntgemacht werden, wenn es dazu dient, den guten Ruf eines Betroffenen zu schützen, oder ein Ärgernis behebt.
Das kirchliche Strafrecht kennt auch *Verjährung* (praescriptio, c. 1362). Die Verjährungsfrist für nach kirchlichem Recht strafbare Handlungen beträgt normalerweise drei Jahre. Davon ausgenommen sind:
– Delikte, deren Verfolgung der Glaubenskongregation vorbehalten sind;
– Versuchte Eheschließung eines Klerikers, Sexualdelikte von Klerikern, Mord und Abtreibung verjähren erst nach fünf Jahren.
– Ferner können partikularrechtlich andere Verjährungsfristen gesetzt werden.
Verjährungsfristen beginnen mit dem Tag, an dem die Straftat begangen worden ist. Bei einem Gewohnheits- oder Dauerdelikt beginnt die Frist erst am Tag der letzten Strafhandlung. Diese Verjährungsfristen gelten auch für die Vollstreckung eines Urteils oder einer Strafverfügung.

VI. Die einzelnen strafbaren Handlungen (cc. 1364–1399)

1. Vergehen gegen die Religion und die Einheit der Kirche (cc. 1364–1369)

Apostaten, Häretiker und Schismatiker verfallen gemäß c. 1364 der von selbst eintretenden Exkommunikation. In diesen Fällen des Glaubensabfalls können weitere Strafen verhängt werden, wenn die Schwere des Falles dies erfordert, bei Klerikern etwa die Entlassung aus dem Klerikerstand.

Weiter nennt der Codex folgende Delikte gegen die Religion und die Einheit der Kirche: Communicatio in sacris, d. h. Teilnahme an einem Gottesdienst, insbesondere aber der Empfang von Sakramenten in einer anderen Kirche oder kirchlichen Gemeinschaft, akatholische Taufe und Erziehung von Kindern durch katholische Eltern oder Erziehungsberechtigte; Verunehrung der hl. Gestalten; Meineid gegenüber einer kirchlichen Autorität sowie Gotteslästerung u. dgl. in der Öffentlichkeit. Von den genannten Delikten ist allein die Verunehrung der hl. Gestalten mit der von selbst eintretenden Exkommunikation belegt; die anderen sind «mit einer angemessenen Strafe» zu ahnden.

2. Vergehen gegen die kirchlichen Autoritäten und die Freiheit der Kirche (cc. 1370–1377)

Hierunter wird zunächst das Delikt der Anwendung physischer Gewalt gegen den Papst genannt, die sog. Realinjurie; sie wird mit von selbst eintretender Exkommunikation belegt, deren Lossprechung dem Apostolischen Stuhl vorbehalten ist. Für Kleriker ist Verschärfung der Strafe bis zur Ausstoßung aus dem geistlichen Stand möglich. Die Realinjurie gegen einen Bischof wird mit der Tatstrafe des Personalinterdikts belegt, bei Klerikern zudem mit Suspension. Realinjurien gegen Kleriker und Ordensleute sind angemessen zu bestrafen.

Zu bestrafen sind ferner Verstöße gegen die kirchliche Lehrautorität. Wer gegen Jurisdiktionsakte des Papstes an ein Allgemeines Konzil oder auf andere Weise an das Bischofskollegium appelliert, ist mit einer Beugestrafe (censura) zu bestrafen. Aufwiegelung gegen die kirchliche Autorität ist mit der Strafe des Personalinterdikts und zusätzlichen Ermessensstrafen belegt. Zugehörigkeit zu einer kirchenfeindlichen Vereinigung wird bestraft; Förderung und Leitung derartiger Vereinigungen wird mit der Strafe des Personalinterdikts belegt. Ferner wird angemessene Bestrafung in den Fällen der Behinderung kirchlicher Amtsträger u. ä. angedroht. Schließlich sind die Profanierung hl. Sachen und die unerlaubte Veräußerung kirchlicher Güter angemessen zu bestrafen.

3. Amtsanmaßung und Amtsmißbrauch (cc. 1378–1389)

In diesem Abschnitt wird an erster Stelle genannt, daß ein Priester, der einem Mitschuldigen die Lossprechung erteilt, der von selbst eintretenden Strafe der Exkommunikation verfällt (sog. absolutio complicis, c. 977). Die Strafe des Interdikts oder – wenn es sich um einen Kleriker handelt – der Suspension steht auf folgende Vergehen: Feier der Eucharistie ohne Priesterweihe; Beichthören und/oder Absolutionserteilung ohne Jurisdiktion. Beide Vergehen können auch noch mit schärferen Strafen geahndet werden, auch mit Exkommunikation.

Jede Form von Vortäuschung der Sakramentenspendung ist nach dem Codex angemessen zu bestrafen. Auf Simonie in Zusammenhang mit Sakramentenspendung stehen die Strafen des Interdikts oder der Suspension.

Ferner ist Amtsanmaßung angemessen zu bestrafen. Ihr gleichgeachtet ist das widerrechtliche Festhalten an einem Amt nach Amtsentsetzung oder Rücktritt.

Mit der Tatstrafe der Exkommunikation werden Spendung und Empfang der Bischofsweihe ohne Auftrag des Papstes bestraft. Die Lossprechung davon ist dem Apostolischen Stuhl vorbehalten.

Ein Bischof, der einen Fremden vorschriftswidrig ohne die erforderlichen Entlassungsschreiben weiht, darf ein Jahr lang keine Weihen erteilen. Der so Geweihte darf die Weihe nicht ausüben.

Ferner wird jegliche Form der Amtsanmaßung sowie Berei-

cherung aus Meßstipendien mit angemessener Strafe bedroht. Ebenso wird Bestechung bestraft.
Schwere Strafen stehen auf dem Delikt der Verführung eines Beichtkindes (c. 1387): Je nach der Schwere des Delikts werden Suspension, Verbote, Entziehung von Rechten oder Privilegien sowie die Entlassung aus dem Klerikerstand angedroht. Noch schwerer wird der direkte Bruch des Beichtgeheimnisses bestraft (Tatstrafe der Exkommunikation); eine indirekte Verletzung des Beichtsiegels muß je nach der Schwere des Falles bestraft werden. Auch andere (z. B. Dolmetscher), die ein in der Beichte erlangtes Wissen weitergeben, sind entsprechend zu bestrafen; dabei wird auch Exkommunikation nicht ausgeschlossen.
Der Abschnitt schließt mit Strafandrohung bei Gewalten- oder Amtsmißbrauch, besonders bei Schaden für Dritte.
Ebenso wie in anderen Abschnitten wurde bei dieser Darstellung die Gliederung der Rechtsmaterie, wie sie der Codex vorsieht, beibehalten. Dabei fällt auf, daß die Anordnung der Rechts- und Gesetzesmaterie nicht selten nicht sehr glücklich ist.

4. Fälschungsvergehen (cc. 1390–1391)

In diesem kurzen Absatz geht es um Fälschungsdelikte und das Vergehen der Falschanzeige. So steht auf Falschanzeige eines Beichtvaters wegen angeblicher Verführung die Tatstrafe des Interdikts, für Kleriker zusätzlich Suspension. Auf Falschanzeigen anderen Inhalts stehen angemessene Strafen, auch Beugestrafen. Der Verleumder kann zu entsprechender Wiedergutmachung gezwungen werden.
Jede Art der Urkundenfälschung und die Verwendung solcher Dokumente wird angemessen bestraft.

5. Verletzung besonderer Pflichten (cc. 1392–1396)

Hierbei handelt es sich um eine Reihe von Vergehen, deren sich Kleriker oder Religiosen schuldig machen können. So wird etwa Handel und Gewerbe Klerikern und Religiosen untersagt; handeln sie diesem Verbot zuwider, sind sie entsprechend zu bestrafen.

Ferner wird bestraft, wer die ihm strafweise auferlegten Pflichten nicht erfüllt (Nichtbeachtung einer Strafe, c. 1393).
Auf versuchte Eheschließung eines Klerikers steht bekanntlich die Tatstrafe der Suspension. Bei Hartnäckigkeit kann diese Strafe stufenweise bis zur Ausstoßung aus dem Klerikerstand verschärft werden. Ähnliches gilt für einen Kleriker, der im Konkubinat lebt oder sich auf andere Weise einer Verletzung des 6. Gebots schuldig macht und dadurch Ärgernis erregt: Er wird zunächst suspendiert (Spruchstrafe). Ändert er sein Verhalten nicht, können die Strafen bis zum Ausschluß aus dem Klerikerstand verschärft werden. Ebenso stehen auf sogenannten qualifizierten Sittlichkeitsdelikten von Klerikern angemessene Strafen, die bis zum Ausschluß aus dem Klerikerstand reichen.
Schließlich wird noch die Verletzung der Residenzpflicht genannt. Auch diese wird bestraft, im äußersten Fall mit Amtsentzug.

6. Vergehen gegen Leben und Freiheit (cc. 1397–1398)

Mord, Menschenraub, Körperverletzung und Verstümmelung werden durch das neue Recht mit relativ geringen Strafen belegt. Lediglich dann, wenn diese Delikte Kleriker treffen, werden verschärfte Kirchenstrafen angedroht. Hingegen steht auf Abtreibung, die mit Erfolg durchgeführt worden ist, die Tatstrafe der Exkommunikation.

Das Strafrecht des neuen Codex beschließt eine *Generalnorm* (c. 1399). In ihr heißt es, daß in anderen als den durch den Codex oder andere Gesetze festgelegten Fällen eine äußere Verletzung eines göttlichen oder kirchlichen Gesetzes dann mit einer angemessenen Strafe oder Buße bestraft werden kann, wenn die besondere Schwere eines rechtswidrigen Verhaltens Bestrafung fordert und die dringende Notwendigkeit besteht, ein Ärgernis zu verhindern oder zu beseitigen.

C Das Prozeßrecht (cc. 1400–1752)

Noch sehr viel kürzer als das Strafrecht soll in dieser Darstellung des katholischen Kirchenrechts das Prozeßrecht dargestellt werden. Wer sich darüber näher informieren will, sei auf die einschlägigen Darstellungen der kirchenrechtlichen Fachliteratur verwiesen.

In dieser Darstellung des Kirchenrechts wurde bereits an einigen Stellen erwähnt, daß die katholische Kirche eine eigene Rechtsprechung kennt, daß der Papst für die Gesamtkirche und der Bischof für sein Bistum oberste Richter sind, sie jedoch selbst die richterliche Gewalt nicht ausüben, sondern an eigene Gerichte resp. Richter delegieren.

Das Prozeßrecht gehörte zu den am heftigsten kritisierten Teilen des Kirchenrechts. Es wurde (und wird) insbesondere bemängelt, daß es umständlich und zeitraubend geregelt sei, etwa auf Grund der Tatsache, daß kirchliche Prozesse von dem Prinzip der Schriftlichkeit beherrscht sind (Quod non est in actis, non est in mundo). Deshalb wurden auch bereits um das Jahr 1970 einige Teilbereiche des kirchlichen Prozeßrechts neu bzw. anders geordnet (Eheprozeßverfahren, Verfahren an Regionalgerichten, Verwaltungsgerichtsbarkeit an der römischen Kurie).

Das neue Prozeßrecht ist in fünf Teile gegliedert: Allgemeiner Teil, Streitverfahren, Sonderverfahren (Eheprozeß, Weiheprozeß, Schiedsverfahren), Strafprozeß und das verwaltungsgerichtliche Verfahren. Wie bereits gesagt wurde, sind die Selig- und Heiligsprechungsverfahren aus dem Codex herausgenommen worden.

Somit ist das neue Prozeßrecht nicht nur nach anderen Gesichtspunkten gegliedert worden, sondern es wurde auch gestrafft. Es sind aber zudem noch neue Elemente aufgenommen worden. Auf einige soll hier hingewiesen werden:

Gemäß c. 1422 wird den kirchlichen Richtern eine größere Stabilität im Amt zuerkannt, als dies das bisherige Recht vorsah. Sie können nur aus einem gesetz- und rechtmäßigen sowie schwerwiegenden Grund abberufen werden. Nach dem neuen Recht sollen die kirchlichen Richter Kleriker sein (bislang konnten nur Priester in diese Funktion berufen werden). Die Bischofskonferenzen erhalten zudem nach c. 1421 § 2 das Recht, daß in Kollegialgerichte auch ein Laie berufen werden kann. Die Bischöfe bekommen ferner das Recht (c. 1435), auch Laien zu Kirchenanwälten und Bandverteidigern[1] zu ernennen.

Die weitaus meisten kirchlichen Prozesse sind Verfahren in Ehesachen (nahe an die 100%!). Es fällt darum auf, daß dem relativ seltenen Strafverfahren ein eigener Teil des neuen Prozeßrechtes gewidmet worden ist, während der Eheprozeß lediglich unter den Spezialverfahren seinen Platz gefunden hat. Möglicherweise sollte damit verdeutlicht werden, daß sich in Zukunft die Schwerpunkte kirchlicher Rechtsprechung verlagern werden. Ob dies aber in der Tat geschehen wird, erscheint fraglich, da das neue Prozeßrecht es noch stärker als das frühere Recht in das Ermessen des Bischofs stellt, ob ein Strafanspruch der Kirche auf dem Prozeßweg durchgesetzt werden soll.

Eine gewisse Neuheit im kirchlichen Prozeßrecht stellt der erste Abschnitt seines fünften Teiles über die Möglichkeit des Einspruches gegen Verfügungen der kirchlichen Verwaltung dar (cc. 1732–1739). Allerdings bleiben diese Regelungen weit hinter den Erwartungen zurück, welche die Kirchenrechtler seit längerem hatten und die auch durch den Entwurf des Codex von 1980 genährt worden waren. Gerade auch im Vergleich zu diesem Entwurf muß enttäuschen, was bezüglich der Einführung einer allgemeinen *Verwaltungsgerichtsbarkeit* erwartet worden war.

Verwaltungsgerichtsbarkeit bedeutet gerichtliche Nachprüfung kirchlicher Verwaltungsakte. Eine Verwaltungsgerichtsbarkeit dieser Art kannte der frühere Codex überhaupt nicht; nach dem II. Vatikanischen Konzil wurde sie teilweise auf der Ebene der römischen Kurie eingeführt, und auch in einigen Teilkirchen gab es verstärkte Bestrebungen, sie aufzubauen (so in den USA und der Bundesrepublik).

Der Codex stellt zu Beginn dieser Regelung zunächst fest, daß von der Nachprüfung dieser Art alle Dekrete (Verfügungen, Entscheidungen) des Papstes und des Ökumenischen Konzils ausgenommen sind.

Die wenigen Bestimmungen des neuen Codex über die Möglich-

[1] Bandverteidiger (defensor vinculi), Beamter der kirchlichen Gerichtsverwaltung, dem der Schutz resp. die Verteidigung des durch die Eheschließung oder Weihe begründeten Bandes zufällt (cc. 1432 ss.).

keit des Einspruchs gegen Akte der Verwaltung lassen eine deutliche Reserve gegenüber der Einführung einer allgemeinen kirchlichen Verwaltungsgerichtsbarkeit erkennen. So rät er etwa zur Vermeidung derartiger Verfahren die Einrichtung von Schiedsstellen in allen Bistümern an (c. 1733). Ferner ist vorgesehen, daß vor einem Einspruch der Betroffene einen Widerspruch gegen die Entscheidung der Verwaltungsbehörde eingelegt haben muß, wodurch das Problem u. U. außergerichtlich gelöst werden kann. Der Codex räumt dafür eine Ausschlußfrist (Nutzfrist) von zehn Tagen ein (ein entsprechender Vorschlag der Würzburger Synode sah hingegen eine solche von einem Monat vor!). Zudem kennt der Codex Fälle, in denen Widerspruch nicht möglich ist (c. 1734 § 3).

Von der lange geplanten Verwaltungsgerichtsbarkeit in der katholischen Kirche ist durch den neuen Codex wenig oder nichts verwirklicht worden. Übrig geblieben ist der sogenannte «recursus hierarchicus», den der Sache nach auch das frühere Recht kannte. «Recursus hierarchicus» besagt, daß gegen die Entscheidungen eines kirchlichen Ordinarius bzw. der ihm unterstellten Behörde(n) bei dem diesem in der kirchlichen Hierarchie übergeordneten Ordinarius Einspruch erhoben werden kann. So kann also von einer materiellen «Neuheit» im Recht der Kirche kaum gesprochen werden!

Damit ist auch wider alle Erwartungen nicht einem mit eindrucksvoller Mehrheit verabschiedeten Votum der Würzburger Synode im Jahr 1975 entsprochen worden, das sich für den Aufbau einer kirchlichen Verwaltungsgerichtsbarkeit aussprach.

Teil 4

Staat und Kirche

1. Allgemeines

Die Beschäftigung mit der Kirche als Rechtsinstitution verdeutlicht, daß die Kirche auf mancherlei Weise Berührungs- und damit möglicherweise auch Konfliktpunkte mit der staatlichen Macht hat. Gerade mit Hilfe des Rechtes, insbesondere durch Vertragsrecht, ist seit alters her versucht worden, die Beziehungen zwischen Staat und Kirche in ein geregeltes Verhältnis zu bringen. Im folgenden soll jedoch nur von der Gegenwart gesprochen werden.

Auch heute gibt es – weltweit betrachtet – eine große Palette theoretischer Modelle wie faktischer Realisierungen des Verhältnisses zwischen Staat und Kirche. Die Bandbreite reicht von Religionsgesetzen des Staates, die zur Stützung offenen oder versteckten Kirchenkampfes dienen, bis zu Resten staatskirchlicher Verhältnisse. In diesem Zusammenhang wollen wir uns darauf beschränken, die heutigen Beziehungen von Staat und Kirche in den deutschsprachigen Ländern zu skizzieren. Zuvor muß jedoch in gebotener Kürze auf die grundsätzliche Frage des Verhältnisses Staat–Kirche eingegangen werden.

Wir sprechen hier allein vom Verhältnis Staat–katholische Kirche. Dieses aber ist auf einer gänzlich anderen theoretischen Grundlage geregelt als die Beziehungen anderer Kirchen oder Religionsgemeinschaften zum Staat. Was die letzteren und ihre Beziehungen zum Staat betrifft, begnügen sie sich mit den entsprechenden Regelungen der Verfassung und nehmen nur noch selten das Mittel des Vertrages (Staatskirchenvertrag) in Anspruch; dies geschieht heute nur noch dann, wenn traditionelle Bindungen zum Staat bestehen (etwa zwischen den protestantischen Kirchen und dem Staat in den skandinavischen Ländern) oder aus Überlegungen paritätischer Behandlung (Beispiel: ein Vertrag zwischen Staat und katholischer Kirche in der Bundesrepublik hat häufig einen entsprechenden Vertrag mit den evangelischen Kirchen zur Folge).

Die besondere Auffassung der katholischen Kirche von ihrem Verhältnis zum Staat gründet in ihrem Selbstverständnis, wonach sie (auch) eine durch Jesus Christus vorgegebene rechtliche Institution ist. Auch das II. Vatikanische Konzil hat in seiner Dogmatischen Konstitution über die Kirche (Kap. 20, 1) diese als eine hierarchisch geordnete Gesellschaft (societas hierarchice ordinata) bezeichnet. Mit dem Wort «societas», das das Konzil für die Kirche verwendet, wird die Erinnerung an eine Bezeichnung geweckt, um die sich seit dem 19. Jahrhundert eine Ideologie rankt: societas perfecta – vollkommene Gesellschaft.

Katholische Kirchenrechtler und Dogmatiker entwickelten seit dem ausgehenden 18. Jahrhundert, offensichtlich unter dem Eindruck der revolutionären gesellschaftlichen Umbrüche ihrer Zeit, eine Lehre, wonach die (katholische) Kirche einerseits anderen Wesens und Ursprungs sei als der Staat, andererseits ihm gegenüber aber auch eigenständig. Beide nun – Staat und Kirche – seien «vollkommene Gesellschaften» (societates perfectae). Diese Lehre ist durch verschiedene Päpste autorisiert worden und steht auch hinter den Aussagen des II. Vatikanischen Konzils über die Kirche. Daß dies so ist, zeigte der Entwurf eines Grundgesetzes für die Kirche, auf den weiter unten noch eingegangen wird.

Es ist zu betonen, daß die societas-perfecta-Lehre keine theologische und schon gar nicht eine biblische Grundlage besitzt. Es handelt sich vielmehr eindeutig um einen am Modell des Staates entwickelten rechtlich-soziologischen Begriff. Diese Lehre besagt nicht mehr, aber auch nicht weniger, als daß Staat und katholische Kirche auf ihrem Gebiet oberste und gleichberechtigte Gesellschaften sind.

Diese Auffassung wurde an zentraler Stelle des lange geplanten Grundgesetzes der Kirche (LEF) erneuert, obwohl der Widerspruch gegen diese fatale und auch schwer begreifliche Lehre seit Jahrzehnten stark war, gerade auch innerhalb der katholischen Kirche. In can. 53 § 2 LEF hieß es: «Die Kirche und die staatliche Gesellschaft (societas civilis) sind auf je ihrem Gebiet voneinander unabhängig und autonom. Wenn auch beide bestimmte durch die je eigene Natur und Sendung umschriebene Grenzen haben, so sind sie doch – jede in ihrer Art – in bezug auf die zu ihnen gehörenden Menschen oberste Gesellschaft»[1].

Erst wenn man begriffen hat, daß diese Auffassung Teil der Lehre der katholischen Kirche ist, kann man die wohl exzeptionelle Weise verstehen, mit der die katholische Kirche ihre Beziehungen zum Staat in der Vergangenheit geregelt hat und weiterhin regelt. Seit dem ausgehenden 18. Jahrhundert hat sich die katholische Kirche nicht mit entsprechenden Garantien und Zugeständnissen des Staates zufrieden gegeben, sondern danach gestrebt, ihr Verhältnis zur Staatsgewalt vertraglich zu regeln. Verträge zwischen Staat und katholischer Kirche werden Konkordate genannt, das wörtlich übersetzt so viel heißt, daß Staat und Kirche «ein Herz und eine Seele» sind. Entsprechende Abkommen zwischen den evangelischen Kirchen und dem Staat nennt man Kirchenverträge. Der Oberbegriff für Konkordat und Kirchenvertrag ist «Staatskirchenvertrag».

Vorbild für zahlreiche Konkordate insbesondere während des 19. Jahrhunderts war das Konkordat, das die katholische Kirche im Jahr 1801 mit Napoleon geschlossen hat. Nach diesem Modell schloß der Apostolische Stuhl auch Konkordate mit einigen deutschen Staaten. Im 20. Jahrhundert setzten in erster Linie Pius XI. und Pius XII. die Konkordatspolitik fort. Die für Deutschland und somit auch für die heutige Bundesrepublik Deutschland gültigen Konkordate wurden während des Pontifikats Pius' XI. geschlossen, die sogenannten Länderkonkordate während der Zeit der Weimarer Republik (Bayern 1924, Preußen 1929, Baden 1932) und das Reichskonkordat zu Beginn der Hitlerzeit 1933. Die rechtliche Fortgeltung des Reichskonkordates wurde in den ersten Jahren der Bundesrepublik des öfteren in Zweifel gezogen; das Bundesverfassungsgericht anerkannte jedoch in seinem Urteil vom 26. März 1957 die Weitergeltung des Reichskonkordats für die Bundesrepublik. Dieses konkordatäre System besteht also heute in der Bundesrepublik und wurde sogar durch zusätzliche Konkordate und Zusatzverträge, etwa mit Niedersachsen und Bayern, aber auch anderen Bundesländern weiterentwickelt.

Sieht man einmal von Spezialmaterien ab, regeln die Konkordate drei große Sachbereiche, die zwischen Staat und Kirche eine Rolle spielen:

[1] Vgl. Anklänge an diese Formulierung in c. 204 § 2.

– die Garantierung der Religions- und Kirchenfreiheit (Freiheit der Lehre und der Verkündigung);
– Fragen der Ausbildung an Schulen und Hochschulen (Religionsunterricht an öffentlichen Schulen, theologische Fakultäten an staatlichen Universitäten), eherechtliche Fragen sowie
– in der Bundesrepublik – die Kirchensteuer;
– Staatsleistungen an die Kirche auf Grund historischer Rechtstitel (Folgen der Säkularisation).

Es ist deutlich, daß zumindest die erstgenannte Rechtsmaterie auch durch die Verfassungen des Bundes und der Länder sowie in Österreich und der Schweiz durch deren Verfassungen geregelt und garantiert ist. Aus diesem Umstand ist es möglich, daß eine Konkurrenz zwischen Verfassung und Konkordat entsteht, die übrigens alle Punkte eines Staatskirchenvertrages betreffen kann. Ein Konkordat steht nämlich nach herrschender Meinung auf der Basis des Völkerrechts, d. h. daß es einen Vorrang vor der Verfassung besitzt und deren Abänderungen nicht unterworfen ist. Es kommt hinzu, daß Konkordate die Beziehungen zwischen Staat und Kirche in einer bestimmten historischen Situation widerspiegeln und nicht selten unter exzeptionellen politischen Umständen zustandegekommen sind. Leider ist dafür das Reichskonkordat von 1933 das wohl bemerkenswerteste Beispiel.

Aber auch eine Verfassung, die ja als dauerhafteste Stütze eines Rechtssystems errichtet wird, enthält in aller Regel traditionelle Elemente. Dies trifft nun in besonderer Weise für die Regelung des Verhältnisses von Staat und Kirche(n) in den Verfassungen der Bundesrepublik, der deutschen Länder und der Republik Österreich zu. Das «Grundgesetz für die Bundesrepublik» vom 23. Mai 1949 verdeutlicht wohl am besten, daß das Verhältnis von Staat und Kirche in der Bundesrepublik auf traditionellen Rechtstiteln ruht, die in vergleichbarer Weise nirgends mehr in der Welt anzutreffen sind. Im Rahmen dieser Darstellung kann nur auf einige signifikante Eigenarten des deutschen Staatskirchenrechts eingegangen werden.

2. Staat und Kirche in der Bundesrepublik Deutschland

Wie andere moderne Verfassungen auch enthält das Grundgesetz eine Garantie der Glaubens- und Bekenntnisfreiheit (Art. 4 GG). Dies steht ebenso im ersten Teil der Verfassung, der die Grundrechte des Menschen garantiert, wie auch Garantien des (religiösen) Erziehungsrechtes der Eltern (Art. 6, 2 GG) und des Religionsunterrichts in den öffentlichen Schulen (Art. 7, 3 GG).
Wichtig und kennzeichnend für die besondere Behandlung der Religionsgemeinschaft im deutschen Verfassungsrecht ist der sogenannte Kirchenartikel Art. 140 GG. Es handelt sich dabei allerdings nicht um einen von den Vätern des Grundgesetzes formulierten Artikel, vielmehr wurden dadurch praktisch alle Artikel der Weimarer Verfassung von 1919 über «Religion und Religionsgesellschaften» in das Grundgesetz übernommen. Somit sind durch das Bonner Grundgesetz keine neuen Elemente in das Staat–Kirche-Verhältnis in Deutschland eingeführt worden. Auch die entsprechenden Bestimmungen der Weimarer Reichsverfassung schrieben im wesentlichen den traditionell gewachsenen Status quo des Staat–Kirche-Verhältnisses in Deutschland fest. Es ist deshalb nicht zu verwundern, wenn dieses Verhältnis heute in der Welt einzigartig ist und immer noch viele Züge des Staat–Kirche-Verhältnisses in feudalen Zeiten trägt. Es seien im folgenden nur die wichtigsten Rechte und Privilegien der Kirche(n) genannt:
– Von fundamentaler Bedeutung ist die Stellung der Kirchen als «Körperschaften des öffentlichen Rechts» gemäß Art. 140 GG i. V. m. Art. 137 Abs. 5 WRV (= Weimarer Reichsverfassung). Dadurch erhalten die Kirchen als Institutionen die Rechtsfähigkeit, die sie im staatlichen Rechtsbereich rechtlich voll handlungsfähig macht und etwa von Vereinen deutlich unterscheidet. Diese Eigenschaft bringt die Kirche aber auch in eine nicht unbedenkliche Nähe zum Staat, und es ist gar nicht zu verkennen, daß gerade diese Eigenschaft die Institution Kirche veranlaßt, sich in vielem an staatlichen Strukturen und Rechtsfiguren zu orientieren. Interne Organisation und Bürokratie der Kirchen in der Bundesrepublik sind durchaus mit jenen des Staates zu vergleichen.
Es kommt hinzu, daß mit dem Körperschaftsstatus eine Reihe

konkreter rechtlicher Befugnisse verbunden sind (Dienstherrenfähigkeit; gewisse Schutzbestimmungen, die selbst strafrechtlich abgesichert sind; Berechtigung zur Erhebung von Steuern). Gemäß Art. 140 GG i. V. m. Art. 137 Abs. 3 WRV ordnet und verwaltet die Kirche ihre Angelegenheiten selbständig «innerhalb der Schranken des für alle geltenden Gesetzes». In kirchlichen Kommentaren dieser Verfassungsbestimmung wurde und wird unterstrichen, was die Selbständigkeit der Kirche betrifft; der Zusatz («innerhalb der Schranken ...») wird häufig bewußt übergangen. Gerade angesichts der im Vergleich zu anderen Ländern exzeptionellen Stellung der Kirche(n) im Staat ist aber zu betonen, daß die Kirche in ihrer Eigenschaft als Körperschaft des öffentlichen Rechts prinzipiell der Kontrolle des Staates unterliegt.

– Eines der wichtigsten Rechte der Kirche in der Bundesrepublik ist die verfassungsmäßige Garantie des Religionsunterrichts an den öffentlichen Schulen. Mit Ausnahme der bekenntnisfreien Schulen (sogenannte Bremer Klausel, Art. 141 GG) ist dort nämlich der Religionsunterricht ordentliches Lehrfach (Art. 7 Abs. 3 GG). Das Grundgesetz schreibt ferner fest, daß der Religionsunterricht «unbeschadet des staatlichen Aufsichtsrechtes ... in Übereinstimmung mit den Grundsätzen der Religionsgemeinschaften erteilt» wird (Art. 7 Abs. 3 GG). Dies bedeutet, daß die Kirche bestimmt, welcher Lehrstoff nach welchen Methoden durch wen unterrichtet wird. Ein Religionslehhrer an öffentlichen Schulen bedarf also der kirchlichen Erlaubnis, der sog. missio canonica. Sie wird vom zuständigen Ordinarius, also vom Ortsbischof, erteilt oder auch ggf. entzogen. Dabei ist der Bischof vollkommen frei, d. h. daß niemand – etwa auf Grund einer erfolgreich abgeschlossenen Ausbildung – einen Rechtsanspruch auf die Erteilung der missio canonica geltend machen kann und daß der Entzug oder die Verweigerung derselben nicht durch staatliche Gerichte nachgeprüft werden kann.

– Gleichfalls im Bereich der Lehre und zudem der wissenschaftlichen Forschung liegt ein weiterer Vorteil für die Kirche in der Bundesrepublik. In der Bundesrepublik bestehen ein Dutzend theologischer Fakultäten an staatlichen Universitäten oder Gesamthochschulen sowie zahlreiche Lehrstühle für Religionspädagogik und -didaktik, die voll vom Staat unterhalten werden. In Bayern finanziert der Staat obendrein nicht weniger als 21

Lehrstühle für Philosophie, Gesellschaftswissenschaften und Pädagogik, deren Besetzung nur mit Zustimmung des zuständigen Bischofs erfolgen kann (sog. Konkordatslehrstühle). Die rechtliche Existenzgrundlage dieser theologischen Fakultäten usw. ist nicht verfassungsmäßig garantiert, sondern durch die verschiedenen Konkordate und deren Zusatzverträge, insbesondere durch Art. 19 des Reichskonkordats. Rechtlich gesehen sind die theologischen Fakultäten staatliche Einrichtungen, die vom Apostolischen Stuhl als theologische Ausbildungsstätten anerkannt werden. Die Mitglieder des Lehrkörpers dieser Fakultäten sind also Staatsbeamte, die jedoch den Normen des kirchlichen Rechts unterliegen. Vor ihrer Ernennung bedürfen sie der Einverständniserklärung des zuständigen Bischofs (sie heißt «Nihil obstat»). Wird einer dieser Hochschullehrer wegen seiner Lehre oder seines sittlichen Verhaltens seitens der Kirchenleitung beanstandet, ist der Staat in der Regel auf Grund der bestehenden Konkordate gehalten, für einen entsprechenden Ersatz zu sorgen und diesen zu finanzieren.

– Das Recht der Kirche, Seelsorge beim Militär, in Krankenhäusern und Strafanstalten zu betreiben, ist wiederum durch die Verfassung garantiert (Art. 140 GG i. V. m. Art. 141 WRV).

Das wohl wichtigste Recht, das die anerkannten Kirchen und Religionsgemeinschaften in der Bundesrepublik genießen, ist das kirchliche Besteuerungsrecht. Es gründet sich gleichfalls auf dem Grundgesetz (Art. 140 GG i. V. m. Art. 137 Abs. 6 WRV), wonach jene Religionsgemeinschaften (die WRV spricht von Religionsgesellschaften), welche Körperschaften des öffentlichen Rechts sind, zur Erhebung von Steuern berechtigt sind. Sieht man von ganz wenigen gleichgearteten Regelungen anderswo (in einigen schweizerischen Kantonen und in Dänemark) ab, ist die deutsche Kirchensteuer heute einzigartig. Ihrer Zahlung kann sich der Getaufte nur durch den Austritt aus der Kirche entziehen, der vor einer Staatsbehörde in der jeweils durch Landesrecht geregelten Weise erklärt werden muß. Da die katholische Kirche gemäß ihrem Selbstverständnis einen Kirchenaustritt jedoch nicht kennt («semel christianus, semper christianus»), ist dieser Ausweg theologisch anfechtbar, wird jedoch von den kirchlichen Verfechtern der Kirchensteuer legitimiert. Dies geschieht allerdings nicht mit theologischen Argumenten, sondern etwa unter Rückgriff auf

gleichfalls anfechtbare Enscheidungen des Bundesverwaltungsgerichts.
In aller Regel wird in der Bundesrepublik die Kirchensteuer als Zuschlag zur Einkommens- oder Lohnsteuer erhoben (sogenannte Maßstabsteuer), der sich – nach Bundesländern verschieden – zwischen 8 und 10% bewegt. Außerdem gibt es auch noch zugunsten der Kirche Zuschläge zu Grundsteuer- und Gewerbesteuermeßbeträge sowie zur Vermögenssteuer.

3. Staat und Kirche in der DDR

Die relativ kurze Geschichte der DDR kennt bereits zwei Verfassungen. Die erste Verfassung der DDR vom Jahr 1949 knüpfte ähnlich wie das Grundgesetz der Bundesrepublik bezüglich der Staat–Kirche-Beziehungen weitgehend an die entsprechenden Bestimmungen der Weimarer Reichsverfassung an (Art. 41 bis 48). Es wurde also etwa garantiert, daß die Religionsgemeinschaften ihre Angelegenheiten selbständig «nach Maßgabe der für alle geltenden Gesetze» regeln konnten (Art. 43). Ferner blieben jene Religionsgemeinschaften Körperschaften des öffentlichen Rechts, die es bis dahin waren; anderen stand es frei, dies für sich zu beantragen. Auch die Institution der Kirchensteuer wurde gewährleistet, ebenso das Recht der Kirche auf Erteilung von Religionsunterricht in der Schule. Allerdings wurde bezüglich des Religionsunterrichtes eine bedeutsame Änderung gegenüber der Weimarer Verfassung vorgenommen: Der Religionsunterricht war nicht mehr ordentliches Lehrfach an den öffentlichen Schulen und sollte «von den durch die Kirche ausgewählten Kräften erteilt» werden (Art. 44). Hingegen wurde die Bestimmung der Weimarer Reichsverfassung über die Ablösung der Staatsleistungen an die Kirchen ohne substantielle Veränderung übernommen (Art. 45).
Die neue sozialistische Verfassung der DDR von 1968, die im Jahr 1974 nochmals weitreichend revidiert worden ist, hat mit der deutschen staatskirchenrechtlichen Tradition völlig gebrochen. Die Kirchen und anderen Religionsgemeinschaften werden lediglich noch in einem Artikel (Art. 39) erwähnt, in dem es heißt, daß sie «ihre Tätigkeit ... in Übereinstimmung mit der Verfassung

und den gesetzlichen Bestimmungen» der DDR ausüben. Es wird allerdings hinzugefügt, daß «Näheres» durch Vereinbarungen geregelt werden kann.
Was die aktuelle rechtliche Situation der Kirche in der DDR betrifft, kann demnach folgendes konstatiert werden:

– Die bisherigen Verfassungsgarantien wurden ohne Absprache mit der Kirche durch einen Federstrich, nämlich durch die Verkündigung einer neuen Staatsverfassung aufgehoben.
– Dies hatte zur Folge, daß die Kirche den Körperschaftsstatus verlor, die Staatsleistungen eingestellt wurden und auch keine Ablösung – jedenfalls nicht mehr auf Grund einer Verfassungsbestimmung – zu erwarten ist. Ferner wurde die Kirchensteuer abgeschafft.
– Obwohl die DDR von Anfang an die bestehenden Konkordate formell nie anerkannt hat, spricht die sozialistische Verfassung von der Möglichkeit (neuer) Vereinbarungen, durch die das Verhältnis zwischen Staat und Kirche geregelt werden könnte. Von dieser Möglichkeit (Art. 39 Abs. 2) wurde bislang offensichtlich nur in einem Fall Gebrauch gemacht. Dabei handelt es sich um eine Vereinbarung im sozial-caritativen Bereich.
– Da gemäß Art. 39 Abs. 2 die Kirchen ihre Tätigkeit «in Übereinstimmung mit der Verfassung und den gesetzlichen Bestimmungen» der DDR ausüben müssen, kann man von einem System der Staatskirchenhoheit neuen Stils sprechen.

4. Staat und Kirche in Österreich

Das Verhältnis von Staat und Kirche in Österreich gleicht in vielen Punkten dem in der Bundesrepublik. Beide Länder stehen auch heute noch in dieser Beziehung in Traditionen, die sich aus der Zeit des Heiligen Römischen Reiches herleiten. Jedoch gibt es auch deutliche Eigenheiten, die insbesondere im Staatskirchentum des Josephinismus (18. Jh.) gründen und dem Staat–Kirche-Verhältnis im heutigen Österreich ein eigenes Gepräge geben. Zwischen den beiden Weltkriegen bestand zudem in Österreich ein katholischer Ständestaat, der sich von der Weimarer Verfassungsordnung im Deutschen Reich zumindest in der Verfassungswirklichkeit deutlich unterschied.

So genießen auch in Österreich die gesetzlich anerkannten Kirchen und Religionsgesellschaften die Stellung von Körperschaften des öffentlichen Rechts (Art. 15 StGG[2]). Die Rechtsstellung der katholischen Kirche in Österreich ist zudem weitgehend durch das Konkordat von 1933 geregelt.
Der Religionsunterricht ist an den öffentlichen Schulen Pflichtgegenstand; er wird durch die jeweilige gesetzlich anerkannte Kirche besorgt und beaufsichtigt. Die Religionslehrer werden vom Staat besoldet. Sie bedürfen der missio canonica. Der Rechtsstatus der theologischen Fakultäten gleicht dem der bundesdeutschen.
Einen wesentlichen Unterschied gegenüber der Bundesrepublik gibt es jedoch im Bereich Kirchenfinanzierung. Seit dem Kirchenbeitragsgesetz, das während der deutschen Besetzung des Landes im Jahr 1939 durch die Nationalsozialisten eingeführt wurde, zieht auch die katholische Kirche bei ihren Angehörigen einen Beitrag zwangsweise ein, jedoch kann die dessen Zahlung im Fall der Verweigerung nur auf dem Weg der Klage vor den staatlichen Gerichten erzwingen.
Auch bezüglich der Staatsleistungen, die auf traditionellen Titeln beruhten, gibt es wesentliche Unterschiede gegenüber der Situation in der Bundesrepublik. Sie wurden gleichfalls durch einen Federstrich der Nationalsozialisten 1939/40 abgeschafft, obwohl sie in Österreich konkordatär festgelegt waren. Erst 1976 gelang es, durch sog. Vermögensverträge zwischen der Republik Österreich und dem Apostolischen Stuhl eine beide Seiten zufriedenstellende Regelung zu erreichen. Danach erhält die katholische Kirche jährlich ca. 100 Millionen Schilling zuzüglich des Gegenwertes der Bezüge von 1250 Kirchenbediensteten. Die Gesamthöhe dieser vertraglich vereinbarten Staatsleistungen an die Kirche ist nicht mit der in der Bundesrepublik zu vergleichen. Die Lösung des Problems könnte jedoch Vorbild für die Ablösung der Staatsleistungen auf Grund von Art 140 GG i. V. m. Art. 138 Abs. 1 WRV sein. Da allerdings diese Regelung bedeutet, daß die Kirche gleichsam zum Rentner des Staates wird, und dies für unbegrenzte Zeit, ist sie sicher kein Beitrag zur Entflechtung der Beziehungen von Staat und Kirche, die aus den Zeiten des Staatskirchentums herrühren.

[2] Staatsgrundgesetz v. 21.12.1867.

5. Staat und Kirche in der Schweiz

Auf Grund der verfassungsrechtlichen Eigenheiten der Schweizerischen Eidgenossenschaft bestimmen 27 Rechtsordnungen das Verhältnis von Staat und Kirche, einmal eine für den Bund und 26 für die verschiedenen Kantone und Halbkantone. Die Bundesverfassung regelt grundsätzlich die religiösen Freiheitsrechte, und zwar die individuellen Freiheitsrechte (Glaubens- und Gewissensfreiheit) in Art. 49 sowie die korporativen (Kultusfreiheit) in Art. 50. Einige Bestimmungen der Bundesverfassung haben oder hatten bis in die jüngste Zeit hinein die deutliche Tendenz, den kirchlichen Einfluß zu begrenzen. So enthält die Verfassung etwa ein Verbot, Angehörige fremder Konfessionen mit Kirchensteuern zu belegen (Art. 49 VI). Art. 58 II schafft die geistliche Gerichtsbarkeit ab. Art. 51, der den Jesuitenorden in der Schweiz verbot, sowie der sogenannte Klosterartikel (Art. 52) wurden erst 1973 aufgehoben. Geistliche können nicht in den Nationalrat (Legislative; Volksvertretung) gewählt werden (Art. 75). Kirchliche Vorschriften dürfen die Ausübung bürgerlicher oder politischer Rechte nicht beschränken (Art. 49 IV), und geistliche Strafen werden untersagt (Art. 49 II).

Durch die Anerkennung der Religionsfreiheit in der Bundesverfassung wurde in den katholischen Kantonen die Trennung von Staat und Kirche vollzogen, jedoch blieb «die apostolisch römisch-katholische Religion» (Luzern) «die Religion des Kantons». Damit genießt die katholische Kirche in den katholischen Kantonen wohl eine öffentlich-rechtliche Anerkennung, doch muß sie sich auf Grund der Trennung von Staat und Kirche privatrechtlich organisieren und verwalten. Neuerdings ist eine Abwendung vom Trennungsgedanken festzustellen. Stattdessen gibt es starke Bestrebungen, sogenannte Landeskirchen zu konstituieren (Landeskirchentum). So heißt es etwa in der Kantonsverfassung von Nidwalden aus dem Jahr 1965: «Die katholische Kirche ist Landeskirche». Es wird sogar inzwischen davon gesprochen, daß sich in einigen Kantonen der Schweiz «ein neues tripartites Verhältnis» (Isele) zwischen Staat, Amtskirche und Volkskirche (Landeskirche) entfalte. Dieses Organisationsmodell konnte sich wohl nur in einer Teilkirche entwickeln, deren Angehörige in einer alten Tradition lebendigen Gemeindebewußtseins stehen. So ist es in der Schweiz Regel, daß jede Pfarrei ihre Kirchengemeinde hat, eine Regel, deren Wurzeln bis in die fränkische Zeit zurückreichen. Nach schweizerischem Recht sind die «Kirchgenossen» als Kultusverein des Privatrechts oder als Kirchgemeinden des öffentlichen Rechts organisiert. Viele schweizerische Kirchgemeinden sind zudem patronatische Körperschaften, die den Pfarrer (Benefiziaten) selbst wählen.

Abkürzungsverzeichnis

c.	canon
cc.	canones
CIC	Codex Iuris Canonici
f.	folgende Seite
ff.	folgende Seiten
GG	Grundgesetz für die Bundesrepublik Deutschland
LEF	Lex Ecclesiae Fundamentalis = Grundgesetz der (kath.) Kirche
LG	Lumen Gentium, Dogmatische Konstitution über die Kirche des II. Vatikanischen Konzils
ss.	sequentes = folgende Seiten
WRV	Weimarer Reichsverfassung von 1919

Literatur

Zur Geschichte des kath. Kirchenrechts:

Feine, H. E., Kirchliche Rechtsgeschichte, I. Bd., Die Katholische Kirche, Weimar [3]1955.

Zum kath. Kirchenrecht auf der Grundlage des CIC-1917:

Mörsdorf, K., Kirchenrecht, München–Paderborn–Wien, I. Bd. [11]1964, II. Bd. [11]1967, III. Bd. [11]1979.

Neumann, J., Grundriß des katholischen Kirchenrechts, Darmstadt 1981.

Zum kath. Kirchenrecht auf der Grundlage des CIC-1983:

Listl, J. – Müller, H. – Schmitz, H., Handbuch des Katholischen Kirchenrechts, Regensburg 1983.

Ruf, N., Das Recht der katholischen Kirche nach dem neuen Codex Iuris Canonici für die Praxis erläutert, Freiburg/Br. 1983.

Schwendenwein, H., Das neue Kirchenrecht, Graz–Wien–Köln 1983.

Speziell zum neuen kath. Eherecht:

Heimerl, H., Das neue Eherecht der Kirche, Graz 1983.

Lüdicke, K., Eherecht. Canones 1055–1165 des neuen Codex Iuris Canonici. Kommentar für Studium und Praxis, Essen 1983.

Prader, J., Das kirchliche Eherecht in der seelsorglichen Praxis, Innsbruck–Würzburg 1983.

Sebott, R., Das neue kirchliche Eherecht, Frankfurt/M. 1983.

Sachregister

Namen- und Ortsregister